英華辞典の総合的研究

19世紀を中心として

宮田和子 著

白帝社

序

　「学は以て已むべからず（学不可以已）」（『荀子』「勧学篇」）とは，まさに本著者の宮田和子氏のためにこそ用意された言葉であると思われる。
　氏が私どもの関西大学大学院文学研究科後期博士課程（中国文学専攻）に入学したのは2004年のことである。ただ，それ以前から氏のお仕事については見聞きしていた。特に，日本国内の図書館をくまなく調査して作成された「十九世紀の英華・華英辞典目録」（『国語論究6　近代語の研究』明治書院，1977）は圧巻であり，この分野の研究者にとっては必須の文献となっていたし，その他にも，国語学会（現在の日本語学会）や近代語研究会，日本英学史学会などで多くの論考を発表されていた。中国人の手になる英華字典の嚆矢である「字典集成」の著者，鄺其照についても私とほぼ同時期にその考えを示されていた。つまり，入学する以前にすでに研究者として名を成していたのであるが，そんな氏が私と同僚の沈国威氏とで組織した近代言語文化接触研究会に顔を出されるようになったのが2003年頃であった。そしてある時，「先生，大学院でもう一度勉強して，これまでの総まとめをしたい」と言ってこられたのである。氏は還暦を過ぎてから国際基督教大学で国語学を学び，1995年に修士を修めていたのであるが，更に一念発起して博士をということであった。「学問の前では何人たりとも平等である」というのが私の基本的立場であり，氏の申し出を拒む理由は私にはなかった。
　それから2年間，ほぼ毎週，私のゼミに出席するため，はるばる東京から大阪まで通ってこられた。また，ヨーロッパや中国，韓国での国際会議，あるいは資料調査にも，いつも私たちと行動を共にされてこられ

た。そして2006年3月にそれまでの成果を「英華辞典の総合的研究―19世紀を中心として」として博士論文にまとめ上げ，審査の結果，博士の学位を取得された次第である。その努力と学問にかける情熱には本当に頭の下がる思いである。とりわけ一緒にゼミに参加していた若い院生たちには大きな刺激となったはずである。

今回，その博士論文を元に本書が出版される運びになったことは，名ばかりの指導教官ではあるが，我がことのように嬉しい限りである。

本書の具体的な中身についても若干触れておくと，モリソンの英華字典の成立と内容に関する詳しい論考を始めとして，メドハースト，ウィリアムズ，ロブシャイドといった19世紀の代表的英華字典の内容とその影響・継承関係が訳語の変遷も交えながら明確に示され，また近代の英華辞典の近代日本語への影響，更には商務印書館を中心とする中国人の手になる辞書英華字典の系譜を明らかにしたものである。なお，先に挙げた日本現存英華・華英辞典目録も公的機関のみならず，たとえば筆者架蔵なども含めた個人所蔵のものもその範囲に入れて再構築したものとなっている。

今後の英華辞典の研究はここが出発点となるはずであり，本書の出版が学界に裨益すること大であろうと確信する。

ところで，氏は本書上梓後も，その研究意欲は些かも衰えを知らぬようであり，私どもの接触研究会の機関誌『或問』にも投稿を続けているし，学会や国際会議での発表も活発に行っている。

冒頭に述べたように，まこと「学不可以已」とは宮田氏を指す言葉であり，氏の今後の益々の研究成果を期待するものである。

平成22年2月
内田慶市（関西大学外国語学部教授）

まえがき

　還暦も間近というころ,放送大学の卒業論文のテーマとして,高名凱と劉正埮の共著『現代漢語外来詞研究』(1958)の第3章第5節「日語来源的現代漢語外来詞」に焦点をあてた。第5節第1項に出ている91語が日本語に起源をもつと認定された根拠を問いなおすことが課題であった。日本語学界の重鎮,古田東朔氏が指導にあたられ,調査に使った参考文献のなかにいわゆる中国洋学書があり,19世紀の英華辞典群がその一角を占めていた。当初縁遠いものに思えた「研究」ということばが,いくらか現実味を帯びてきたのは,このころからである。

　たしか同じころであったと思う。国会図書館の蔵書カードを繰っていて,原著とおぼしきロバート・モリソン(Robert Morrison, 馬礼遜 1782~1834)の『中国語字典』(仮称,1815~23)が保管されているのを発見し,当時国立国語研究所の変化部長をしておられた飛田良文氏の企画に沿って,共同研究をはじめた。国会図書館と東洋文庫に所蔵されている蔵書をもとにして調査票をつくり,第1次調査では約100図書館,第2次調査では約300図書館に調査票を送って蔵書調査を依頼した。依頼に応じてくださった約250図書館をめぐって,2度にわたる全国調査を宮田が担当し,その成果は「十九世紀の英華・華英辞典目録」『国語論究6　近代語の研究』(1997)に,共著として発表された。

　この目録は,書誌情報をもとに,日本国内の19世紀の英華・華英辞典の諸本の異同を調査した結果を掲載したもので,公共図書館,大学図書館に保管されているものが主な調査対象であった。中国で出版されたものが大部分であるが,中国では相次ぐ戦乱で散逸してしまい,系統的な

調査は今なお不可能というのが実状である。

　本書の目的は、こうして刊行された辞典の系譜、辞典相互の影響関係を、基礎的な書誌情報にもとづいて、できる範囲で解明することにある。調査の過程で重なる部分があっても、語誌の分野には踏みこまない。これはかなり無謀なこころみではあったが、新分野を開拓するには私自身に残された時間が少なすぎる。とにかくこれまで書いてきたものをまとめてみよう、と書きはじめたのが本書である。

　しかし、このこころみは最初の段階からつまずいた。現存最古の英華辞典であるロバート・モリソンの『中国語字典』は、清国の禁教政策のさなかに印刷、出版されたので、植字工による活字の持ち逃げや密告があいついだ。欧米の宣教会組織は監視のきびしい広東を避け、ミッションプレスを設立して対抗した。中国人が宣教師のしごとを手伝えば死刑というきびしさであったから、活字のズレや記号の欠落が多く、諸本の異同は他に類を見ないほど複雑で、この辞典を他と同じ視点からみてカテゴライズすることは、最初からあきらめなければならなかった。

　幕末から明治にかけて、蘭学から英学への脱皮の初兆は、まず長崎の蘭通詞の活動となって現れたが、漢字を媒介にして英語をものにしようという日本の知識層の切なる願いを、かなえてくれたのが、同時期に出版されたロプシャイト『英華字典』であった。

　森岡健二氏の『改訂　近代語の成立　語彙編』(1991) に、ロプシャイトの『英華字典』(1866~69) に言及して、「この辞典は、Morrison 以来の英華辞書の集大成といわれるもので」云々とある。森岡氏はさらに井上哲次郎の『訂増英華字典』(明治 16~17) をとりあげ、ロプシャイトの原著と比較して、訂増部分がいかに多いかを指摘しておられる。

　『訂増英華字典』から『英華字典』にでてくる中国語を削除すれば、訂増されたものが残るのは当然であるが、それらはおそらくさきの「十九世紀の英華・華英辞典目録」でとりあげた先行英華辞典群のなかにある、と考えたところから、からんだ糸はおもしろいようにほぐれていった。

「井上哲次郎『訂増英華字典』の典拠―増補訳語を中心に―」と題して，調査結果を『英学史研究』第32号（1999）に発表し，ご興味がおありかと思われる方がたに，おそるおそる抜き刷りをお送りして，ご批評を乞うた。[2] 好意的な反響が数多く寄せられ，書誌情報にもとづく基礎的な調査であっても，まだ解明すべき分野がのこされていることを実感した。

注
1) 高名凱と劉正埮の共著『現代漢語外来詞研究』（1958年2月刊行）は，さねとう・けいしゅう著『増補中国人日本留学史』（1960）第7章に詳しく紹介された外来語分野での先駆的業績である。その資料的価値は認められているものの，個々の問題についての評価は必ずしも肯定的ではなかった。
2) 金敬雄氏は1999年から2004年にかけて，『訂増英華字典』に於ける訳語の修訂・修整・増設について，筆者とは異なる視点からの考察を発表，多数の英語が増補されていることを指摘した。しかしその多数の増補英語の出典について，氏はまったく言及されていない。宮田1999, 2000を参照。

目　次

序 ……………………………………………………… 内田慶市　i
まえがき ………………………………………………………… iii

序　論 …………………………………………………………… 13

第1章　モリソン『中国語字典』……………………………… 17
  1.1.　清国の禁教政策 ………………………………………… 17
  1.2.　モリソンの略歴 ………………………………………… 20
  1.3.　初版の成立 ……………………………………………… 23
      1.3.1.　第1部「字典」：(華英の部―部首別) ………… 23
      1.3.2.　第2部「五車韻府」：(華英の部―音節別) …… 24
      1.3.3.　第3部（英華の部）……………………………… 26
  1.4.　「五車韻府」の諸版 …………………………………… 26
      1.4.1.　再版 ……………………………………………… 26
      1.4.2.　第3版 …………………………………………… 27
      1.4.3.　第6版 …………………………………………… 27
  1.5.　初版の異同の特殊性 …………………………………… 27
      1.5.1.　各巻共通の項目の比較 ………………………… 27
      1.5.2.　巻によって異なる項目の比較 ………………… 29
  1.6.　「五車韻府」の諸形態 ………………………………… 37
      1.6.1.　再版中型本 ……………………………………… 37
      1.6.2.　再版小型本 ……………………………………… 39
      1.6.3.　第3版中型本 …………………………………… 40
      1.6.4.　第6版小型本 …………………………………… 42
  1.7.　「五車韻府」の異同 …………………………………… 42
      1.7.1.　初版の異同 ……………………………………… 43

　　　　1.7.2. 再版中型本の異同 ……………………………………… 47
　　　　1.7.3. どこが初版と変わったか ………………………………… 48
　　　むすび ……………………………………………………………… 50

第2章　メドハーストの諸辞典 ……………………………………… 59
　2.1. メドハーストの漢字語 ………………………………………… 59
　2.2. メドハーストの略歴 …………………………………………… 60
　2.3. 『福建語字典』（仮称） ………………………………………… 62
　　　2.3.1. 成立と構成 ………………………………………………… 62
　　　2.3.2. モリソン『中国語字典』との比較 ……………………… 63
　2.4. 『華英字典』（仮称） …………………………………………… 65
　　　2.4.1. 成立と構成 ………………………………………………… 65
　　　2.4.2. 『福建語字典』との比較 ………………………………… 65
　　　2.4.3. モリソン『中国語字典』の影響 ………………………… 66
　　　2.4.4. メドハーストの印刷技術 ………………………………… 69
　2.5. 『英華字典』（仮称） …………………………………………… 69
　　　2.5.1. モリソン『中国語字典』の影響 ………………………… 71
　　　2.5.2. 後続辞典に与えた影響 …………………………………… 71
　2.6. 『華英字典』に現れた『康熙字典』の用例
　　　　──モリソン「字典」との比較 …………………………… 72
　　　2.6.1. 「字典」と『華英辞典』の構成と配列 ………………… 73
　　　2.6.2. 調査方法 …………………………………………………… 73
　　　むすび ……………………………………………………………… 78

第3章　ウィリアムズの諸辞典 ……………………………………… 81
　3.1. ウィリアムズの略歴 …………………………………………… 81
　3.2. 『英華韻府歴階』 ………………………………………………… 84
　　　3.2.1. 成立と構成 ………………………………………………… 84
　　　3.2.2. 花の名称 …………………………………………………… 86

   3.2.3.　典拠の確定は困難 …………………………………… 86
   3.2.4.　『英華字彙』の刊行 …………………………………… 89
 3.3.　『漢英韻府』 ……………………………………………………… 90
   3.3.1.　『五方元音』 ……………………………………………… 91
   3.3.2.　成立と構成 ……………………………………………… 91
   3.3.3.　諸版の本文 ……………………………………………… 94
  むすび …………………………………………………………………… 94

第4章　ロプシャイト『英華字典』・その和刻本と改訂版・ドーリトル『英華萃林韻府』 ……… 101

 4.1.　ロプシャイト『英華字典』の特異性 ………………………… 101
   4.1.1.　メドハースト『英華字典』の影響 …………………… 103
 4.2.　ロプシャイトの略歴 …………………………………………… 103
 4.3.　『英華字典』の周縁 …………………………………………… 106
   4.3.1.　献呈本の発見 …………………………………………… 106
   4.3.2.　ロプシャイトは美男だった？ ………………………… 107
 4.4.　『英華字典』の成立・構成・異同 …………………………… 108
   4.4.1.　成立 ……………………………………………………… 108
   4.4.2.　構成 ……………………………………………………… 110
   4.4.3.　異同 ……………………………………………………… 111
 4.5.　中村敬宇『英華和訳字典』 …………………………………… 112
   4.5.1.　ウェブスター辞書とのかかわり ……………………… 112
   4.5.2.　ロプシャイト『英華字典』から削除した訳語と見出し語
    ………………………………………………………………… 114
   4.5.3.　英和辞典類とのかかわり ……………………………… 115
   4.5.4.　ロプシャイト『英華字典』に増補した英語 ………… 115
   4.5.5.　英語が明示されているか，いないか ………………… 116
 4.6.　井上哲次郎『訂増英華字典』 ………………………………… 121
   4.6.1.　初版7分冊本 …………………………………………… 121

	4.6.2.	増補訳語の典拠 ………………………………………	122
	4.6.3.	典拠調査の対象 ………………………………………	123
	4.6.4.	典拠調査の実態 ………………………………………	125
	4.6.5.	漢字語に対応する英語の典拠 ………………………	147
	4.6.6.	増補された見出し語の性質 …………………………	148
	4.6.7.	品詞表記，動詞の自他と分詞 ………………………	149
	4.6.8.	品詞略語 ………………………………………………	150
4.7.	『訂増英華字典』の付録 ……………………………………………		151
	4.7.1.	ドーリトル『英華萃林韻府』………………………	152
4.8.	キングセル（馮鏡如）による改訂版 ……………………………		163
	4.8.1.	キングセルの略歴 ……………………………………	164
	むすび ……………………………………………………………		166

第5章　鄺其照『字典集成』の系譜 …………………………… 181

5.1.	鄺其照の略歴 …………………………………………………………		182
5.2.	『字典集成』初版 ……………………………………………………		183
	5.2.1.	成立 ……………………………………………………	183
	5.2.2.	構成 ……………………………………………………	184
	5.2.3.	訳語の継承 ……………………………………………	186
5.3.	『字典集成』再版 ……………………………………………………		189
	5.3.1.	構成と異同 ……………………………………………	189
	5.3.2.	訳語の継承 ……………………………………………	191
5.4.	『華英字典集成』……………………………………………………		195
	5.4.1.	社会環境の激変 ………………………………………	195
	5.4.2.	国内の諸本 ……………………………………………	195
	5.4.3.	1887年本と1899年本の比較 …………………………	196
	5.4.4.	『字典集成』再版との比較 …………………………	200
	5.4.5.	1900年代初期の香港版の特徴 ………………………	202
5.5.	商務印書館の参入 ……………………………………………………		203

5.5.1.『商務書館華英字典』……………………………… 203
　　　5.5.2.『商務書館華英音韻字典集成』…………………… 204
　　むすび ……………………………………………………… 209

第6章　日本国内にある英華・華英辞典と語彙集 ………… 215

　参考文献 …………………………………………………… 316
　あとがき …………………………………………………… 349
　人名索引 …………………………………………………… 353
　書名・事項索引…………………………………………… 360

英華辞典の総合的研究

19 世紀を中心として

序　論

　16世紀末に中国に渡った伝道者マテオ・リッチ（Matteo Ricci利瑪竇, 1552～1610）を創始者とするイエズス会の宣教師は，中国の支配階級に信者をもち，最盛期には権力の中枢にまでくいこんだ。一方，米国に発した大覚醒（Great Awakening）の熱風に煽られて，19世紀初頭に中国に派遣されたプロテスタント宣教師は，当初から迫害に直面し，雍正帝の禁教令に端を発する相次ぐ禁教政策に阻まれた。
　入華の目的はむろん中国という未知の巨大異教徒集団を相手にキリスト教をひろめて，改宗者を獲得することであったが，そのためにはまずことばの壁を克服することが必要であった。英華辞典編集の主な目的はこうした入華宣教師に中国語を習得させることにあった。一般大衆に効果的に布教するには，官話よりも現地語によるほかないのであるが，現地語を蔑視していた中国の知識層は，こうした布教方針にことごとく反発した。このような風潮は単に反発にとどまらず，プロテスタント宣教師，ひいては基督教そのものを蔑視することにもつながった。
　聖書を文語体で訳すだけでは，字の読めない大衆には伝わらない。しかし1850年代に入って，アモイ方言，上海方言，寧波方言のローマ字化ができるようになっても，それがただちに現地語の布教に反映されるわけではなかった。
　口頭による直接伝道は宣教師の周辺をかこむごく一部の，かぎられた中国人のみを対象とせざるをえなかった。直接伝道がほぼ不可能である以上，布教はトラクトの配布や聖書の中国語訳といったいわゆる文書伝道にたよるほかない。知識人が集まる郷試を好機とみて，トラクトを配

布しようとしても，官憲の監視の目が光っている。文書伝道もまた本国の宣教会の思惑通りには進まなかった。

1807年プロテスタント宣教師としてはじめてマカオに上陸したモリソンは，出迎えた東インド会社のストーントン卿（George Thomas Staunton, 斯当東 1781~1859）に厳しい禁教の実情を知らされる。

しかし中国がアヘン戦争に敗れ，広州，福州，アモイ，寧波，上海の5港が開かれると，事情は一変する。英人の居住と交易が認められ，蛮夷，夷人，化外之人（barbarian）とさげすまれた異邦人が，中国の内陸部にまで進出し，やがて交易上の必要から，領事館員、税関関係者といった人々も辞典編纂の列に加わる。宣教師の辞典はその意味で先駆的役割を果たしたことになる。

まず，モリソン『中国語字典』を皮切りに，メドハースト（Walter Henry Medhurst, 麦都思 1796～1857），ウィリアムズ（Samuel Wells Williams, 衛三畏 1812～1884），ロプシャイト（Wilhelm Lobscheid, 羅存徳 1822～1893），ドーリトル（Justus Doolittle, 盧公明 1823～1880）といったプロテスタント宣教師の手になる辞典が，つぎつぎに現れた。

なかでもロプシャイト『英華字典』（1866～69）は，明治政府が主導して大量に購入し，本邦知識層の欧米への憧憬にはずみをつけた。ロプシャイト『英華字典』の和刻本として，中村敬宇『英華和訳字典』（1879～81），井上哲次郎『訂増英華字典』（1883～85）があいついで出版されて，日本の近代語に大きな影響をあたえた。しかし中国での事情はまったく異なっていた。

中国におけるプロテスタント宣教師の布教活動に関する意見交換の手段として，(1) 1868年上海の Presbyterian Mission Press が創刊した *Chinese Recorder* と，(2) 地域ごとに，もしくは全国規模で定期的に行なわれる宣教師会議 (General Conference of the Protestant Missionaries of China) のふたつがあった。しかし教義上の行き違いからこの会議を破門されたロプシャイトの著作は，『英華字典』（1866～69）の3年後に出版されたドー

リトル『英華萃林韻府』(1872) が列挙する宣教師の著作一覧に，書名すら記されていないのである。もっとものちに商務印書館が，ロプシャイト『英華字典』の和刻本『訂増英華字典』の語彙を吸収することで，ロプシャイトは命脈を保つことにはなるのだが。

　宣教師の医療活動を布教にむすびつけようという構想は，モリソンがすでに抱いていたが，雑誌の形で積極的な宣伝活動に乗り出したのは，カー (John Glasgow Kerr, 嘉約翰 1824〜1901) の主導する China Medical Missionary Journal であった。1887年創刊の季刊雑誌で，さまざまな宣教組織から派遣された医療宣教師に呼びかけて，年に最低1回の活動報告を義務づけた。年ごとに1巻にまとめて，1907年の最終号までに21巻を発行している。現地の中国人による寄稿も順調にふえ，以後旧書名から 'Missionary' を削って China Medical Journal と改称されて，1941年まで続くことになる。

　鄺其照『字典集成』(1868) は，メドハースト『英華字典』(仮称，1847〜48) を底本とした，中国人の手になる初の英華辞典であり，1875年に再版がでたのをはじめ，1880年以降にも着実に版を重ねて，中国における英漢辞典への重要な足がかりとなった。

　英華辞典におけるウェブスター (Noah Webster, 1758〜1843) 辞書の役割も注目に値する。英華辞典のなかで最も早くウェブスターに言及したのはロプシャイトである。小幡篤次郎，甚三郎による『英文熟語集』は慶応4年に出たものであるが，すでにウェブスターの影響がみられるという。

　ウェブスターは18世紀後半の英国辞書界を牛耳っていたジョンソン (Samuel Johnson, 1709〜1784) の規範的な編集方針に異議を唱えて，実用的な表現を重視する方針をうちだした。実用的な表現をめざすという点ではロプシャイトとウェブスターは一致していたが，ロプシャイトは高名な文人のことばを引用しても，それを一般の用例と同列にあつかって，ウェブスターのように権威づけに利用することはなかったし，ウェブス

ターが採用したジャンル別の配列にも品詞表記にも，さほど意を用いた形跡はない。

　ヨーロッパ人の中国語研究のはじまりは，明末清初のカトリック宣教師によるもので，スペイン語やポルトガル語の対訳辞典も出ている（許光華2000）。しかし，英語を対象とした辞典としては，プロテスタント宣教師のモリソンの『中国語字典』が最初であった。『中国語字典』が長崎の日本人のあいだでもてはやされていると知ったモリソンは雀躍りして，長崎の蘭通詞吉雄権之助に自著を贈るよう手配する。維新後欧米の文献の翻訳に必要な漢字語と英語の宝庫として，英華・華英辞典は脚光を浴びるようになっていった。

　最近パソコン検索が急速に普及したために，かえって1997年当時の「十九世紀英華・華英辞典目録」（以下，宮田1997aと略称する）との接点は，みえにくくなってしまった。

　書名や著者名で検索しようにも，保存先の図書館が登録をする意志がなければ，検索にかかりようがないのである。かかりようがないままに埋もれてしまうものも相当数あるにちがいない。

　宮田1997aで調査したのは，国会図書館と東洋文庫の蔵書をもとにしたものであるが，この両図書館の所蔵分は，書名や著者名だけしかてがかりがなくても，かなりスムースに検索できるように整備されてきた。そのうえ現場では1997年当時の図書番号が通用する場合が多い。そこで本書では，不備と知りつつ宮田1997aの図書館名と図書番号を復活させて，情報を追加するという方法をとった。

　書名は19世紀の慣行に従っておおむね「字典」で表し，辞書を意味する一般的な表現には「辞典」をもちいて区別した。また参照させていただいた論文や著書の著作者への敬称，貴重な文献の閲覧をお許しくださった方々，所蔵図書館の敬称は，感謝しつつもすべて省かせていただいたことをお断りしておきたい。

第1章　モリソン『中国語字典』

　モリソン（Robert Morrison, 馬礼遜 1782~1834）『中国語字典』（仮称）は英文書名を*A Dictionary of the Chinese Language in Three Parts. Part the First; Containing Chinese and English, Arranged According to the Radicals; Part the Second, Chinese and English, Arranged Alphabetically, and Part the Third, English and Chinese*（1815~23）といい，3部6巻からなる現存最古の華英・英華辞典で，第1部と第2部では華英，第3部では英華をあつかう。1828年には早くも翻訳をこころみていた蘭通詞吉雄権之助に，本書1部を送るよう手配したことが，モリソンの書簡に記されている。

1.1. 清国の禁教政策

　「本辞典編纂の目的はヨーロッパ人に中国語を伝えることにある」と第2部の序文で述べているが，当時のヨーロッパにはごく少数の学者を除いて，中国語に関心を示すものはなかった。モリソンを派遣したロンドン宣教会（London Missionary Society）が辞典の編纂をモリソンに勧めたのは，モリソンの後に続く派遣宣教師の中国語修得に役立てようと考えたからである。当然，最終的な目標は清国という巨大な異教徒集団に対する布教にあった。モリソンが同僚ミルン（W.Milne, 米憐 1785~1822）の協力をえて，旧新約聖書の翻訳を終えたのが1819年，本辞典の刊行は1815年から1823年にかけてであるから，両者は併行する形で行なわれていたことになる。

　総税務司をつとめていたハート（Robert Hart, 赫徳 1834~1911）が，モリ

ソンの広東上陸を記念して行なわれた百年祭の席で，モリソンの不撓不屈の精神をたたえ，その二大業績として『中国語字典』の完成と聖書の翻訳をあげている（*Historical Note* SOAS（The School of Oriental and African Studies）図書館蔵 EC90.27 24665）。

　当時の清国はキリスト教の普及をおそれて，宣教師と接触するものは死刑という強硬な弾圧策をうちだしており，恐怖に駆られた印刷工が活字をこわす，活字を持ち逃げして訴える，あるいは現地人助手が逃亡するといった事件が相次いでおこっている[3]。最終的に出版費用を全額負担はするものの，独占事業に悪影響をおよぼすことを懸念した東インド会社が，モリソンに辞職を勧告するなど[4]，本辞典が日の目をみるまでには，実にさまざまな経緯があった。

　本辞典は当初40分冊での出版が予定されていたが[5]，やがて散逸を防ぐために6巻にまとめられた[6]。モリソンが当初本辞典といっしょに製本するつもりで書いたものに，*A View of China for Philological Purposes* (1817)がある。歴代王朝の事跡，地勢，人口，政治，宗教，風俗，周辺諸国の事情などを略記した小冊子で，序文によれば，参考の便を図って別冊にしたという。原著のなかにはこの小冊子がまぎれこんでいるものがある。

　16世紀に入華したカトリックの宣教師はみごとな布教の業績を残したが，その後を継ぐべきヨーロッパの学者の知識はきわめて乏しく，フールモン（Etienne Fourmont）の文法書（『中国官話』1742）にせよ，ド・ギーニュ（Joseph de Guignes）の『漢字西訳』1813（実はフランシスコ会修道士ブロッロ（Basilio Brollo）が書いたもので，ド・ギーニュはこれを自著と偽った――F.Macini 1993：12）にせよ，漢字のまちがいや事実誤認が多々あるにもかかわらず，権威書としてもてはやされていたという[7]。

　モリソンに先んじて華英辞典編纂の構想を抱いたのは，イタリア人のシナ学者モンタッチ（A.Montucci, 1762~1829）であった。『康熙字典』の構成は現地中国人向けのものであるから外国人には適しないとして，モンタッチは独自の部首を考案して辞典をつくろうと考えていた[8]。ところが

当初モンタッチを激励していたストーントン（George Thomas Staunton, 斯当東1781~1859）卿が，モリソンの強力な後援者となり，東インド会社が印刷費の全額負担を決定したため，モンタッチの構想は日の目をみずに終わってしまう。

1807年1月20日付のモリソン宛書簡で，ロンドン宣教会のハードカスル（J.Hardcastle）とバンダー（G.Bunder）は，「従来のものより正確で総合的な中国語辞典の編纂と，人類の3分の1が話す言語に聖書を翻訳する栄誉は貴君のものとなろう」と述べている。また，宣教会の理事会もモリソンの新約聖書翻訳と文法書，辞典の編纂をとりあげて，「今後中国に派遣される宣教師にとって，おおいに役立つものになろう」と記している。[9]

モリソンの最初の中国語のトラクト（トラクトの刊年はA. Wylie 1967：4による）「神道論贖救世総説真本」(1811)と「問答浅註耶穌教法」(1812)は，広東で印刷されたが，地下出版であった。モリソンは布教のために安全な出版拠点を確保するようロンドンに要請するが，マラッカ印刷所の建設も重要課題のひとつであった。当時マラッカは英国の植民地であり，1808年当時すでに人口2万を超え，マレー人についで華人が多く，宣教師の中国語習得にも好都合と考えられていた。[10]

1813年に新約聖書の翻訳を終えたモリソンは，以後旧約聖書の翻訳の一部をミルンに委ねて，辞典の完成を急ぐ。[11]

迫害のなりゆきを懸念したモリソンは，ヨーロッパ人が利用しやすい第2部（華英の部—音節別）と第3部（英華の部）をまず終えてから，第1部（華英の部—部首別）の最終巻を完成させるという方法をとったのである。[12] 750部の印刷費用12,000ポンド[13]は全額東インド会社が負担し，うち650部の処分はモリソンにまかされた。[14]

第1部第1巻の広告には，本書の支援に尽力したイギリス商館長ロバーツ（J.W. Roberts），東インド会社理事会に推薦の労をとった特別委員会（Select Committee）の委員長エルフィンストーン（J.F. Elphinstone），東

インド会社理事ストーントン卿に対する謝辞が述べられている。

現地の学者の協力があったことはモリソン自身が認めているが，彼らが具体的に本書のどの部分にどうかかわっていたかについては，ほとんど手がかりがなく，夫人の回顧録（E.Morrison 1839）に，「Ko Seen-sangがずっと辞典の編集をてつだっている」とあるだけである。'Seen-sang'，つまり「先生」と敬称つきで呼ばれている人物は Ko, Le, Sung, Yen の4人だけである。ほかに Abel Yun は官話ばかりか，カトリック教徒にしこまれた流暢なラテン語を話したが，肝腎の中国語の能力にはみるべきものがなかった。

1.2. モリソンの略歴

著者ロバート・モリソンは，1782年1月5日ジェームズ・モリソン（James Morrison）の第8子として生まれた。誕生の地は Morpeth とされるが，その確証となる当時の記録は残っていない。1785年 Newcastle に移り，父ジェームズは農業をやめて，靴型職人となり，ロバートはここで3歳から21歳までを過ごすことになるが，家計は苦しく，基礎的な教育を母方の叔父で教師のニコルソン（James Nicholson）から受けるにとどまった。

1801年6月レイドロー（A.Laidlaw）師についてラテン語，ギリシャ語，ヘブライ語，さらに速記術を学んだ。聖職につく決意を固め，翌1802年秋には Hoxton Academy に必要な訓練を受けるべく申請書を送って受理され，ロンドンへ向かう。1804年5月ロンドン宣教会に入り，Gosport のボーグ（Bogue）師のもとで，伝道のための訓練を受ける。中国派遣が決定すると，中国人 Yong-Sam-Tak について中国語の学習をはじめた。

通商の権利を独占していた東インド会社は，清政府との軋轢をおそれて宣教師の乗船を拒んだため，モリソンは1807年1月まずニューヨークに向けて出発，マカオを経て広東に到着する。禁教政策のあおりで外国商人の居住地は広東とマカオにかぎられ，中国人の下僕をやとうことも

できず，マカオの妻子を広東に呼び寄せるには莫大な費用がかかった。やがてモリソンはロバーツの支援を得て『中国語字典』の編纂に着手する[23]。

1809年2月メアリ・モートン（Mary Morton）と結婚したモリソンは，年俸500ポンドで東インド会社の通訳となったが，これが英本国のあらぬ誤解を招く結果になった[24]。布教を促進するにはアメリカ人宣教師の派遣を図るのが上策とかんがえたモリソンは，ただちに行動を開始する。一方清政府は1812年に勅令を発して，キリスト教に触れた中文書籍の印刷に関わった者は死刑に処すると宣言した。

辞典の編纂と併行する形でモリソンは聖書の翻訳を進めていたが，聖書翻訳にかけては一歩先んじていたのが，マーシュマン（Joshua Marshman, 馬殊曼 1768~1837），ケアリ（William Carey, 1761~1834），ウォード（W. Ward）のトリオに，マカオ生まれのアルメニア人ラサール（Johannes Lassar）を加えたインドのSerampore在住の グループであった。ストーントン卿は中国語訳のできばえから判断して，モリソン側に軍配をあげるが，両者の確執はかなり長期にわたって続くことになる[25]。

ミルン夫妻がマカオに着いたのは1813年7月4日のことであったが，18日以内にとの条件つきで退去を命ぜられる。ミルンは禁を犯して広東に潜入するが，ここも安住の地ではなかった。モリソンがすでに翻訳を終えていた新約聖書やトラクトをもって，ミルンはマレー半島の中国人居住区を回り，ジャワとマラッカでイギリス高官の歓迎を受ける。モリソンは旧約聖書の翻訳と『中国語字典』の編纂を同時に進めるが，妻メアリは健康状態が極度に悪化して帰国を余儀なくされる。

一方聖書翻訳の事実を知った東インド会社幹部は，清政府の反発をおそれて，モリソンに辞職を勧告する。モリソンはたくみに弁明して，事態を切り抜けようとするが，解雇を免れることはできなかった。しかし1816年7月12日にマカオ沖に到着したアマースト（William Pitt Amherst, 1773~1857）使節団の一行に加わるようモリソンに要請したのは，辞職を

勧告した当の東インド会社社長エルフィンストーンであった。北京での嘉慶帝の謁見にあたってアマーストが叩頭の礼を拒否したため，使節団は退去させられたが，モリソンにとっては貴重な経験となった。

1817年グラスゴー大学は10年におよぶ清国でのモリソンの功績をたたえて，神学博士の称号を授与した。1819年11月25日，新約，旧約聖書の翻訳が完了した。妻メアリは1821年6月10日に世を去り，東インド会社が購入したマカオの墓地に葬られた。その1年後ミルンが逝去し，遺児はモリソンに養子としてひきとられた。

1822年11月1日，広東郊外から出火，強風に煽られて火は外国人居住地一帯に燃えひろがり，新約聖書の印刷用にとマラッカに向けて発送するばかりになっていた100ポンド相当の貴重な紙が灰になってしまった。1823年『中国語字典』全6巻の刊行を終えたモリソンは，翌年英国に帰って，王立協会特別会員に推挙される。当時英国に持ち帰ったおびただしい数の中国語文献は，大部分が英国に寄贈され，一部分が現在香港大学図書館に収められている。

モリソンは滞英中，宣教師の語学教育を目的とする語学研修施設をロンドンに設立した。エリザ・アームストロング（Eliza Armstrong）と再婚し，1826年広東に帰任，1828年『広東省土話字彙』*Vocabulary of the Canton Dialect*（第6章〔4〕を参照）を出版した。1833年妻エリザは健康を害して帰国した。1834年8月1日モリソンは息子のジョン（John Robert Morrison, 馬儒翰 1814~1843）に見守られながら，波瀾に富んだ生涯を終えた。[27]

以上おもに辞典関係を中心としてモリソンの略歴を述べた。詳しくはRubinstein 1996：75-230; Bolton, K.& Hutton, C.2001 vol. 1 Introduction v-xxvi を，印刷出版事情の詳細は，蘇精2000および鈴木広光2000（「ヨーロッパ人による漢字活字の開発」印刷史研究会編『本と活字の歴史事典』）を参照されたい。鈴木氏の論述は，英領東インド会社の彫刻活字が『中国語字典』に使われた経緯（鈴木2000：166-231）に始まって，当時の英国人の漢字観，フランスの中国学におくれをとった原因となる英国の対中国意

識を分析している（鈴木2000：147-153）。

　なお，ロンドンのウェルカム（Wellcome）図書館に「ホブソン文書（Hobson Papers）」または「モリソンとホブソン家文書」とも呼ばれる資料群があるという貴重な情報を，八耳氏が公開している。詳しくは八耳2003:102；2006を参照されたい。さらに八耳2008：261-270では，ホブソン文書の漢字文化圏への広がりを，総括的に紹介している。

1.3. 初版の成立

1.3.1. 第1部「字典」：（華英の部―部首別）

　本書は主として『康熙字典』に拠り（扉に「字典」とあるのはこのためである），カトリック教会の手書き辞典，中国人学者の意見などを参考にして編纂された。『説文』『詩経』『書経』『易経』『字彙』などから引用した用例もある。

　『芸文備覧』（ことばの意味よりも韻と字形の変遷に重きをおいている。著者は沙木。オクタボ版の42巻からなり，沙木は30年の心血を注いで完成させたという。最初の出版は乾隆帝の時代で，モリソン在世中に出たものには嘉慶11年の版がある）を参考にしたともいわれる。事実，『中国語字典』p.152の「僞」にみられるように，用例の出所を'E-wan-pe-lan'（芸文備覧）と明記したものもあるが，こうした例は少ない。しかも『中国語字典』は引用部分以外は，これら古書の文語体とはまったく異なる口語体で書かれているので，モリソンが『芸文備覧』をどのように利用したかについての結論は容易には出ないと思われる（詳しくは汪家熔1997，叶再生2002：179-189を参照）。

1.3.1.1　『康熙字典』と外国人――モリソンの視点

　「『康熙字典』は独創というよりは，康熙帝の命令によってつくられた編集の産物であり，完成までに5年の年月を費やし，27名が作成，2名が

校正, 1名が印刷の監督にあたった。多数の人びとの協同作業であったため, 統一を欠き, 明晰さも失われた。学習者はあちこち参照するのに右往左往しながら, どこにも満足できる解答を得られないことがある。発音は古代と近代とを問わず収集するというのが基本方針だったので, 雑多な発音で混乱状態になっている」と『康熙字典』の欠陥を指摘したうえで, モリソンは「『康熙字典』は現地中国人のためのもので, 外国人のために編まれたものではないので, 『康熙字典』をただそのまま翻訳してみても, 欧米人学習者の役にたつとは思えない。とはいえ, これまで中国に現れたものとしては最も完成度の高い最高の辞典であることに変わりはなく, 現に広く使われてもいる」と指摘して,「『中国語字典』の基礎となったのは『康熙字典』である」と記している（序説 ix）。

「カトリック教会の辞典は 10,000～13,000 字, ド・ギーニュの仏語版は 13,316 字を収録しているが, 用例には漢字を用いていない。本書第 1 部ではこの欠陥を補って, 用例をふやすと同時に漢字も用いた。収録字数は『康熙字典』とおなじで約 4 万。なかにはほとんど使われていない字もあるが, 完全を期して挿入した」という。[28]

親字の配列も『康熙字典』に拠る。中国独自の事柄については, 特に詳しく説明されている。1 例をあげれば, 「官」の項は 805 ページから 834 ページまで 30 ページにわたっており, そのほとんどを伏羲から清に至る官職の記述に費やしている。辞典というより百科事典とよぶにふさわしい内容である。[29] 発音表記は南京語に基づいてモリソン自身が作成した。[30]

1.3.2. 第 2 部「五車韻府」：（華英の部―音節別）

扉の冒頭に「五車韻府」と記してある。版を重ね, 諸版があるのは第 2 部「五車韻府」に限られる。第 2 部第 1 巻のはしがきで, モリソンはつぎのように述べている。

　　『五車韻府』（原著）は, 陳先生なる人物が語彙の収集に生涯を費

やしたあげく，刊行を待たずに世を去り，その原稿を託された弟子の含一胡が，全国をめぐって検証と追補を行なったもので，康熙帝にとりたてられて要職についた弟子の一人の潘応賓が帝に進言して，この『五車韻府』を『康熙字典』の編纂に使用した。このことは字義に共通点の多いことから推測できる。

しかし最近の研究でこの記述に誤りがあることが明らかになった。陳力衛氏の教示によれば，朱鳳氏が2008年3月マカオで行なわれた馬礼遜与中西文化交流国際学術研討会で発表したもので，おおよそつぎのような趣旨であるという。

『五車韻府』（原著）は『元音統韻』（1714）の巻9から巻18にあたる部分で，著者は陳藎謨（1600？~1692？）という人物。『四庫全書』に収録されており，それを発掘した潘応賓が序を書いている。『五車韻府』と題して単独出版されたのは1723年から1735年にかけてであった。弟子の名はモリソンのいう「含一胡」ではなく，正しくは「胡含一」，「潘応賓が康熙帝に進言して『五車韻府』を『康熙字典』の編纂に使用した」事実はなく，これはモリソンの想像の産物にすぎない。

しかし，原著は分類が細かすぎて，中国人の学者にすら検索はむずかしかった。そこでモリソンはこれを解体して音節別に仕分けしなおし，4万字を圧縮して口語訳をほどこし，本書第2部としたのである。[31]

第2部の参考にしたのは，『康熙字典』，『江湖尺牘分韻撮要合集』（略して「分韻」という），それにカトリック教会の辞典であった。[32]配列については，音節ごとに基本形を画数順に掲げ，ついでその複合形（「惲・揮・輝」の3字においては「軍」が基本形，3字はその複合形）を部首別に配するというのが当初の計画であったが，モリソン自身が認めているように，[33]この方針は一貫していない。

1.3.3. 第3部：（英華の部）

モリソンは第3部の語彙の収集に13年を費やした。しかし，ページ数は3部中もっとも少なく，モリソン自身第1部，第2部との併用を勧めている。また第3部のはしがきにも用例にも，引用した中国語文献の書名は記載されておらず，わずかに覚書のなかで，博物学用語についてはリーヴズ（J.Reeves）とリヴィングストーン（J.Livingstone）の協力を得た，と述べるにとどまっている。[34]

しかし陳力衛 1994:286-289 は，たしかにページ数は少ないが，第3部は英華をあつかう最初のものであり，第1部と第2部が『康熙字典』を底本として利用したのに対し，参考とすべきものはなにもなかったという点を重視している。「西欧のそれと比較して中国の古代音階を説明し，'porcelain瓷器' では瓷器の製造工程を紹介するなど，個々の項目の説明に精力を傾注した結果が，第3部の項目の少なさとなってあらわれたのだ」という。13年という長い歳月が第3部のデータ収集に費やされた。ということはモリソンは入華とほぼ同時に第3部の準備にとりかかったことになる。「西学著作の利用をはじめ，『紅楼夢』『水滸伝』など明清小説からの引用もある」との指摘もある。

1.4. 「五車韻府」の諸版

1.4.1. 再版

初版の第2部「五車韻府」だけが版を重ねた。再版は，初版から，広東語による検索のための一覧表，カトリック教会の辞典の正書法，音節一覧表，星座，検字表，英語語彙検索，書体対照表などをはぶいて，学習者の使用の便を図ったものである。有気音を重視し，有気音を含む音節を別項としてたてた点に特徴があり，本文の内容も初版とは大幅に異

なる。

1.4.2. 第3版

再版から，広告，初版はしがき，変則的な発音表記と修正表をはぶき，アルファベット（英文字母）を紹介する。序文によれば「東西の通商が盛んになり，需要が増したにもかかわらず，廉価な辞典がないので，編集を思いたった」という。本文の内容は再版と同じである。

1.4.3. 第6版

扉と本文は再版と同じである。奥付から，光緒33年8月，上海の点石斎書局が，第6版として発行したものであることがわかるが，同書局発行の第3版との関連，4版と5版の有無を含め，成立の経緯は不明である。

1.5. 初版の異同の特殊性

初版の編纂は聖書の翻訳，印刷と併行する形で行なわれていた。1812年，清国政府は勅令によってキリスト教関係文書の中国語版の印刷を禁じ，違反者は極刑に処すると布告した。隠した版木はシロアリにくわれ，中国人刻字職工の活字の持ち逃げや密告があいつぎ，宣教師に協力した人物は逃亡した。モリソンはやむなくマカオのポルトガル人を雇って急場をしのいだが，彼等は中国語を理解できなかった。初版は取締りの厳しい広東を避けて，マカオで印刷，出版された。本書の異同が他に類をみないほど複雑なのは，こうした政治的背景が原因と考えられる。本文の異同（共通の調査範囲はpp.1-31，他は適宜調査した）の概略をつぎに記す。

1.5.1. 各巻共通の項目の比較

初版は30.6cm×24.2cm（天理大学付属天理図書館本）の大型本で，3部6巻からなる。まず各部共通の扉と献辞についてみる。

あ）扉：第1部第1巻の扉をつぎに示す。「/」は改行を表す。

　　字典/ A DICTIONARY/ OF THE/CHINESE LANGUAGE,/ IN THREE PARTS./ PART THE FIRST; CONTAINING/ CHINESE AND ENGLISH, ARRANGED ACCORDING TO THE RADICALS;/ PART THE SECOND,/ CHINESE AND ENGLISH ARRANGED ALPHABETICALLY;/ AND PART THE THIRD,/ ENGLISH AND CHINESE./ ═ / BY THE REV. ROBERT MORRISON./ ═ / 博雅好古之儒有所據以為考究斯亦善讀書者之一大助 / "THE SCHOLAR WHO IS WELL READ, AND A LOVER OF ANTIQUITY, HAVING AUTHENTIC MATERIALS SUPPLIED HIM TO REFER TO/ AND INVESTIGATE; ── EVEN THIS, IS A VERY IMPORTANT ASSISTANCE TO THE SKILFUL STUDENT." WANG-WOO-TAOU./ VOL. I ── PART I / ═ / MACAO:/ PRINTED AT THE HONORABLE EAST INDIA COMPANY'S PRESS, / BY P.P.THOMS./──/ 1815.

各巻のあいだにつぎのような異同がある。
① 書名：第1部の各巻には「字典」，第2部の各巻には「五車韻府」とあり，第3部のみ漢字タイトルなし。英文書名は各巻とも同じである。
② 第1部各巻の'RADICALS'が，第2部と第3部では'KEYS'になる。
③ 著者の称号が変わる。第1部第1巻は'THE REV. ROBERT MORRISON'，第1部第2巻以下はすべて'R.MORRISON, D.D.'となる。
④ 「博雅好古之儒」から'WANG-WOO-TAOU'までは第1部の各巻にあるが（第1部第1巻では'-TAOU'，第2巻と第3巻では'-TSAOU'となる），第2部と第3部にはない。
⑤ 「部」(PART)と「巻」(VOL.)の表示の順序がつぎのようにまちまちである。改装本と複写本の製本ミスを散見するが，これがその一因と考えられる。

	第1巻	第2巻	第3巻
第1部	VOL. I -PART I	VOL. II -PART I	VOL. III -PART I
第2部	PART II -VOL. I	PART II -VOL. II	
第3部	PART III		

⑥ 印刷者は各巻ともトムズ（P.P.Thoms）だが，印刷場所，刊行場所は巻ごとに異なり，刊行場所を記していないものもある。

	印刷場所	刊行場所	刊年
第1部第1巻	MACAO		1815
第1部第2巻	MACAO	LONDON	1822
第1部第3巻	MACAO	LONDON	1823
第2部第1巻	MACAO		1819
第2部第2巻	MACAO	LONDON	1820
第3部	MACAO	LONDON	1822

い）献辞：各部第1巻にあり，東インド会社の庇護と辞典作成の全額負担に対する謝辞を述べている。

1.5.2. 巻によって異なる項目の比較

以上は各巻に共通の部分である。以下，巻によって異なる項目を順に紹介していく。調査した諸本はつぎのとおりである（宮田1991：233-256に詳述）。図書館名は調査時の呼称で，現在とはやや異なるものもあるが，現場では旧称で通用するケースが多い。

所蔵者名／図書番号	略称		冊数
国立国会図書館	国会(1)	全揃	
495.132-M881d			6
495.1-M881d	国会(2)	第1部第2巻は欠	5
東京学芸大学付属図書館	学芸	全揃	
823/Mo78			6

東洋文庫　Ⅲ-12-D-a-62	東洋(1)	全揃	6
Ⅲ-12-D-b-68	東洋(2)	第3部のみ	1
早稲田大学図書館　P2217/1~6	早(1)	全揃	6
文庫 8/C784	早(2)	第1部第3巻のみ	1
佐野摩美氏	佐野	全揃	6
静岡県立中央図書館(葵文庫)	静県*	全揃	
A0-11/1~4		第1部と第3部	4
A0-12/1~2		第2部	2
愛知大学図書館	愛知	全揃(第3部は2冊に製本	
823/Mo78/ (1)~(3)		されている)	7
京都外国語大学付属図書館	京外	全揃	
495.132/Mo78/1~1, 2~1, 3~1,			
2~1, 2~2, 3			6
同志社大学図書館	同志(1)	第1部第2巻と第3巻,	
892.3/M		第2部第1巻と第2巻を	
		それぞれ合本。全揃	4
B823/D	同志(2)	第2部のみ	2
B823/D	同志(3)	全揃	6
長崎大学付属図書館　706/271	長崎	第1部第3巻のみ	1

＊［静県］は第1部と第3部のみ複写本あり

　つぎに初版の諸本の異同を各巻別に述べる。所蔵図書館名は略称にしたがう。前述のとおり，本文の調査範囲は基本的にpp.1-31，そのほかは適宜調査した。

　第1部は3巻よりなる。いずれも扉の冒頭に「字典」と記してある。

1.5.2.1.　第1部第1巻
　あ）扉：(前述)
　い）献辞：(前述)
　う）広告（ADVERTISEMENT）

え）序説（INTRODUCTION）：pp.i-xvi
　　17ページにおよぶ長文の序説で，漢字の起源，字体の変遷と分類，反切，部首，東洋の印刷術などの概説と，本書編纂の基礎となった『康熙字典』，カトリック教会の辞典の説明がある。第1部の収録字数は『康熙字典』にしたがって約4万字となっている。
お）符号と略語（MARKS AND ABBREVIATIONS）：p.xvii
か）アルファベットの発音（SOUNDS OF THE LETTERS）：p.xvii
　　四声と有気音についての説明がこれにつづく。
き）部首（RADICALS SHEWING THEIR ORDER AND MEANING）：pp.1-10
く）本文，華英の部（A DICTIONARY OF THE CHINESE LANGUAGE）：pp.11-867
　　「一」から「宀」までを収める。
け）讀書五戒：p.868
こ）英語語彙索引（AN INDEX OF THE ENGLISH WORDS）：pp.869-930

扉から本文の調査範囲内では諸本全同だが，その他の部分につぎのような異同がある。

○ p.229「利」の用例に，(a)「｜口辨辭」となっているもの（[国会(1)][学芸][東洋(1)][早(1)][佐野][静県][愛知][京外][同志(3)]）と，(b)「｜口便辭」となっているもの（[国会(2)][同志(1)]）がある。「｜」は親字をくりかえすことを示す符号である。
○ 同著者による*Dialogues and Detached Sentences in the Chinese Language* (1816, Macao) の一部が，(a) 挿入されているもの（[国会(1)][早(1)][静県]）と，(b) いないもの（[国会(2)][学芸][東洋(1)][佐野][愛知][京外][同志(1)(3)]）がある。

1.5.2.2. 第1部第2巻

あ）扉：（前述）諸本全同。

い）本文，華英の部：pp.1-884,「寸」から「米」までを収める。

○ pp.1-4の用例に，(a) 親字の繰り返し符号「｜」を使用するもの（［国会(1)］［学芸］［東洋(1)］［佐野］［静県］［同志(1)(3)］）と，(b) しないもの（［早(1)］［愛知］［京外］）があり，改行位置，発音表記の有無，文字や語の異同が数多くみうけられる。符号も印刷不鮮明の部分が多い。以下(a), (b)双方を比較して，異同の一部を例示してみよう。

（イ）改行が異なる。

(a) 㝵GAE. Some impediment;to stop or hinder.／Same as 礙 gae.（p.2「㝵」）	(b) 㝵 GAE.／Some impediment; to stop or hinder. Same as 礙 Gae.（p.2「㝵」）
(a) ／gora?(Klaproth.) Wăn kwan pŭh heu fung kung how 文／官不許｜公侯 it is not permitted to create civil of-／ficers, dukes, or marquises: tsing fung show fung chay keae／tsan 請｜受｜者皆斬 both he who requests,and／the person for whom he requests such an honor shall be be-／headed; because this honor is reserved for 開國之武／臣 kae kwŏ che woo chin, the military officers who laid the／foundation of the Monarchy; there are some exceptions.（p.3「封」）	(b) ／gora? (Klaproth.) Wăn kwan pŭh heu fung kung how／文官不許封公侯 it is not permitted to create／civil officers, dukes,or marquises. Tsing fung show fung chay,／keae tsan 請封受封者皆斬 both he who requests,／and the person for whom he requests such an honor, shall be／beheaded; because this honour is reserved for Kae kwŏ che／woo chin 開國之武臣 the military officers who laid／the foundation of the monarchy; there are some exceptions.（p.3「封」）
(a) ／無他學惟善｜ possessed no other science but／was a skilful	(b) ／無他學惟善射 possessed no other science but was／a skilful

第1章　モリソン『中国語字典』　33

| maker and guesser of riddles.（p.3「射」） | maker and guesser of riddles.（p.3「射」） |

（ロ）用例と発音表記の順序が異なる。

| (a) 開國之武臣 kae kwǒ che woo chin, （p.3「封」） | (b) Kae kwǒ che woo chin 開國之武臣（p.3「封」） |

（ハ）発音表記の有無

| (a) 享(p.4「享」) | (b) 享 SHOW.（p.4「享」） |

（二）文字・語が異なる。

| (a) the part where （p.1「寸」）
the three inched （p.1「寸」）
東昏候（p.1「寸」）
the name She.（p.1「寺」）
寺 sze,（p.1「寺」
Same as 捋（p.2「孚」）
叔 shǔh;（p.2「村」）
and ｜陵（p.2「封」）
this honor is reserved（p.3「封」）
kae kwǒ（p.3「封」）
Monarchy;（p.3「封」）
Show fung tae kung yu tse;（p.3「封」）
he appointed first Tae-kung（p.3「封」）
専　FOO.（p.3「専」）
every where（p.3「専」） | (b) the part were （p.1「寸」）
the three inch（p.1「寸」）
東昏侯（p.1「寸」）
the name Sze.（p.1「寺」）
寺 Sze,（p.1「寺」）
Same as 捋(p.2「孚」)
叔 Shǔh;（p.2「村」）
and a 封陵（p.2「封」）
this honour is reserved（p.3「封」）
Kae kwǒ（p.3「封」）
monarchy;（p.3「封」）
Show fung Tae-kung yu tse,（p.3「封」）
he appointed first Tse-kung（p.3「封」）
専 FOO.（p.3「専」）
everywhere（p.3「専」） |

(ホ) 符号が異なる。

(a) nor female infant; (p.1「寸」) a single step; (p.1「寸」) 寺 SZÉ, or Shé. (p.1「寺」)	(b) nor female infant, (p.1「寸」) a single step, (p.1「寸」) 寺 SZÉ, or She. (p.1「寺」)

1.5.2.3. 第1部第3巻

あ）扉：（前述）

い）本文，華英の部：pp.1-908,「糸」から「龠」までを収める。

う）第6巻（最終巻）の広告（ADVERTISEMENT TO THE SIXTH AND LAST VOLUME）

○ p.23「緬」の用例に，(a)「思緬」とあるもの（[学芸][東洋(1)][早(1)(2)][佐野][静県][愛知][京外][同志(1)(3)][長崎]）と，(b)「思｜」とあるもの（[国会(2)]）がある。

○ 巻末の ADVERTISEMENT TO THE SIXTH AND LAST VOLUME の最後のページを示す数字が，(a)‘2’となっているもの（[東洋(1)][早(1)][京外][同志(3)][長崎]）と，(b)‘910’となっているもの（[国会(2)][学芸][早(2)][佐野][静県][愛知][同志(1)]）がある。

第2部は2巻からなり，いずれも扉の冒頭に「五車韻府」と記してある。

1.5.2.4. 第2部第1巻

あ）扉：（前述）

い）献辞：（前述）

う）はしがき（PREFACE）：pp.v-xii

　　『五車韻府』（原著）成立の経緯と第2部編集に用いた文献について述べる。

え）本辞典の使用法（RULES FOR CONSULTING THE DICTIONARY）：p.xiii

第1章　モリソン『中国語字典』　35

お）符号（MARKS）：p.xiii, 入声の符号は記されていないが，第2部の本文では第1部と同じ符号を用いている。上声と去声の符号に変更はなく，有気音には変更がある。

か）目次（CONTENTS）：p.xiv
　　第1部と第3部には目次がない。第2部の目次は章名，ページともに該当個所の表記と一致しない部分がある。

き）広東語による単語検索のための一覧表（A TABLE TO ASSIST TO FIND WORDS IN THIS DICTIONARY BY THE CANTON DIALECT）：pp.xv-xvii

く）カトリック教会の辞典（王立協会所蔵）の正書法（ORTHOGRAPHY OF THE MANUSCRIPT DICTIONARIES）：pp.xvii-xix

け）音節一覧表（ORDER AND NUMBER OF THE SYLLABLES）：p.xx

こ）本文，華英の部　音節別（A DICTIONARY OF THE CHINESE LANGUAGE ARRANGED ALPHABETICALLY）：pp.1-1062

さ）中国語による星名と星座名（CHINESE NAMES OF STARS AND CONSTELLATIONS）：pp.1063-1081, リーヴズ（J. Reeves）が作成したものである。

し）補遺，正誤表（ADDENDA & CORRIGENDA ARRANGED ALPHABETICALLY）：pp.1082-1090

第1巻はとりわけ異同が複雑で一貫性に欠ける。文字の位置の相違，記号の欠落，印刷不鮮明の個所が随所にある。

1.5.2.5.　第2部第2巻

あ）扉：（前述）

い）解説（CONTENTS）：pp.iii-iv, 部首，難字検索，異体字，書体について解説する。

う）部首一覧表（A TABLE OF THE RADICALS SHEWING THEIR ORDER

AND MEANING)：pp.v-vi
- え）部首別索引（AN INDEX OF THE CHARACTERS WHICH OCCUR IN THIS VOLUME, ARRANGED ACCORDING TO THE RADICALS)：pp.1-71
- お）検字表（A TABLE OF KEEN-TSZE CHARACTERS FOR SHEWING THE RADICALS OF COMPLICATED CHARACTERS)：pp.72-129, 難字検索のための表であり，『康熙字典』の「検字」「辨似」を採録している。
- か）英語語彙索引（AN INDEX OF ENGLISH WORDS)：pp.131-177, 用例中の英語を採録し，その意味に相応する漢字の配列番号を記した索引である。トムズ が作成した。
- き）書体対照表（A SYNOPSIS OF VARIOUS FORMS OF THE CHINESE CHARACTERS)：pp.1-305, 第2部第1巻所収の漢字の一部について，楷書・行書・草書・隷書・小篆・古文の各書体を掲げている。

1.5.2.6. 第3部

第3部は1巻のみ。
- あ）扉：(前述)
- い）献辞：(前述)
- う）はしがき（PREFACE)：pp.1,2 モリソンは 「第3部が終わってから第1部の残りを完成させる」と述べている。最終巻の広告が第1部第3巻にあるのは，このためである。
- え）アルファベットを使用する言語についての簡単な説明（BRIEF EXPLANATION OF AN ALPHABETIC LANGUAGE AS EXEMPLIFIED BY THE ENGLISH)：pp.3,4
- お）本巻の中国語のつづりに用いたアルファベットの発音（POWERS OF THE LETTERS AS EMPLOYED IN SPELLING THE CHINESE WORDS IN THIS VOLUME)：p.5
- か）覚書
- き）本文，英華の部（AN ENGLISH-CHINESE DICTIONARY)：pp.1-480

第3部は調査範囲内に諸本の異同はなく，巻末の pp.479,480 も全同である。だが，第1部から第3部まで全6巻を通じて全同のものは，皆無であった。なお，静岡県立図書館には第1部と第3部の写真版がある。また，東洋文庫には，第2部「五車韻府」から英語語彙索引と検字表を除いて作成した縮冊版があり，順序は初版と一部異なるが内容は変わらない。ただし，やや誤植が多い。

初版の中には出版通知と予約購読者リストが掲載されているものがある。出版通知の有無は諸本により異なる。Nov.3, 1817; Feb. 29, 1820; Dec. 17, 1822 といずれも広東から出たもののほかに，一部分だけで日付のないものが1種ある。*The British Library General Catalogue of Printed Books to 1975* にも『中国語字典』の6巻本が2部，第1部の第2巻と第3巻を欠くものが1部あることが記されている。予約購読者リストによれば，清国で受け付けたものだけで，1820年の未完成の時点での予約が74部，いずれも個人の予約である。

1.6.「五車韻府」の諸形態

初版を大型本とすると，再版には中型本と小型本がある。

1.6.1. 再版中型本

再版中型本は 21.8cm×15.2cm（国会図書館本）で，2巻からなる。調査した諸本は次のとおりである。

所蔵図書館名	図書番号	冊数
国立国会図書館	495.1/M881d（初版と同番号）	1（合冊本）
東京大学総合図書館	D100/128	2
東洋文庫	Ⅲ-12-D-a/30	2
九州大学文学部図書室	倫理 G/269	2

第1巻
　あ）扉：五車韻府 / A/ DICTIONARY/ OF THE/ CHINESE LANGUAGE, / BY THE/ REV. R. MORRISON, D.D/ ══ / VOL.I/ ══ / SHANGHAE: LONDON MISSIONARY PRESS./ LONDON: TRUBNER & CO./ REPRINTED, 1865
　い）広告（ADVERTISEMENT）：pp.i,ii
　う）初版はしがき（ORIGINAL PREFACE）：pp.iii-ix
　え）変則的な発音表記と修正（ANOMALIES AND MODIFICATIONS IN THE ORTHOGRAPHY）：p.ix
　お）華英の部（A DICTIONARY OF THE CHINESE LANGUAGE）：pp.1-762, A~LWAN を収める。

　扉，広告，「変則的な発音表記と修正」は諸本全同。原著はしがきに重複・欠落のあるものがあり，華英の部は［国会］［東総］［九州］のpp.593-597に乱丁がある。

第2巻
　あ）扉：第1巻の'VOL.I'が'VOL.II'に変わる。
　い）続華英の部：pp.1-724, MA~YUNG を収める。
　う）部首一覧表(LIST OF THE RADICALS OF THE CHINESE LANGUAGE)：pp.i-iv
　え）部首別索引(AN INDEX OF THE CHARACTERS WHICH OCCUR IN THIS DICTIONARY ARRANGED ACCORDING TO THE RADICALS)：pp.1-99

　国会（合冊本）の部首別索引は，第1巻の華英の部の前にある。また華英の部〔N〕の部のページ表記に異同がみられる（pp.72-80）。

1.6.2. 再版小型本

再版小型本は 14.4 cm × 8.8 cm（愛知大学図書館本）で，4冊からなる。調査した諸本はつぎのとおりである。

所蔵図書館名	図書番号	冊数	
国立国語研究所	413=951=2/D72/-2	2	洋改装
早稲田大学図書館	文庫 8/c794/1-4	4	和装
愛知大学図書館	823/Mo78/（1）～（4）	4	和装
京都大学付属図書館	87/ 小別	4	和装

和装本は各冊とも表紙に「五車韻府」の題簽がついている。［国研］は第1冊と第2冊，第3冊と第4冊を合本して2分冊とした洋改装本で，上海とロンドンで刊行された。

第1冊

あ）題簽（和装本）：「五車韻府」とある。［愛知］は各冊ごとに「元」「亨」「利」「貞」と表記している。

い）扉：五車韻府/ A DICTIONARY/ OF THE/ CHINESE LANGUAGE,/ BY THE/ REV. R.MORRISON D.D./ ═ /VOL. Ⅱ / ═ / SHANGHAE:LONDON MISSION PRESS./ LONDON: TRUBNER & CO./ REPRINTED, 1865.

う）広告（ADVERTISEMENT）：pp.i,ii

え）初版はしがき（ORIGINAL PREFACE）：pp.iii-ix，初版のはしがきの一部を省略したものである。

お）変則的な発音と修正（ANOMALIES AND MODIFICATIONS IN THE ORTHOGRAPHY）：p.ix

か）部首一覧表（LIST OF THE RADICALS OF THE CHINESE LANGUAGE）：pp.i-iv

き）部首別索引（INDEX OF THE CHARACTERS WHICH OCCUR IN THIS DICTIONARY ARRANGED ACCORDING TO THE RADICALS）：pp.1-99

く）華英の部（A DICTIONARY OF THE CHINESE LANGUAGE）：pp.1-350, A~HEUNG を収める。

第2冊　続華英の部：pp.351-762　（HEUNG~LWAN）
第3冊　続華英の部：pp.1-350　（MA~TA）
第4冊　続華英の部：pp.351-724　（TAE~YUNG）

再版中型本と再版小型本の異同

○ 小型本はおおむね印刷不鮮明で，欠落とみられる個所が多い。
○ 小型和装本は「五車韻府」の題簽をもつが，中型本と小型洋装本に題簽はない。また小型本はいずれも原著はしがきに乱丁があり，pp.v-ix が広告の前にある。
○ 広告，変則的な発音表記と修正，部首一覧表，部首別索引は全同。
○ 本文の内容は変わらない。

1.6.3. 第3版中型本

第3版は中型本だけで，上海の点石斎の石版刷り，21.2cm × 13.8 cm（東北大学付属図書館本）の1巻本である。つぎの諸本を調査した。

所蔵図書館名	図書番号	冊数	
東北大学付属図書館	狩 /27898/L	1	和装
東京大学総合図書館	D100/588	1	和装
東洋文庫	Ⅲ /12-D-a/28	1	洋改装
一橋大学付属図書館	Ab 12/2	1	和装
早稲田大学図書館	P/1047	1	和装
大阪女子大学付属図書館	英 300	1	和装

あ）題簽：(a)「五車韻府華文譯英文字典全」とするものと，(b)「華文譯英文字典」とするものがある。
い）扉：五車韻府／華文譯英文字典／ A／ DICTIONARY／ OF THE／ CHINESE LANGUAGE,／ BY THE／ REV. R. MORRISON, D.D.／ IN ONE VOLUME／ PHOTO-LITHOGRAPHED BY THE／ SHANGHAI:／ TIEN-SHIH-CHAI.／──／ 1879.
う）五車韻府序（点石斎主人識）
え）華英の部（A DICTIONARY OF THE CHINESE LANGUAGE）：1-186丁，再版本の8ページ分を1丁に収める。
お）部首一覧表（LIST OF THE RADICALS OF THE CHINESE LANGUAGE）：187丁
か）アルファベット（英文字母）：187丁
き）部首別索引（（各字目録）AN INDEX OF THE CHARACTERS WHICH OCCUR IN THIS DICTIONARY ARRANGED ACCORDING TO THE RADICALS）：188-200丁

　［東総］［東北］［早稲田］［阪女］は各項目とも全同。［東洋］は改装本で題簽がなく，［一橋］は扉，五車韻府序，さらに華英の部の最終丁が欠落している。

再版と第3版の異同
○五車韻府序，アルファベット（英文字母），部首別索引のなかの「各字目録」というタイトルの漢文の説明は，再版になくて，第3版にある。
○本文の内容は全同である。第3版は，再版の8ページ分を1丁に収める。
○再版の広告，初版はしがき，変則的な表記と修正は，第3版にはない。

1.6.4. 第6版小型本

小型の和装4冊本で，奥付に「光緒33年8月6版」とある。上海の点石斎が出版したもので，扉の刊年は1865となっており，本文も諸項目の内容も1865年にでた再版と変わらない。東京外国語大学付属図書館が所蔵する和装の4冊本である（諸岡文庫I-62-1-4）。

第1冊
- あ）題簽
- い）扉：（再版の扉に同じ）
- う）変則的な発音表記と修正（ANOMALIES AND MODIFICATIONS IN THE ORTHOGRAPHY）：p.ix
- え）広告（ADVERTISEMENT）：pp.i,ii
- お）初版はしがき（ORIGINAL PREFACE）：pp.iii-ix
- か）部首一覧表（LIST OF THE RADICALS OF THE CHINESE LANGUAGE）：pp.i-iv
- き）部首別索引（INDEX OF THE CHARACTERS WHICH OCCUR IN THIS DICTIONARY ARRANGED ACCORDING TO THE RADICALS）：pp.1-99
- く）華英の部（A DICTIONARY OF THE CHINESE LANGUAGE）：pp.1-350（A~HEUNG）

第2冊　続華英の部：pp.351-762　（HEUNG~LWAN）
第3冊　続華英の部：pp.1-350　（MA~TA）
第4冊　続華英の部：pp.351-724　（TAE~YUNG），奥付

1.7.「五車韻府」の異同

モリソン『中国語字典』は，3部6巻のうち，第2部「五車韻府」だけが版を重ねた。再版，3版，6版の内容は同じだが，初版とは大きく異な

る。ここではまず，初版の第2部について諸本の異同をみきわめ，その結果を再版と比較する方向で，やや詳しく検討していきたい。

1.7.1. 初版の異同

1.7.1.1. 第2部第1巻

本巻の異同はきわめて複雑で，一貫性がない。声調符号，カマやコロンの欠落，活字が斜めあるいは逆になったもの，印刷不鮮明の個所などが至るところにある。あまりに煩雑になるので，いちいち挙げることは避ける。下線部が異同個所である。

あ）扉
- a.「AND PART THE THIRD」のあとに「CONSISTING OF ENGLISH AND CHINESE」と続くもの（［国会(1)］［学芸］［東洋(1)］［早(1)］［佐野］［静県］［愛知］［京外］［同志(1)(2)(3)］）
- a'.「CONTAINING THE ENGLISH AND CHINESE」と続くもの（［国会(2)］）

い）本辞書の使用法
- b. 冒頭に「1st」，末尾に「PART Ⅱ.c（またはé」とあるもの（［国会(1)(2)］［東洋(1)］［佐野］［静県］［愛知］［京外］［同志(1)］）
- b'. 冒頭に「t」，末尾に「PART Ⅱ.d」とあるもの（［学芸］［早(1)］［同志(2)(3)］）

う）目次
- c.「Ⅶ.A list of stars…1065」「Ⅺ.Index of characters under the Radicals…73」とあるもの（［国会(1)(2)］［東洋(1)］［佐野］［静県］［愛知］［京外］［同志(1)］）
- c'.「Ⅶ.A list of stars…1650」「Ⅺ.Index of characters under the Radicals…1」とあるもの（［学芸］［早(1)］［同志(2)(3)］）
  （該当個所を照合すると，それぞれc.「1065」，c'.「1」が正しい）

え）広東語による検索のための一覧表

    d.「C」の項の「Cheok…Chǒ, Tsǒ」の次に「Cheng」とあるもの（[国会(1)(2)]［東洋(1)］［佐野］［静県］［愛知］［京外］［同志(1)]）

    d'.「Cheong」とあるもの（[学芸]［早(1)］［同志(2)(3)]）

お）本文，華英の部（音節別・ABC順）

    e.（p.2）「藜」の項の「…of which paste is made」のあとに，「Reiterated Cha-cha.or Cha-na 藜藜」とあるもの（[国会(2)]［学芸］［東洋(1)］［早(1)］［佐野］［静県］［愛知］［同志(1)(2)(3)]）

    e'.「Cha-cha 藜藜」とあるもの（[国会(1)]［京外]）

    f.（p.3）「蜡32，艎c38，裇39」とあるもの（[国会(2)]［学芸］［東洋(1)］［早(1)］［佐野］［静県］［愛知］［同志(1)(2)(3)]）

    f'.「蜡'32，艎38，裇'39」とあるもの（[国会(1)]［京外]）

    g.（p.3）「茶」の項の「The sorts commonly known to Europeans are these, Bohea, 武彜茶」の部分で，「茶」が行の初めにあるもの（[国会(2)]［学芸］［早(1)］［佐野］［静県］［愛知］［同志(1)(2)]）

    g'.「彜茶」が行の初めにあるもの（[国会(1)]［東洋(1)］［京外］［同志(3)]）

    h.（p.4）「疨」の項の「a severe state of disease」の前に，「cha-na」とあるもの（[国会(1)(2)]［東洋(1)］［早(1)］［佐野］［愛知］［同志(1)(3)]）

    h'.「Cha-cha」とあるもの（[学芸]［静県］［京外］［同志(2)]）

    i.（p.18）「倡」の項の「Chang lwan｜亂」のあとに，「to lead」とあるもの（[国会(1)]［早(1)］［静県］［同志(1)(3)]）

    i'.「to ead」とあるもの（[国会(2)]［学芸］［東洋(1)］［佐野］［愛知］［京外］［同志(2)]）

    j.（p.229）「熹」の項の「Choo-he 朱｜」に続いて，「name of the Commentator」とあるもの（[国会(2)]［学芸］［東洋(1)］［静県］［愛知］［同志(3)]）

第1章　モリソン『中国語字典』　45

j'. 「ame of the Commentator」とあるもの（［国会(1)］［早(1)］［佐野］［京外］［同志(1)(2)］）

k. (p.230)「戯戯」の項、右27~28行目にかけて「…witha grotesque/（ママ）masque and long beard. The great/divisions…」とあるもの（［国会(1)］［東洋(1)］［早(1)］［佐野］［京外］［同志(1)(2)］）

k'. 「…with a grotes-/que and long beard.—The great/divisions…」と改行が異なり、「masque」が欠落しているもの（［国会(2)］［学芸］［静県］［愛知］［同志(3)］）

l. (p.242)「䬴」の項に「…出口｜銀/export duties. Tsin kow heang 進/口｜expresses, Imports. Chow-/heang 仇｜a name given to a/prince who murdered certain hus-/bandmen in order to obtain their/provisions.」とあるもの（［国会(1)］［学芸］［早(1)］［佐野］［愛知］［京外］［同志(2)(3)］）

l'. 「…Tsin kow 進口/expresses, Imports.」とあり、以下改行位置が異なるもの（［国会(2)］［東洋(1)］［静県］［同志(1)］）

m. (p.242)「3502（䮐），3504（䮏）」の中央部分が「艮」、「3506（響）」の中央部分が「艮」となっているもの（［国会(1)］［学芸］［早(1)］［佐野］［愛知］［京外］［同志(2)(3)］）

m'. 中央部分が3字とも「良」となっているもの（［国会(2)］［東洋(1)］［静県］［同志(1)］）

n. (p.272)「赫」の項の冒頭に「From a red flesh colour, repeated」とあるもの（［国会(1)(2)］［学芸］［早(1)］［佐野］［愛知］［京外］［同志(2)(3)］）

n'. 「From…repeated.」がないもの（［東洋(1)］［静県］［同志(1)］）

o. (p.281)「禍禍旤禍」の「Ho fŭh e fŭh｜福倚伏」で「Ho」の次が「fŭh」となっているもの（［国会(1)］［学芸］［東洋(1)］［早(1)］［佐野］［愛知］［同志(2)(3)］）

o'. 「ŭh」となっているもの（［国会(2)］［静県］［京外］）

o". 「u̯」となっているもの（[同志(1)]）

p. (p.805)「淡啖」の項が「Tan fan ｜ 飯 insipid poor food.」で終わるもの（[学芸][早(1)][静県][愛知][同志(1)(3)]）

p'. 「淡啖」の項が「Tan pǒ ｜ 薄 thin; indifferent; poor; free from vicious passions.」で終わるもの（[国会(1)(2)][東洋(1)][佐野][京外][同志(2)]）

か）補遺・正誤表

q. (p.1090)「No. 12476, 御…」「根 KA̯N」「｜ 末 the root and top most bough;」とあるもの（[国会(1)][学芸][早(1)]）

q'. 「No.12476, 街…」「根 KÅN」「… topmost bough;」とあるもの（[国会(2)][東洋(1)][佐野][静県][愛知][京外][同志(1)(2)(3)]）（q.「御」, q'.「topmost」が正しい。q.「根 KA̯N」及び q'.「根 KÅN」の「u̯」と「o̊」は，声調符号「˘」のかわりに用いたものである。）

1.7.1.2. 第2部第2巻

き）扉（[静県]は扉を欠く。）

r. 「BY P.P. THOMS」のあとに「PUBLISHED AND SOLD BY BLACK, PARBURY, AND ALLEN, BOOKSELLERS TO THE HONORABLE EAST INDIA COMPANY, LONDON」が加わるもの（[国会(1)(2)][東洋(1)][早(1)][佐野][愛知][京外][同志(1)(3)]）

r'. 加わらないもの（[学芸][同志(2)]）

く）英語語彙索引

s. (p.131)「Adulate, 12439」とあるもの（[国会(1)(2)][東洋(1)][早(1)][佐野][静県][愛知][京外][同志(1)(2)(3)]）

s'. 「Ad ulate, 12439」とあるもの [学芸]

け）検字表

t. (p.72)「五字相似」の注の冒頭に「N.B.」とあるもの（[早(1)]）

t'. ないもの（[国会(1)(2)][学芸][東洋(1)][佐野][静県][愛知][京外][同

志(1)(2)(3)])

1.7.2. 再版中型本の異同

再版中型本は初版から，広東語による検索のための一覧表，ローマカトリック教会の辞典の発音表記，音節一覧表，星座，検字，英語語彙索引，書体対照表などをはぶいた縮約版である．広告によれば，できるだけ原著に近い内容にしたというのだが，サイズの関係から削除が多い．

初版の親字配列の当初の原則は，音節ごとに基本形 (primitives) を画数順に掲げ，つぎにその複合形 (compounds) を部首別に並べるというものだったが，この方針は早い段階で挫折した．再版には，基本形も複合形もない．また，初版は有気音を重視していないが，再版中型本は有気音を含む音節を別項としてたてている．

1.7.2.1. 第1巻
あ）扉：各全同．
い）広告：各全同．
う）初版はしがき：
　（イ）［国会］と［東総］は全同．
　（ロ）［東洋］は，p.v の上から2行目 'for the accents and quantity are often very disputable subjects, on which scholars and dictionaries differ materially.' に呼応する形で 'These tones will be found fully indicated in the index at the close of the second volume' (声調に関しては第2巻巻末の索引を参照) という注釈2行が p.v の最後に入り，本来あるべき2行 'with a great sacrifice of time, it is probable that considerable progress may be made in the language; but these are helps which few' が欠落している．
　（ハ）［九州］は，'with a great sacrifice .....which few' が重複し，その分 p.vi の最後の2行 'easy than a close translation, the author

prefers the latter, because he thinks it more calculated to answer the end proposed: but to' が欠落している。

1.7.2.2. 第2巻
あ）扉：各全同。
い）続華英の部：本文の内容は一致するが，ページ数の表記が異なる。
- ［国会］は，〔N〕部の見出し字「預，岸」のページ表記が75,「按，案」が74,「俺，唵」が75,
- ［東洋］は,「預，岸」のページ表記が73,「按，案」が74,「俺，唵」が75,
- ［東総］［九州］は,「預，岸」のページ表記が73,「按，案」が76,「俺，唵」が77, となっている。

1.7.3. どこが初版と変わったか

初版は早稲田大学図書館本，再版中型本は国会図書館本を用いて，異同をみていく。

あ）初版はしがき ORIGINAL PREFACE……再版中型本では，初版はしがきの一部を省略している。
い）変則的な発音表記と修正 ANOMALIES AND MODIFICATIONS IN THE ORTHOGRAPHY……初版の'G'は，再版中型本では'Ng'と鼻音化される。また，有気音が重視されるようになる。
う）部首別索引 AN INDEX OF THE CHARACTERS WHICH OCCUR IN THIS DICTIONARY……初版の形式を踏襲して，つくりなおしたものである。初版の部首別索引には有気音の表記はみられず，筆画数の記載洩れが多いが，再版中型本では訂正されている。
え）華英の部 A DICTIONARY OF THE CHINESE LANGUAGE……（A～LWAN）

続華英の部（第2巻）A DICTIONARY OF THE CHINESE LANGUAGE（MA~YUNG）

つぎに肝腎の本文はどのように変わったのか。初版と再版中型本の本文の同じ個所を比較してみよう。

初版	再版中型本
ⓐCHA. ⓑIV. SYLLABLE. ⓒA broad. The Provincial Dialect in the same; by some pronounced Tsa. 査 ⊖ 4．Wood floating in water; a float; a raft; to examine into; to enquire; to refer to records in public offices. A surname. A bar or hindrance. 巨ⓓ｜Keu-cha, The great raft,——probable allusion to the ark of Noah.…… 　　ⓔ奓 Chay, Large; wide. 憏 15．An empty noisy bluster; rodomontade: From Chay, To spread wide, and Sin, The heart. 瘥 16．An ill-closed cicatrix. 觰 17．A large horn, wide spreading horns; to seize an animal; as by the horns. 諸 18．To talk big. 諸挐Cha-na, To be ashamed of poverty, and to endeavour to conceal it by a wordy ostenta-	CHA 査 Wood floating in water; a float; a raft; to examine into; to enquire; to refer to records in public offices. A surname. A bar or hindrance. 巨査 Keu-cha, the great raft,—probable allusion to the ark of Noah.…… 憏 An empty noisy bluster; rodomontade. From Chay, to spread wide, and Sin, the heart. 瘥 An ill-closed cicatrix. 觰 ⓕ A large horn, wide spreading horns; to seize an animal, as by the horns. 諸 To talk big. 諸挐 Cha-na, to be ashamed of poverty, and to endeavour to conceal it by a wordy ostentatious

tious display. Cha-naou ㊤ ｜ 訛 inexplicable, clamorous, and ostentatious boasting, to conceal actual poverty and meanness.	display. Cha-naou 諸訛inexplicable, clamorous, and ostentatious boasting, to conceal actual poverty and meanness.

初版と再版中型本の本文の主な相違は以下の4点である。

a. 初版にみられる音節番号㊃, その発音の説明㊇, 親字（見出し漢字）の番号㊁と, 基本形㊉が, 再版中型本では削除されている。
b. 再版中型本の親字に変更㊇がある。増補, 削除の例もあるが, あまりに煩瑣になるので省略する。
c. 再版中型本では用例中の親字の繰り返しを示す記号（「｜」㊤）がみられない。
d. 再版中型本では有気音をふくむ音節を別項として立てている。

むすび

モリソン『中国語字典』は清政府による弾圧政策のさなかに編集, 発行されたもので, 初版の異同は他に類をみないほど複雑である。同書3部6巻のうち第2部「五車韻府」だけが版を重ねており, 後代への影響も大きい。第3部はページ数こそ少ないが, ヨーロッパへの中国紹介に重要な役割を演じた。

諸版を比較した結果, 再版, 3版, 6版の内容は変わらないが, 初版とは大きく異なることがあきらかになった。

注
1) 岩崎克己著『柴田昌吉伝』一誠堂 1935：47
2) E. Morrison 1839 vol.2：412, 413に, '.....I have sent to Japan an order for a copy

of my Dictionary to be given to the translator Gonoski Kokizas.'とある。また、東北大学文学会季刊『文化』第5巻〔昭和13年度〕第3号の344ページに、「尚日本医学史や、呉氏「シーボルト」等には小関をオゼキと読んであるが、庄内地方ではコセキと呼ぶのが正しき由、光丘文庫長白崎良弥氏から特に注意を寄せられた」とある。

　杉本つとむ氏は「Gonoski Kokizasは権之助吉雄である」と述べておられる（杉本1970：338）が、これは吉雄権之助と小関三英の2人を指すとみたほうがよいのではないか。ふたりが面識があったかどうかは明らかでないが、モリソンは日本の知識層に漢文を通じて布教ができると知っておどりしている。'Kokizas'と「コセキ」とは音がよく似ているうえに、日本語をまったく解せぬモリソンが、医師ビュルゲル（Heinrich Burgher, 1806?~1858）からのまた聞きの日本語を聞き違える可能性は多分にあると思われる。ビュルゲルはしばしばシーボルト（Philip Franz von Siebold, 1796~1866）の江戸参府に随行した。

3) E. Morrison 1839 vol.I：382,383,474；モリソンはマカオに居を定めて25年、その間に辞典編纂と聖書翻訳を行なった。カトリック教徒との確執はあったが、清政府の干渉が及ばないという意味では、マカオはプロテスタントにとっても恰好の避難所であった（'Macao was similarly a haven to Protestants. Dr. Robert Morrison lived here for over twenty-five years while compiling the first Chinese-English Dictionary and translating the Bible into Chinese. Other Protestants soon came, unwelcomed by the suspicious Catholic fathers, suspicious of them in return, the two groups thoroughly alienated from each other by cultural and language barriers' E.V. Gulick 1973：26）。

　初版の出版地がすべてマカオとなっているのには、こうした事情が背景にあった。カトリックとプロテスタントの組織面での反目ははげしかったが、個人的な交流がなかったわけではない。ストーントンがモリソンに紹介したAbel Yunはカトリック教徒で、ラテン語と英語に通じ、ペキン語を話すことができたが、漢字は読めなかった。俸給は当初月10ドルだったが、やがて月30ドルを要求してモリソンに拒絶され、解雇された（Rubinstein 1996：78）。清政府の迫害は東インド会社のモリソンの身辺にも及び、当時かくまっていた信徒の幼弟蔡亞三にまで捜索の手が伸びた（叶再生2002：195）。

4) E. Morrison 1839 vol.1：415; W.J. Townsend, *Robert Morrison, the Pioneer of Chinese Mission* London, p.77　この勧告は現地の事情を知らぬ本国の東イ

ンド会社理事会向けのジェスチャーだったという見方もある(L.Ride 1957: 15)。

　当時現地の官吏との折衝にモリソンの存在は欠かせなかった。モリソンの辞職勧告に署名したストーントンは現地の事情を知り抜いていた。モリソンとストーントンが示しあわせてひと芝居打ったと考えてもおかしくない。しかし，モリソンの布教への情熱はとどまるところを知らず，事業への影響をおそれた会社側はついに解雇にふみきった (E.Morrison 1839 vol.1：414-419)。

　1834年には東インド会社によるアヘンの独占通商に終止符が打たれ，英国政府が前面にでて，さらに有利な条約の締結をもくろむ ('In 1834 the British discontinued the East India Company's monopoly among British traders in the opium traffic between Bengal and South China, removing the Company as intermediary for British subjects and Chinese authorities and thrusting the British government forward into that role.' E.V. Gulick 1973：82)。

5) 出版通知 Canton, Nov. 3, 1817

6) 出版通知 Canton, Dec. 17, 1822

7) 第1部第1巻序文，さらに E. Morrison 1839 vol.1：299 にストーントンからの書簡があり，「中国語学習者は今後（宮田注—モリソンの『中国語字典』が出版されたあと）フールモン，ベイヤー (Bayer) などの部厚い退屈な著作に苦労してとりくむ必要はなくなるだろう。彼らの書くものときたら，とにかく不正確で欠点だらけなのだから」と述べている。

8) 『二峡字典西訳比較』1817の冒頭で モンタッチは婉曲にではあるが，ストーントンの仕打ちに対する恨みごとを述べている。

9) ロンドン宣教会は，モリソンが全精力を傾注して，文法書と辞書の編纂，さらには新約聖書翻訳の準備にとりくんでいることに満足の意を表明し，こうした努力が，入華宣教師にとって難解な中国語の修得を容易にするのにおおいに役立つと賞賛している (E. Morrison 1839 vol.1：304)。

10) 熊月之『西学東漸与晩清社会』1994：102, 103

11) 辞書の出版に必要な経費は，資金面の裏づけに乏しい個人や宣教会には荷が重すぎたので，結局東インド会社が負担することになり，印刷監督としてトムズが英国から派遣された (E. Morrison 1839 vol.1：382, 383)。

12) 第3部のはしがきによる。第2部を利用して英語の修得に役立てようとまず考えたのが，長崎のオランダ通詞，吉雄権之助であった。

13) 出版費 12,000 ポンドは全額東インド会社が負担した (M. Broomhall 1927：

173）。

14）出版通知Canton, Nov. 3, 1817 ; Dec. 17 , 1822による。E. Morrison 1839 vol.1：511には「ほぼ全コピーの処分をモリソンにまかせたが，売れゆきは伸びなかった」とある。

15）「Ko先生は辞書の編纂，そのほか必要なときはいつでも助けてくれる。性格は温和で，非の打ちどころがない」('Ko Seen-sang continues with me to assist in compiling the Dictionary, or whatever else I require. His attendance is cheerful and regular on Lord's days , and at family prayer. His natural disposition is very amiable, and his behaviour and temper exemplary.' E. Morrison 1839 vol.1：439）.

なお都田1974：97では'Seensang'を個人名の一部とみているが，これはあやまりで，'Seensang'は「先生」，名前ではなく敬称である。これをそのまま踏襲した日本人の論考を散見する。

16）パリのレミュザ（Abel Remusat 1788~1832）教授にあてた1820年1月7日付けのモリソンの手紙に，「「秀才」の助手がレミュザの『中庸』の翻訳のあやまりを指摘した」とある（W.J. Townsend *Robert Morrison, the Pioneer of Chinese Mission* pp. 43 , 44 ; E. Morrison 1839 vol.2：28）。この人物がLeである可能性がある。

李志剛撰1985：126はモリソンの華語教師として，李先生（Le Seensang）と楊先生（Abel Yun-Kwang-Ming）の名をあげている。ふたりともカトリックであった。(発音や人名の表記は編者・著者によって異なるのが通例である。ここではそのまま表記した。李志剛撰1985の'Le Seensang'と蘇精2000の'Le Seen-Sang'はいずれも「李先生」を指し，李志剛撰1985の「楊先生」と蘇精2000の「雲官明」は，いずれも'Abel Yun'を指す。また，蘇精2000の「葛茂和」）(Ko Mow-Ho)はE.Morrison1839の'Ko Seen-sang'つまり'Ko先生'のことで，モリソンが厚い信頼を寄せていた。)

蘇精2000には「馬礼遜和他的中文教師」と題する1章があり，なかに葛茂和（Ko Mow-Ho）と李先生（Le Seen-Sang）の名がある。葛茂和は容三徳（モリソンにはじめて中国語を教えた人物）の紹介でモリソンに官話を教えたが，任期は他の中文教師を抜いて最長の8年半に及んだ。この期間は聖書翻訳，辞典編集，教義出版の最重要期に当たり，モリソンの葛に寄せる信頼は大きかったが，東インド会社のマカオ印刷所が中国官憲の捜査にあい，葛はかろうじて追捕を免れるという悲劇的結末に終わった。

モリソンに雇用された時点ですでに43歳，温和な性格と豊かな学識にモ

リソンは賛辞を惜しまなかった。葛のあと李先生（Le Seen-Sang）がモリソンの中文教師となったが，葛ほどの信用を得るには至らなかった（蘇精 2000：69-76）。

　同じく蘇精 2000：66-68 には雲官明（Abel Yun Kowin-Ming）の紹介が載っている。容三徳はモリソンに広東語を教えたが，モリソンは同時に官話の習得も望んでいた。ストーントン卿に紹介されたのがカトリック教徒の雲官明で，官話とラテン語は流暢に話せるものの，中国語じたいに難があった。倨傲の振舞いに加えて教義上のいきちがいもあり，やがてモリソンに解雇された（注3参照）。1814年に起きた騒擾事件で首魁はカトリック教徒と目され，雲官明にも捜査の手が伸びたため，東インド会社が介在して彼のマニラへの逃亡を助けた。

17) E. Morrison 1839 vol.1：1
18) イギリスの歴史家ドライズデイル（Dr. Drysdale）によれば，「Morpethにはモリソン生誕の記録は残っておらず，おそらく Morpeth ではなく Wingates で生まれたのであろう」とする。('…Dr. Drysdale, the historian of Presbytery in England, has satisfied himself that no such entry exists there, or elsewhere in Morpeth, and that Wingates and not Morpeth was the probable birthplace' .M. Broomhall 1927：8, 229)。Wingates はモリソンの母 Hannah Nicholson の生まれ故郷なので，この推測は正しそうにみえる。しかし「Wingates にも証拠とするに足る文書は残っていない」（M.Broomhall 1927：230)。
19) M. Broomhall 1927：17 に 'Not Laidler as in the Memoirs'（回顧録に Laidler とあるのはあやまり）と記されている。
20) A. Wylie 1967：3
21) 都田 1974：45 に，「ヴォーグ・アカデミー」（Vogue Academy）とあるが，'Vogue' は誤りで 'Bogue' が正しい。E. Morrison 1839 は一貫して 'Bogue' である。
22) 清国派遣決定後モリソンに中国語を教えた中国人の名を，メドハーストは 'Yong-sam-tak'（W.H. Medhurst 1838：253)，都田 1974：105 はこれに漢字をあてはめて，「董三託」（Yong-Sam-Tak）としているが，これにはつぎのような異説がある。「楊三達」—鄭天梃 1954，「容三徳」—李志剛撰 1985：64，「楊善達」—王治心 1959：151。また，E. Morrison 1839 vol.1：217 によれば，「官話では Yung-san-tih と書くのが正しい」（'…according to the Mandarin tongue, it should have been written Yung-san-tih'）という。蘇精2000 は「容三徳」説をとっている。

23)「イギリスから持ってきた羅華辞典に,『康熙字典』にでている漢字を加えて, 私は翻訳を行なっている。私の辞典にかぎらず, ヨーロッパにあるものはおそらく全部古い14巻本で, 今はもはや使われていない。新しい『康熙字典』は32巻本で全漢字を収録している」('I am translating the Latin Chinese Dictionary which I brought out with me, adding the characters that occur in Kang-he's Tsze-teen, or Chinese Dictionary. My copy, and perhaps all those in Europe, contains only the words which are found in an old Chinese Dictionary in fourteen volumes, compiled by Tartars, and which is now in disuse. The new Dictionary, which I mention above, is in thirty-two volumes, and contains all the Chinese characters' E.Morrison 1839 vol. 1：164)

　広東の「夷館」(factory)の館長ロバーツの全面的な支持を得て, モリソンの『中国語字典』編纂は実現することになった (M. Broomhall 1927:57)。ロバーツのモリソンに対する好意は辞典のみにとどまらなかった。1809年モリソンの結婚に際して, 東インド会社に翻訳官の職を斡旋して生活費の捻出に苦しむモリソンを助けたのも, ロバーツであった。

　蘇精2000：86はこの間の事情をつぎのように分析している。「長期にわたって東インド会社は中文問題になやんでいた。清国政府は外国人が中国語を学ぶことも, 現地中国人が外国人に教えることも禁じていた。ストーントンは官話は得意だが広東語は不得手であった。そのうえストーントンが賜暇で帰英すると, 会社はカトリックのロドリゴ神父 (Padre Roderigo 柔瑞国) や, マカオで中文を学習中のイギリス人マニング (Thomas Manning 曼寧) の協力を請わなければならなかった。1808年にはフランスが派兵してポルトガルに侵入した。マカオ奪取を避けるため, イギリスは先手をとりインドから派兵してマカオを占拠した。中英葡が折衝して事態解決を図ったが, ストーントンは帰英中, マニングも不在, 英軍はやむなくロドリゴ神父の協力を要請したが, 神父はかつて中国官憲とことをかまえた経緯があったので, 仕事は文書翻訳にかぎられ, 表立って口頭で通訳することはできなかった」。翻訳官モリソンの誕生には, こうした背景があった。1816年以降商館員は定期的に現地教師の指導で中国語を学ぶことが, なかば公然と認められていた (J.L.Cranmer-Byng 1967:254)。禁教の勅令は厳しかったが, 実務レベルではかなり融通のきいた一面があったことがうかがえる。

24)('...he experienced the pain of being misjudged, for when the news of his appointment to the British Factory reached England it was rumoured that he had deserted

the cause for which he had gone forth.' M. Broomhall 1927：62)
25) M. Broomhall 1927：71-73
26) M. Broomhall 1927：145-151
27) E. Morrison 1839 vol.2 ：537-540, A, Wylie 1967：3,4, M. Broomhall 1927：220
28) 第1部第1巻序説 pp. ix, x
29) E. Morrison 1839 vol.2の付録にキッド（Samuel Kidd, 1804~1843）の論文があり，本書の百科性を論じている。本書を本格的にとりあげた論文は，おそらくこれが最初である。キッドはモリソンから中国語のてほどきを受け，1828年英華学堂の学長となったが，数年後健康を害して帰国し，1837年ロンドンのUniversity Collegeの初代中国語教授となり，1843年に死去した（A. Wylie 1967：48)。
30) 第1部第1巻 NOTE に，「この辞書の発音は中国人のいう南京語であって，北京語とはちがう」とある（'The Pronunciation in this Work, is rather what the Chinese call the Nanking Dialect, than the Peking. The Peking Dialect differs from it.')。
31)『五車韻府』(原著)は，1844年にジュリアン（Stanislas Julien, 1797？~1873）教授の弟子のひとりがマカオで発見するまでは，幻の書であった。そのためモリソンはカトリック教会の辞典を英訳して自著と偽った，と非難された（A. Wylie 1967：8; M. Broomhall 1927：176)。
32) 第2部第1巻はしがき
33)「植物がひとつの根から枝分かれして生長していくように，たいていの言語は特定の意味をもつ短いことばに字や音節といった要素を加えて，発達していく。中国語についてもほぼ同じことがいえる。本書第2部「五車韻府」はこの点に留意して漢字を配列しようと心がけた」と前置きしたうえで，モリソンはつぎのようにいう（第2部第1巻はしがき pp.vi.vii)。

The following were laid down as rules by the Author to himself, in the arrangement of the Characters, but those rules had not been invariably adhered to. (つぎの3項目は漢字の配列に関して，著者がルールとして自分自身に課したものだが，これらのルールは終始一貫して守られたわけではない。)

I. That the elementary words or Primitives, under each Syllable, should follow each other according to the number of strokes in each. (同一音節に属する基本形（primitives）を画数順に配列する)

II. That the Primitives should be joined with their compounds according to the order of the Chinese Keys.（基本形に，部首別に配列した複合形を加える）

　　III. That after regularly formed Characters had been given under each Syllable, the Anomalous, or Miscellaneous Characters should be inserted.（基準どおりにつくられた漢字を音節ごとに収載したあとで，例外，その他の漢字を挿入する）

　最初に基本形（Primitives）に着目したのは，インドのSeramporeで布教と聖書翻訳につとめていたマーシュマンであった（*Elements of Chinese Grammar* 1814 および *Chinese Repository* vol.IX：587-616を参照）。

　のちにカルリー（Joseph Marie Callery, 1810~1862）は1040個の基本形を考案して，自著 *Systema Phoneticum* 1841に発表した。

34) 陳力衛1994は，第3部の特徴のひとつとして，通常の英華辞典と異なり，中国文がまずあって，それを英訳して作成したものであることを挙げている。のちにドイツの言語学者クラプロート（Heinrich Julius Klaproth, 1783~1835）はモリソンを剽窃のかどで非難し，デイヴィス（John Francis Davis, 1795~1890）に同調を求めるが，デイヴィスはこれを一蹴し（M. Broomhall 1927：176），モリソンは *Asiatic Journal* に寄稿して反論する（E. Morrison 1839 vol.2：452）。

　デイヴィスは東インド会社理事のストーントンと親交があった。デイヴィスは清国派遣の条件として爵位を要求したが，その実現にはストーントン卿の強力なバックアップがあった。モリソンは中国語の力量をかわれて，東インド会社に雇用された。ストーントン卿は上司としての立場からやむなくモリソンを解雇はしたものの，個人的には終始変わらぬよきパトロンであった。（『ストーントン回顧録』，*Memoirs of the Chief Incidents of the Public Life of Sir George Staunton, Bart*, 1856）

　デイヴィスがクラプロートの要求を蹴って，モリソン弾劾に同意しなかったのには，こうした事情が伏在していた。同時にデイヴィスはモリソンの中国語の力量がクラプロートのそれに勝ることをよく知っていた。

第2章　メドハーストの諸辞典

　ロンドン宣教会所属の入華宣教師モリソンが著した，3部6巻の大著『中国語字典』(1815~23)については前章で述べた。これを継ぐ形でメドハースト（Walter Henry Medhurst, 麦都思 1796~1857）の諸辞典が登場する。以後方言をあつかうものを含めて，宣教師の手になる辞典が続々と現れる。これは来華する宣教師に中国語を習得させることが，中国での布教になににもまして重要なことと考えられていたためである。

　メドハーストにかかわる最近の研究には，『英和対訳袖珍辞書』との関係をあつかった呉美慧1988；遠藤1996, 1999a；主として学術用語の側面をとらえた沈国威1994, 1995, 1996, 1999a, 1999b；荒川1997, 1998a, 1999a, 1999b, 2001；伝道史の視点からみた吉田1997などがあげられる。こうした先行研究をヨコの軸とすれば，本章はタテの軸にあたるメドハースト諸辞典の相互関係をさぐることから始めたい。

2.1. メドハーストの漢字語

　メドハーストの漢字語は，モリソン『中国語字典』と『康熙字典』に依拠しながらも，2字語からせいぜい4字語までを主体とする短いものだったが，その使い勝手のよさをかわれて，「『康熙字典』の翻訳」として愛用され[1]，後続辞典に流入していった。

　ロプシャイト（Wilhelm Lobscheid, 羅存徳 1822~1893）『英華字典』(1866~69)を原著とする井上哲次郎『訂増英華字典』(1883~85) は，メドハースト『英華字典』(仮称)を直接使用したものではないが，その増補訳語には，

メドハーストにまでさかのぼることのできる訳語が数多く見出される。

中国人自身の手になる初の英華辞典は，鄺其照の『字典集成』(1868)だが，メドハースト『英華字典』がその底本であることは，フレーズ型の見出し語が両書ほぼ完全に一致することで，証明することができる。このことについては第5章で詳述するので，参照されたい。メドハーストの諸辞典は日中双方の分岐点ともいうべき位置にある。以下，その相互関係と後続辞典への影響を追ってみたいと思う。

2.2. メドハーストの略歴

W.H. メドハーストは1796年4月29日ロンドンに生まれ，St.Paul's Cathedral Schoolで教育を受けた。14歳のときGloucesterに行き，見習い工として印刷を学んだ。ビショップ (W.Bishop) 師に触発され，マラッカにおける印刷職人の募集に応じて，ロンドン宣教会理事会の承認を得，コリソン (Collison) 博士のHackney Collegeで数か月間宣教師としての訓練を受けたのち，1816年9月英国を離れた。

1817年2月10日，Madrasに到着し，滞在中にエリザベス・マーティン (Elizabeth Martin) と結婚。6月12日任地のマラッカに到着して，ミルン (William Milne, 米憐 1785~1822) の印刷業務を助ける一方，中国語とマレー語の習得，現地人の教育，伝道と活躍の場をひろげた。

1820年末メドハーストはペナンを訪れ，1年間の布教活動を行なったのち，バタヴィアに移り，以後20年ここを伝道の拠点とする。『察世俗毎月統記伝』(1815~21) を編集したミルンの遺志をついで，月刊誌『特選撮要毎月紀伝』(1823~26) を刊行した。

1830年メドハーストは，最初の英和・和英辞典 *An English and Japanese and Japanese and English Vocabulary* を著した[2)]。*Chinese Repository* vol.1 1833:109-110に紹介記事がでている。『特選撮要毎月紀伝』の廃刊後にこの辞典の編集にかかったと思われる。

1835年ギュツラフ（Karl Friedrich August Gutzlaff, 郭実猟 1803~1851），ブリッジマン（Elijah Coleman Bridgman, 神治文 1801~1861）とともに新約聖書を，数年後旧約聖書を改訳した。これがのちの委員会訳の基礎となる。メドハーストは同年 *Translation of a Comparative Vocabulary of Chinese, Corean and Japanese Languages* をバタヴィアで刊行した。

アヘン戦争の翌1843年，南京条約によって開港した上海に移り，ここをあらたな拠点として，中国初の近代的印刷所，墨海書館を設立した。墨海書館創設以前にもロンドン宣教会はマラッカ，シンガポール，バタヴィアの3か所に印刷所をもっていたが，そこで印刷された文書の影響力はさほど大きいものではなかった。

設立から北京条約締結の1860年まで，墨海書館は中国における西学東漸の重要な拠点となった。同書館の創設から終焉までの経緯と『六合叢談』との関わりは，沈国威1999a解題6-40に詳しい。メドハーストは多才で，布教書，啓蒙書などの漢文著述約60点のほかに，主として中国事情を説いた英文著述が35点にのぼり，マレー語の著作もある。

1853年には『遐邇貫珍』*The Chinese Serial* を刊行した。『遐邇貫珍』は『察世俗毎月統記伝』(1815~21)，『東西洋考毎月統記伝』(1833~35；1837~38)等を受け継ぎ『六合叢談』につながる重要な月刊誌で，メドハーストから，ヒリアー（Walter Caine Hillier, 1849~1927），レッグ（James Legge, 理雅各 1815~1897）に受け継がれ，広汎な分野の外国事情を報ずる一方，毎号「近日雑報（Miscellaneous News）」を載せ，太平天国の動静もつぶさに報じた。詳しくは沈国威2004a:91-128「『遐邇貫珍』解題」を参照。

メドハーストは1856年まで上海にとどまり，ロンドン宣教会理事会の招請に応じて帰国し，1857年1月22日にロンドンに到着したが，2日後に急逝し，公葬によりAbney Park墓地に葬られた。[3]

2.3. 『福建語字典』(仮称)

本書の扉につぎのようにある（国会図書館蔵本による）：

A/ DICTIONARY/ OF THE/ HOK-KEEN DIALECT/ OF THE/ CHINESE LANGUAGE, / ACCORDING TO THE READING AND COLLOQUIAL IDIOMS: / CONTAINING ABOUT 12,000 CHARACTERS, / THE SOUNDS AND TONES OF WHICH ARE ACCURATELY MARKED; —— AND VARIOUS EXAMPLES OF THEIR USE, / TAKEN GENERALLY FROM APPROVED CHINESE AUTHORS. /——/ ACCOMPANIED BY/ A SHORT HISTORICAL AND STATISTICAL ACCOUNT OF/ HOKKEEN; / A TREATISE ON THE ORTHOGRAPHY OF THE HOKKEEN DIALECT; THE NECESSARY INDEXES, &c. / ——/ BY W.H.MEDHURST, / BATAVIA. /——/ MACAO, CHINA: / PRINTED AT THE HONORABLE EAST INDIA COMPANY'S PRESS, / BY G.J.STEYN AND BROTHER. / 1832.

2.3.1. 成立と構成

扉には1832年刊行とあるが，実際は中断されて1837年に出版された。扉，献辞，公告，はしがき，福建省の歴史と統計，福建語の発音表記，本文pp.1-758，部首一覧表，部首別索引からなる。

本書は西洋人の編纂した英語の福建語辞典としては最古のものと考えられる。マカオで刊行された1巻本（国会図書館蔵本）で，扉によれば約12,000字を収録している。1831年東インド会社で印刷に付されたが，1834年契約期限がきれたため，320ページで一時中断，1835年予約者100名を獲得し，これをもとにオリファント社の資金提供をうけて印刷を再開，1837年に出版された。

第 2 章　メドハーストの諸辞典　63

　従来の辞典は，1828 年刊行のモリソン『広東省土話字彙』*Vocabulary of the Canton Dialect* 以外はすべて官話を対象としたものであった。中国本土をおとずれたことのない著者の交流の相手は，官界の人びとではなく，南部に移住してきた中下層階級にかぎられていた。そうした人びとは官話についてはまったく無知であり，かなりの地位の知識人でさえ，官話の修得にみきりをつけ，官界進出をあきらめることもあった。

　メドハーストはまず官話を学んだが，1818 年以降は福建方言にきりかえて，1820 年小さな語彙集を脱稿した。1823 年増補して，印刷のために Singapore Institution にまわしたが，同施設が経営困難におちいったので，原稿は手つかずのまま 1829 年再び著者のもとにもどされた。その後東インド会社を管理する特別委員会（Select Committee）から援助の申し出があったので，さらに数千字を追加して印刷に付した。

　本書は現地語の発音を記した『十五音』(1818) に基づいて構成されている。「本書で採録した福建方言は漳州のもので，泉州でもあまり差はなく，広東省の潮州ではいくらかちがってくるが，話が通じないほどではない」という。「モリソンの発音表記を採用し，多少の口語は含むものの，大半は権威ある中国の文献から用例を採集した」と，はしがき pp.v-x にある。

2.3.2.　モリソン『中国語字典』との比較

　『中国語字典』の著者モリソンとその息子の J.R. モリソン（John Robert Morrison, 馬儒翰 1814~1843）が校訂に加わっているので，『中国語字典』と『福建語字典』には，つぎのように共通の用例や訳語がある。

『中国語字典』	『福建語字典』
側：　反側 a rebellious faction	使反側子自安 to make the rebellious people become tranquil.
侵：　五穀不登謂之大侵 A defi-	五穀不登謂之大侵 when the five

	ciency in the five sorts of grain （a complete famine） is called Ta-tshin.	kinds of grain do not come up, this is called a great calamity.
依：	斧依 A kind of painted wooden screen in the Imperial apartments.	斧依 a kind of screen placed before a door or window to prevent persons looking into an apartment.
儀：	有儀可象 a deportment worthy of imitation	有威可畏有儀可象 he has dignity sufficient to inspire terror, and manners that may be set up for a pattern.
僞：	作僞 To put on a false appearance	作僞心勞 to practice deceit troubles the mind.
倭：	倭人 a Japanese 倭遲 Appearance of returning home from a distance 倭國 Japan	倭人 a Japanese *倭遲 Japan (*「倭遲」と「倭國」の訳語をとりちがえたための誤り。メドハースト『華英字典』では訂正されている。)

メドハーストはまた，本書の続編ともいうべき英華版の発行をかんがえていたが，実現した形跡はなさそうである（'Should the author be spared to compose the Second Part of this Dictionary, viz. The English and Chinese, it is his intention to adduce, under each important word, a phrase from some English author and to give the sense of it in Chinese'「この字典の第2部，つまり英華の部，を編集するまで，もし生きながらえることができたら，重要な語のすべてにイギリスの著作から用例をひいて，その意味を中国語に訳してみたい，と思っている。」)（はしがき x)。

2.4. 『華英字典』(仮称)

本書第1巻の扉に,つぎのように書かれている。

CHINESE AND ENGLISH / DICTIONARY; / CONTAINING ALL THE WORDS IN THE / CHINESE IMPERIAL DICTIONARY, / ARRANGED ACCORDING TO THE RADICALS. / BY W.H.MEDHURST, / MISSIONARY. / —— / VOL.I. / —— / BATAVIA: / PRINTED AT PARAPATTAN. / MDCCCXLII

第2巻の扉は,つぎの個所のみが異なる。
 巻数： → VOL. II 刊年： → MDCCCXLIII

2.4.1. 成立と構成

 第1巻は扉,はしがき,本文 (pp.1-648),廃字・略字・俗字表,第2巻は扉,本文 (pp.649-1486),廃字・略字・俗字表からなる。
 1842年南京条約が締結され,広州,福州,アモイ,寧波,上海の5港が開放され,イギリス人の居住と交易が認められた。本書はこうした事情を背景に,中国語の習得を希望するイギリス人を対象としたものであり,その目標は,音または意味をもたぬものを除いて ('…with the exception of those which have either no sound or meaning attached to them'),『康熙字典』に収録された漢字すべてを掲載することにあった。配列は『康熙字典』にしたがって部首別だが,同一部首の同一画数に属する漢字は,発音に沿ってABC順となっている。

2.4.2. 『福建語字典』との比較

 「人」部の見出し字をもつ語を調べた結果 (調査範囲は〔A〕～〔G〕,〔U〕～〔Z〕),『福建語字典』の152例のうち,本書とほぼ同義のものは61例

(40.1％) であった。

『福建語字典』	『華英字典』
侔： 畸於人而侔於天 greater than men and equal to heaven	侔於天　equal to heaven
侮： 侮聖人之言 to despise the words of the sages	――
債： 負債 to be in debt. 賣田宅鬻子孫以償債 to dispose of fields and houses, and to sell children and grandchildren, in order to pay one's debts. 尋常酒債行處有 common tavern scores for liquor may be met with in every place.	負債　to be involved in debt 償債　to pay one's debt. 酒債　a tavern score.
借： 假借納用 to borrow for use. 有馬者借人乘之 those who had horses used to lend them to people to ride. ＊草履不借 straw shoes need not be borrowed.	假借　supposing ―― ＊不借　straw sandals (＊草鞋は安くて借りる必要がないことから、草鞋を「不借」というようになった。)

2.4.3. モリソン『中国語字典』の影響

　つぎにあげるのは、〔人〕部「作」の例である。((＊) は相応する用例が『康熙字典』にあることを示す)。「作」でみるかぎり、『華英字典』には『康熙字典』の用例は採録されておらず、ほぼ全部が『中国語字典』からの

抽出であることがわかる。このように『華英字典』の前半は『中国語字典』の影響が著しいが、後半になるとその影響を徐々に脱し、『康煕字典』から直接用例を拾っている。(詳しくは2.6.を参照)。

『中国語字典』	『華英字典』
To arise, to act, to make, to do, to begin, to discover, to invent, to arouse, to stimulate. A surname.	To arise, to act, to make, to do, to begin, to discover, to invent, to arouse.
*聖人作萬物覩　When Sages arise, all nature looks on them with advantage.	——
振作　To excite; to stimulate.	振作　to excite.
發作　To sprout out again; to commence; to set in motion again; To relapse, after apparent recovery from sickness.	發作　to commence.
*作新民　To arouse or stimulate a people to a complete renovation of their conduct.	——
知禮樂之情者能作　*作者之謂聖　Those who understand the nature or principles of propriety and harmony, are able to discover or frame the rules; those who frame them, are called Sages..	——
不求非分不作非爲　Do not desire what is improper for your station; do not do that which is improper to	——

be done.

作爲	Actions; conduct.	作爲	action, conduct.
爲非作歹	Perpetrating every species of crime.	作歹	to do wickedness.
大作	Great actions; to act vigorously	大作	great actions.
大有作爲	One who has performed great actions and has excellent conduct.	—	
下作	Low, immoral conduct.	下作	low conduct.
是個作家	Is a maker, or inventor; denotes one who is particularly skilled in any one department.	作家	an inventor.
周公作指南車	Chow-kung invented the compass. He was brother to the Emperor 武 and lived about 1100 years B.C.	—	
創作 and 制作	express 'To make first; to invent.'	創作	to construct.
作文	To write; to compose.	作文	to compose.
作工夫	To work; to labour.	作工	to work.
作事	To transact business.	—	
*坐作	Sitting, rising	—	
*將作	A certain official situation.	—	
父作子述	The father commenced, and the son continued.	—	

*Occurrs in the sense of 削 (To scrape off), and of 詛 (To vilify).

2.4.4. メドハーストの印刷技術

「当時マラッカでつくった金属活字は大きすぎたるうえに種類も少なかった。4万種類は必要なのに，1500種類しかなかった。そこで優美と完璧の点では理想どおりとはいえないまでも，速度と値段と読みやすさの点で何とか目的にかなう方法を採用することにした。つまり，活版印刷と石版印刷を組み合わせるやりかたである。漢字のためのスペースをあけておいて，英語と漢字の音の部分をまず活字にし，つぎに中国人が石版インクを使って転写紙に書いた漢字をひっくり返して石版に写しとるという方法である。」[5]

メドハーストはもと印刷職人であった。当初有力な後援者をもたなかったメドハーストは活字を鋳造する資金もなく，やむなく選んだ方法であった。

2.5. 『英華字典』（仮称）

本書第1巻の扉に，つぎのようにある。

ENGLISH AND CHINESE / DICTIONARY. / IN TWO VOLUMES. / BY W.H.MEDHURST, SEN. / ── / VOL.I / ──SHANGHAE: PRINTED AT THE MISSION PRESS. 1847.

第1巻は扉，はしがき，正書法，本文（pp.1-766），第2巻は扉，本文（pp.767-1436）からなる。

第2巻の扉は，つぎの個所のみが異なる。

　　巻数：　→ VOL. II　　　刊年：　→ 1848

前述のように『華英字典』は主として『中国語字典』と『康熙字典』をもとにしてつくられた。英華辞典の作成はきわめて高度の中国語力を必要とするので，メドハーストはまず『華英字典』をつくり，つぎに英と

華を逆転させて『英華字典』を作るという方法をとった。その方法を具体的に示せば、つぎのようである。『英華字典』に 'To resort to violence'、'To wreak one's vengeance' のような、フレーズ型の見出し語が現れるのはこのためである。

	『華英字典』		『英華字典』
粗：	粗米 coarse rice	→	Coarse：粗米 coarse rice
	動粗 to resort to violence	→	To resort to violence：動粗
恥：	羞恥 ashamed	→	Ashamed：羞恥
	無廉恥 to be devoid of shame	→	Devoid：無廉恥 devoid of shame
			（Shameless：無廉恥）
	恥心 a feeling of shame	→	Shame：恥心
	恥惡衣 to be ashamed of bad clothes	→	Ashamed：恥惡衣 to be ashamed of bad clothes
恨：	怨恨 resentment	→	Resentment：怨恨
	大恨 great wrath		――
	雪恨 to wreak one's vengeance	→	To wreak one's vengeance：雪恨
	讎恨 enmity	→	Enmity：讎恨
	恨不得 oh that!	→	Oh：恨不得 oh that!
	悔恨 regret	→	To regret：悔恨
	可恨 detestable	→	Detestable：可恨的
	結恨 to contract enmity	→	To Contract：結恨 to contract enmity

まず『華英字典』から、10ページごとに約10例ずつ100ページまで、以下全巻を通じて計442例を抽出して調べたところ、その8割強に当る361例が『英華字典』に採られていることがわかった。採られていない81例のうち12例は固有名詞、虫や植物の種類などの特殊用語であった。

メドハーストは煩雑をきらって，特殊用語を『英華字典』に載せることを意識的に避けており，'hill' 'animal' などの項には，『華英字典』を参照するようにという趣旨の但し書きがついている。

2.5.1. モリソン『中国語字典』の影響

はしがきによれば，「用例の大半は中国の文献からの抜粋であり，モリソン『中国語字典』からも語句を拾った」という。モリソン『中国語字典』の第3部は英華で，メドハースト『英華字典』の記述が完全に一致するもの（'Ability'：「聰明、能幹、大器、小器」；'Abroad'：「船上、在船、下船」）もあり，第3部のフレーズやセンテンスの一部をメドハーストが『英華字典』に採用したとみられるものもある。矢印の前がモリソン，後がメドハーストである（'Able'「他能幹辦事→能幹辦事，他大積聚了財帛→積聚」；'Leaf'「山中樹葉盡落→樹葉盡落」；'Leave'「出必告反必面→出必告」）。こうして『中国語字典』の漢字語（2字語以上のもの）の約5割が，『英華字典』に流用されている。

2.5.2. 後続辞典に与えた影響

2.5.2.1. 鄺其照『字典集成』とその諸版

鄺其照（全福）『字典集成』(1868)は中国人の手になる初の英華辞典で，その底本として使われたのが，メドハースト『英華字典』であった。この事実は前述のように両書のフレーズ型の見出し語（例：'Absence of mind; Abstinence from food'）と不定冠詞のつく見出し語（例：'An absentee; An abstract'）がほぼ完全に一致することから証明できる。

『字典集成』の諸版には，『字典集成』(1875)，『華英字典集成』(1887, 1899, 1905, 1913)などがあり，これらを商務印書館が引き継いで発展させていく。初版の1868年版は散逸もしくは焼失した（確証はないが，中国に現存するという話をきかない）ので，後続辞典に影響をあたえる役は，もっぱら再版の1875年版がうけもつことになる。このあたりの経緯は，

第5章で詳述する。

2.5.2.2. 『英和対訳袖珍辞書』[7]と『和英語林集成』

　さらに，メドハースト『英華字典』の影響を強く受けてつくられた，日本初の英和辞典『英和対訳袖珍辞書』とのかかわりについては，呉美慧1988；遠藤1996, 1999a；堀・遠藤1999を参照されたい。

　なお『英和対訳袖珍辞書』の初版（文久2＝1862）の草稿と，4年後の再版（慶応2）の校正原稿が，高崎市の名雲書店店主によって，ごく最近発見されて，大きな反響をよんだ。この草稿の朱書の内容の分析，校正者の探索を含む詳細な解説が，櫻井2007：86-93，堀2007：69-85，三好2007:87-103に掲載されている。

　また，ヘボン（James Curtis Hepburn, 平文 1813~1911）『和英語林集成』初版（1867）へのメドハースト『英華字典』の影響については，森岡1991:435-438に詳しい解説がある。

2.6. 『華英字典』に現れた『康熙字典』の用例
　　──モリソン「字典」との比較

　メドハースト『華英字典』は，英文書名を *Chinese and English Dictionary Containing All the Words in the Chinese Imperial Dictionary, Arranged According to the Radicals*（『康熙字典』に採録された語のすべてを含む，部首配列の華英辞典）といい，書名の示すところに従えば，『康熙字典』の語をすべて収録していることになる。

　一方，モリソン『中国語字典』は3部6巻からなる大著で，第1部は漢文書名（「字典」）が示すとおり，『康熙字典』に基づいて構成されている。本項の目的は，『康熙字典』とモリソン「字典」がメドハースト『華英字典』にどのような影響を与えたかを検討することにある。

2.6.1. 「字典」と『華英字典』の構成と配列

モリソン「字典」の本文は，①親字，②親字の発音，③親字の書体各種，④親字の説明，⑤親字の意味，⑥用例からなり，字によっては，⑦韻，の7項目を掲げるが，メドハースト『華英字典』は，①②⑤⑥にとどまり，⑥用例も大部分は2字からなる短いものである。

また，モリソン「字典」とメドハースト『華英字典』では親字の配列が異なる。「字典」は『康熙字典』の配列を踏襲しているが，『華英字典』は，部首の配列は『康熙字典』にならっているものの，同一部首の同一画数に属するものについては，発音表記にしたがってABC順に配列しなおしている。

2.6.2. 調査方法

モリソン『中国語字典』の初版が出版された当時は，宣教師が中国人を雇い入れることは禁止されており，違反した中国人は死刑というきびしい禁教政策がとられていた。製本も中国本土からマカオに避難して行なうといった状況だったため，『中国語字典』の初版にきわめて不規則な異同が多いことは，第1章ですでに述べた。

まず〔人〕の部に属する漢字について，①『康熙字典』と「字典」，②『康熙字典』と『華英字典』，③「字典」と『華英字典』の順に照合していく。

調査には『康熙字典』（同文書局原版，中華書局1958）と『標準訂正康熙字典』を用い，意味がはっきりしない場合は『漢語大字典』（四川・湖北辞書出版社1986~90），『漢語大詞典』（漢語大詞典出版社1990~94）および『辞源修訂本』（商務印書館1984~86）の説くところにしたがった。

2.6.2.1 「人」の部（部首番号9）の用例

2.4.3.の〔作〕の例からわかるように，メドハースト『華英字典』の〔人〕

部はモリソン『中国語字典』の影響が著しい。しかし後半になると『華英字典』は『中国語字典』の影響を徐々に脱して,『康熙字典』から直接用例を拾うようになる。

〔人〕部の親字すべてについて,上記のように用例の照合を行なったうえで集計した結果,つぎのことがわかった。
- ①「字典」と『華英字典』が一致するもの（同義を含む）　　711例
- ②「字典」にあって,『華英字典』にないもの　　1,131例
- ③『華英字典』にあって,「字典」にないもの　　69例

『華英字典』の全用例（①＋③）中,『華英字典』のみの用例（③）は,約1割を占めるにすぎない。①については断定は避けるが,『華英字典』の多くは「字典」の要約,あるいは一部削除とみられるものであった。

（③）のうちつぎの20例が『康熙字典』に採録されている。この20例をメドハーストはつぎのように英訳しているが,非常に単純化されていて,『康熙字典』と一致するとみていいかどうか,判断に迷うものがある(*)。なお「傳信」「俊偬」の2例は,モリソン『中国語字典』の第2部「五車韻府」にみえる。

	依稀	a few
	侶行	to go about in herds
	佟佬	large
	俾予從欲	Let me follow my desires.
	天倪	the verge of heaven
	假言	a falsehood
	偎人	to love people
	偵候	to make enquiry
(*)	傅別	an agreement, a cheque
	庫辱官	part of a surname
(*)	傒狗	a barbarian dog
	李催	a famous general spoken of in the 三國

催促	to hasten
傳信	to proclaim news
償債	to pay one's debt
(*)僞禄	the name of one of the genii
大僇	great disgrace
俴僜	unfit for business, to walk lame
同儕	of the same sort
匹儕	an equal

　(*)傅別：『漢語大詞典』に「古代的券据。部為二，双方執一以核対」とあり，ふたつに分けて各々ひとつづつ持って証拠とする，要するに「割符」のことらしい。『漢語大字典』は不載。

　(*)傒狗：『辞源修訂本』「傒語」の項に「傒，我国古代東北地区民族名。南北朝時，南朝人譏笑与京師語発音不同的語言為傒語」とあり，「「傒」は「中国の古代東北地方の民族の名称で，南北朝のころ南朝の人びとが首都の発音と異なることばを傒語と呼んで嘲笑した」と解説している。メドハーストは，「傒」を'barbarian'「狗」を'dog'と訳して，'barbarian dog'とつなげたものらしい。

　(*)僞禄：『漢語大詞典』に「僞禄　二神僞」とあり，『漢語大字典』も同義。これにしたがえば，メドハーストの英訳は，「二神僞」ではなく「一神僞」を表すので，誤訳ということになる。

　「廃字・略字・俗字表」は『華英字典』にあるが，「字典」にはない。「字典」が『康煕字典』のほぼ全字（〔人〕部では「儈」が欠落）を本文に載せているのに対し，『華英字典』は本文に583字，巻末の「廃字・略字・俗字表」に168字を移し，54字を削除している。削除された字には人名，地名が含まれ，あるいは音をもたないものがあり，その範囲では'with the exception of those which have either no sound or meaning attached to them'「音あるいは意味のいずれかをもたないものを除き」とはしがきにあるのに符合する。しかし，『康煕字典』には「音義ともに『説文』『玉篇』『字

彙』『正字通』『広韻』などの先行文献に記載されている」とあるのに削除された字も多く，削除の方針は一貫していない。

2.6.2.2. 「門」の部（部首番号169）の用例

〔人〕の部と同じ方法で〔門〕の部を調査したところ，結果はつぎのようになった。

　　①「字典」と『華英字典』が一致するもの（同義を含む）　　15例
　　②「字典」にあって，『華英字典』にないもの　　　　　　　17例
　　③『華英字典』にあって，「字典」にないもの　　　　　　　289例

③の289例のうち，253例が『康熙字典』にある。その一部をつぎに掲げる。

　　　出門，四門，祀門，旌門，轅門，天子九門，譙門，橋門，門望，道義之門，期門勇士，司門，門大夫，門子，南門，雲門，沙門，桑門，閃屍，閃閃，閃榆……石闇，顯闇，閶胥，尾闇，醫無閭，閣闇……行不履閾，婦人不踰閾，思不出門閾……孝子不服闇，昏闇，闇夜，闇昏時，齸闇，闠門，闠厄，闊遠……門闌，歳闌，語闌，夜闌，闌出，闌入，腕闌

上の253例のうち『中国語字典』第2部に，「門子，閃閃，閃榆，閑閑，中閒，開厠，閶闠，闌觀，閉關，三關，關脉，關孔，闠闌」など26例が載っているが，これは③全体の1割弱を占めるにすぎない。

③のメドハースト『華英字典』にあってモリソン「字典」にない用例は，〔人〕の部（部首番号9）では69例（2.6.2.1.）と少ないが，〔門〕の部（部首番号169）では289例（2.6.2.2.）ときわだって増加している。「字典」は〔尢〕の部（部首番号43）あたりからフレーズ型あるいはセンテンス型の用例が少なくなり，2字熟語がふえはじめる。たとえば〔工〕の部（部首番号48）「左」の項では用例はすべて2字熟語となり，「字典」が「左子」1例のみを掲げるのに対して，『華英字典』は「左子」は採録せず，「左手」「左右」「左道」「左驗」の4例をあげていて，「左手」を除く3例

は直接『康熙字典』からとっている。

また〔干〕の部（部首番号51）の「干」の項では、「字典」が「干係非小」と1例のみを載せるのに対し、『華英字典』は「干禄，干犯，干戈，司干，若干，天干，蘭干，干将」（モリソン「字典」になく『康熙字典』にある）、「干連，相干，干礙」（『中国語字典』第2部にある）、「干係」の12例をあげている。『中国語字典』への依存度がめだって減少し、『康熙字典』に傾斜していくのがわかる。

2.6.2.3. 字釈

残された問題に字釈がある。『康熙字典』の親字には字釈のついたものも、つかないものもある。ところが、『華英字典』の親字にはかならず字釈がついていて、メドハーストが用例や文脈から推定して字釈をほどこしたと思われるものが、少なくない。

つぎにその例を示す。「佔」と「佷」の字釈は『康熙字典』と「字典」にはなく、「佔侸」「佷山」という熟語をのせているだけである。一方『華英字典』は熟語の意味から類推して「佔」にLight、「佷」に「A district in 湖廣」という字釈をあたえている。

『康熙字典』	「字典」	『華英字典』
「佔」佔侸輕薄也	佔侸 to treat lightly or with contempt	佔 Light 佔侸 trifling
「佷」佷山縣名屬湖廣	佷山 The name of a District ....in the name of 湖廣	佷 A district in 湖廣 in the name of 湖廣

（「佷山」の2字で「湖廣」（現在の湖北省）の県名を表すが、メドハーストは「佷」1字を地名と解釈している。）

この方針は「山」の部（部首番号46）から変わり、'As'以下の熟語によって字義を説明する方式がとりいれられ、以後ひんぱんに現れる。（例：「嵓」As 峕嵓 the name of a hill.）

むすび

　メドハーストの諸辞典，特に『華英字典』と『英華字典』の訳語（漢字語）は『康熙字典』をベースにしながらも，2〜4字の短いものを主体としたため，容易に後続辞典に吸収されていった。後続辞典の訳語をたどっていくと，英華辞典類のなかではメドハーストにまでさかのぼるものが少なくない。

　〔人〕の部の調査結果が示すように，当初メドハースト『華英字典』はモリソン「字典」をほぼ完全に模倣しながら，一方では『康熙字典』など先行辞典の記述をもとりいれていた。

　「字典」は〔尢〕の部（部首番号43）あたりから，フレーズやセンテンスの用例が少なくなり，2字語がふえはじめる。「字典」は部首の画数がふえるにつれて，用例数は目にみえてへっていくが，『華英字典』は2字語を中心とする用例を終始ほぼ平均的に維持している。このように『華英字典』はしだいに「字典」の影響を脱して，『康熙字典』への直接の依存度を深めていく。

　しかし，モリソンが指摘したように，『康熙字典』は多人数がかかわって編纂したものであり，時代格差を無視して用例を採録したので，統一を欠いているとされる。メドハーストがモリソンの「字典」の影響を脱して『康熙字典』に傾斜することは，同時に『康熙字典』の欠陥をもひきついでしまったことを意味する。

　『中国語字典』第2部「五車韻府」の影響もいくらかあるが弱い。また，『中国語字典』は1823年に刊行を終えているので，モリソンが王引之の『字典考証』（1827）を参照した可能性はない。

　しかし，鄺其照による中国初の英華辞典，『字典集成』（1868）への道をひらいたという意味では，辞書史上におけるメドハーストの役割は，評価されてしかるべきものと思う。

注

1) ウィリアムズ（Samuel Wells Williams, 衛三畏 1812 (?)~1884）『漢英韻府』（1874）の序説に「メドハースト による『康熙字典』の翻訳（メドハースト『華英字典』を指すと思われる）を愛用した」'DR. MEDHURST's translation of *Kanghi Tsztien* has been much used' とある。ただし『漢英韻府』と『華英字典』の語彙レベルの関連はほとんどない。

   なお *Encyclopaedia Sinica* に、ロンドン宣教会所属のチャーマーズ（John Chalmers, 湛約翰 1825~1900）が *Concise kanghsi Dictionary*（『簡易康熙字典』）1877を著した旨の記述があるが、未見。

2) *An English and Japanese and Japanese and English Vocabulary*（1830）のヘボンの署名入り贈呈本が、明治学院大学図書館にある。また W.H. Medhurst 1838：341-343 に、「1827年に和書を借りることができた」云々と関連記事がある（'In the year 1827, the author was obligingly furnished with the loan of some Japanese books......'）。これを翻刻したものが井上修理校正・村上英俊閲『英語笺』（一名、『米語笺』）（安政4年（1857））である。メドハーストはシーボルト（Philipp Franz von Siebold, 1796~1866）とも交流があった（八耳 2005:27-30）。

   なお早川2003（2007年第2刷発行）は英語のなかの日本語語彙を網羅した大著だが、その246ページに、本書 *An English and Japanese, and Japanese and English Vocabulary* にあらわれた日本語語彙を収録している。

3) A. Wylie 1967, D. MacGillivray 1979, 李志剛1985, S.W. Barnett & J.K. Fairbank 1985の記述を参照した。新聞に関しては卓南生1990、宗教関係の著作については吉田1997：117-130に詳しい。なお、比屋根1940：236には、「メドハーストはプロテスタント宣教師として上海に来た最初の人であったらしく」云々とある。

4) モリソン『広東省土話字彙』*Vocabulary of the Canton Dialect* は1828年にマカオで出版された。当時広東にはヨーロッパ各国の商館があり、清国側との仲介を独占していたひと握りの「行商」を通じて、莫大な利益をあげていた。広東語の学習者がふえる背景にはこうした事情があった。

   ほかにも広東とマカオに特有の表現やこの地域の商売情報を収めた語彙集（*Vocabulary, Containing Chinese Words and Phrases Peculiar to Canton and Macao; and to the Trade of Those Places*）が、1824年に出版されている。扉に編者名はなく、NOTEにJ.F.D.とある。'J.F.D.' とは、香港総督に任ぜられたデイヴィス（John Francis Davis, 戴維斯 1795~1890）を指すと思われる

（第6章〔3〕参照）。

5) 'Some difficulties have been experienced in getting the present work through the press. The Chinese metallic types, cast at Malacca, are confessedly too large, and in every respect insufficient for such a work, there being only 1500 varieties, while 40,000 were needed.（中略）A method has been adopted, which though not exhibiting a page of such beauty and perfection as could be wished, was yet found to answer the purpose of speed, cheapness, and legibility. This method consists in combining the two arts of typography and lithography together. The English words in each sheet, with the sounds of the Chinese characters attached, having first been composed in type, and spaces left for the insertion of the Chinese symbols, an impression was taken on what is called transfer paper, upon which the Chinese characters were written by a native with lithographic ink, and the whole turned over on a stone prepared for its reception'（はしがき iv）。なお、活字についての詳細は鈴木広光1996、印刷史研究会2000を参照。

6) 'The first intention of the author was to produce a complete English and Chinese Dictionary, which has long been a desideratum; but on attempting such a work, it was found that the materials on hand were far from sufficient, and that to provide a copious and accurate list of English words rendered into Chinese, it was necessary first to determine the meaning of all the Chinese characters in English, after which the work would be comparatively easy to reverse the whole, adding such new terms and compounds as the Chinese language might not contain.'「著者の当初の計画は、長年の期待に応える完璧な英華辞典をつくることであった。しかし、いざ始めようという段になって、てもとの資料では充分というにはほど遠いことがわかった。中国語に訳した英語の膨大かつ正確なリストをつくるには、まずあらゆる漢字の意味を英語で確定しておかなければならない。そうしておいて全体を逆転させ、中国語になさそうな新しいことばとその複合形を補っていけば、比較的簡単にできるのではないかと考えた（はしがき iii）」。

7) 遠藤氏からは、'Medhurst『英漢字典』と『英和対訳袖珍辞書』－抽象語の訳語比較を中心に－'（2007. 8.17）と題する草稿コピーをいただいた。氏はひきつづき精査中とのことである。

第3章　ウィリアムズの諸辞典

　ウィリアムズ（Samuel Wells Williams, 衛三畏 1812?～1884）は幕末下田における日米和親条約で活躍した。宣教師，外交官あるいは中国研究家として有名だが，彼の著した辞典についてはあまり知られていない。

　1844年にマカオで出版された『英華韻府歴階』の本文は，わずか335ページの短いものだが，最近の研究では，陳力衛1995が科学用語の，荒川1997，1999bが地理学用語の，内田1999は紅茶の，沈国威1999aは化学の，語誌探索の視点から『英華韻府歴階』との関連をあきらかにした。また宮田1999は，井上哲次郎『訂増英華字典』の増補訳語の一部である花の名の出典が『英華韻府歴階』であることを指摘している。

　Western Linguists and the Languages of China（2001）のなかで，解説者ハットン（Christopher Hutton）は発音表記の視点から，『漢英韻府』と『英華分韻撮要』*Tonic Dictionary of the Chinese Language in the Canton Dialect*（1856, 第6章〔16〕参照）をとりあげ，漢字に対する欧米人の認識と辞書観，さらには広東語をどう位置づけるかといった方言問題に多くの紙面を割いている。

3.1.　ウィリアムズの略歴

　ウィリアムズは1812年（Williams1972：11, 小沢1944：252, 李志剛1985：102による。洞1970：1は1813年，Wylie1967：76は1814年とするなど，ややユレがある。最近のものではハットンが1812年説をとっている），ニューヨーク州Utica市で，印刷業者兼書籍商の長子として生まれ，信仰心の厚い両

親にしつけられ，早くから博物学に関心を示した。父親が American Board of Commissioners for Foreign Mission から広東印刷所の印刷担当を推薦するよう依頼されて，ウィリアムズに勧め，彼はこれを受諾し，1832年から1833年の数か月間，父親のもとで印刷術をまなんだ。

1833年10月広東に到着し，中国語とポルトガル語を学習するかたわら，ブリッジマン（Elijah Coleman Bridgman, 裨治文 1801~1861）の創刊した *Chinese Repository* に当初印刷担当として関わったが，まもなく共同編集者となり，やがて編集を一手に引き受けることになった。

1835年迫害を避けてマカオに移り，東インド会社の印刷業務を担当した。印刷所の監督をつとめながら，ブリッジマンを助けて *Chinese Chrestomathy in the Canton Dialect*（1841）を作成し，*Easy Lessons in Chinese*（1842），*An English and Chinese Vocabulary in the Court Dialect*『英華韻府歴階』（1844），*Chinese Topography*（1844）を相次いで出版した。

A Chinese Commercial Guide の初版は R. モリソンの息子 J.R. モリソンの手になるものだが，再版以降はウィリアムズによって大幅に改訂された。

1836年ウィリアムズはモリソン号の船上ではじめて日本人に会った。鳥羽港を出て江戸へ向かう途中船が難破して漂流，米国からロンドンを回って清国に送られた日本人で，清国に着いてからは宣教師ギュツラフ（Karl Friedrich August Gutzlaff, 郭実猟 1803~1851）のもとに滞在していた。1837年モリソン号で難破船員の日本送還をこころみたが，日本側の砲撃にあって果たせず，マカオにもどった。

ウィリアムズはこの船員のひとりから日本語をまなび，のち創世紀，マタイによる福音書を日本語に訳した。この稿本は慶応3年ブラウン（Samuel Robbins Brown, 布朗 1810~1880）宅の失火で焼失したとされていたが，肥後の漂流民庄蔵による写本が，長崎の古本屋で奇蹟的に発見された（望月洋子 1987：173）。1840年アヘン戦争が勃発し，1842年南京条約に基づいて，広東，アモイ，福州，寧波，上海の5港が開かれた。同年

第3章　ウィリアムズの諸辞典　83

Morrison Education Society の書記となり，1844年一時帰米した。滞米中の1847年にサラ・ウォルヴァース (Sarah Walworth) と結婚，1848年ニューヨークの Union College から法学博士の称号を授与された。

　滞米中に行なった講演をもとにして書かれた The Middle Kingdom 『中国総論』(1848) は全2巻，1857年には第4版が刊行され，英語で書かれた中国関係の権威書として1世紀以上にわたってもてはやされた。1848年9月夫人をともなって広東へもどり，印刷監督として活動を再開，1849年から Anglo-Chinese Calendar の編集を担当する。

　ウィリアムズの関心は周囲に押し切られる形で，信仰から外交へとおおきく傾斜していく。1853年アメリカ東インド艦隊司令官ペリー (Matthew Calbraith Perry, 1794~1858) の日本遠征に通訳として随行し，マカオを発って那覇から小笠原諸島に至り，7月に入って日本に到着した。日本との交渉に尽力し，8月香港に帰着した。

　1854年再度ペリーに従って来航し，日米和親条約を締結に導く。1857年駐支米国公使館書記官となり，American Board の職を辞した。1858年天津条約締結に際し，ウィリアムズはマーティン (William Alexander Parsons Martin, 丁韙良 1827~1916) とともに通訳として活躍し，中国側に布教の自由を認めさせた（詳しくは陶徳民 2005：57-65 を参照）。

　1859年新任閣僚ウォード (W.Ward) に随行し，条約の批准をみとどけて翌年帰米，1862年任地の北京にもどった。公使交代の間は，数度公使館の管理を委託された。

　この間 A Tonic Dictionary of the Chinese Language in the Canton Dialect 『英華分韻撮要』(1856)，ついで A Syllabic Dictionary of the Chinese Language 『漢英韻府』(1874) を公刊した。表意文字で複雑な声調をもつ漢字を，アルファベットでどう表すかは，ウィリアムズの生涯の課題であった。

　帰米してコネティカット州に居を定め，1877年エール大学で中国語および中国文学の教授となった。息子のF.W.ウィリアムズ (Frederick Wells

Williams)の助けを得て『中国総論』の改訂増補につとめ，1883年全2巻の刊行を果たす。アメリカ聖書協会やアメリカ東洋協会の会長としても活躍した。1884年没。

3.2. 『英華韻府歴階』

本書の英文扉には，つぎのように書かれている。

Ying Hwa Yun-fu Lih-kiui. /――/ AN/ ENGLISH AND CHINESE/ VOCABULARY,/ IN THE COURT DIALECT/ By S. Wells Williams./――/ MACAO/ PRINTED AT THE OFFICE OF THE CHINESE REPOSITORY/ ――/ 1844.

扉の示すように，本書は英文書名を *An English and Chinese Vocabulary in the Court Dialect* といい，マカオの *Chinese Repository* のオフィスで印刷され，1844年マカオの香山書院から発行された。

3.2.1. 成立と構成

「『英華韻府歴階』はR. モリソンの *Vocabulary of the Canton Dialect*『広東省土話字彙』(1828)を継ぐものとして企画されたが，内陸との交渉が行なわれるようになったので方針を変更して，官話を扱うことにした」とはしがきにある。

扉（漢，英），はしがき，中国語関係文献一覧，中国語文献主要翻訳書一覧，序説，本文 (pp.1~335)，部首別漢字一覧表，訂正と追補からなる。

80ページを超える長文の序説には，①本書の計画，②正書法（広東語は『分韻』，福建語は『十五音』に拠る―『分韻』・『十五音』はいずれも現地人の手になる声調辞典―），③声調および有気音とその表記法，④官話の音節と，寧波・広東・福建・潮州の発音の比較，⑤官話の同音字一覧表，⑥広東語の音節一覧表を掲げる。

本文は官話だけだが,巻末に部首別漢字一覧表を付して,官話・広東語・福建語（ここではアモイ方言）を比較対照できるよう配慮している。

本書の目的は,新しく開かれた条約港で使われる官話の知識をひろめて,現地人と外国人の交流を円滑にすることであり (Williams1972: 125),訂正と追補によれば「見出し語数14,146語,索引には5,109字を収める」という。

陳力衛1995は『英華韻府歴階』がとりあげた次の訳語に注目し,これらを現行の科学術語を生み出す萌芽的段階にある語と位置づけている。「熱道,温道,寒道」は現行の「熱帯,温帯,寒帯」で,日中共通である。

Novel	小説
Mineralogy	石論
Geometry	弧角法
Meteorology	気奇象論
Zoology	生物総論
Zone, torrid	熱道
Zone, perate	温道
Zone, frigid	寒道

なお本書は初の華英・英華辞典を著したR.モリソンの息子J.R.モリソンに捧げられている（はしがきによる）。J.R.モリソンは本書刊行の前年に病に倒れ死去した。

Chinese Repository vol.XV pp.145-150には,本書の序文からの抜粋に,「広東であろうと,広東以北の港町であろうと,ともかく清国に住む人びとが常に座右に置くべき好伴侶」(…which every resident in China, whether living in Canton or at the northern ports, will do well to have always at hand.) との賛辞を添えた紹介記事がある。

井田1967:25は,「文法用語の訳出に関しては,英華字典系の影響はほとんど見当たらず,かえって現行英華辞書が日本で出来た英文法訳語を,全面的にといってよい位,採用しているという事実」を指摘した先

駆的業績だが，このなかで『英華韻府歴階』に触れている。豊田1963：66も本書に言及し，グリフィス（W.E.Griffis）のウィリアムズに対する賛辞を載せている。

3.2.2. 花の名称

なお本書の特徴のひとつに，'Flower'の項に各種の花の名がまとめて採録されているということがある。モリソン『中国語字典』第3部にも花の名のリストがあり，モリソンとウィリアムズとは面識があったが，花の名については一致率が低く，両者の情報源はあきらかに別である。

ウィリアムズはモリソンのリストに多数補充している（陳・倉島2006：121）。

3.2.3. 典拠の確定は困難

本書は「① R. モリソンの *A Dictionary of the Chinese Language*『中国語字典』(1815~23)，②ゴンツァルヴェス（J.A.Goncalvez）の *Diccionario Portuguez-China*『洋漢合字彙』(1831)，③ブリッジマン（E.C. Bridgman）の *Chinese Chrestomathy* (1839) を調べ，現地人教師の意見を参考にして編集した」と，はしがきにある。

①の第3部は英華の部なのでその漢字語を採録した可能性はあるものの，②は部首別，③は意味分類体で広東語であるため，②③の漢字語を系統的に利用したとは考えにくい。

一応調査はしてみたが，②と③の影響は本文に関するかぎり少なく（調査範囲はA~Abyss），『英華韻府歴階』の漢字語72語に対し，②11語，③3語が一致するにすぎない。①はフレーズ型の訳語が多いのが特徴だが，訳語の一部だけが共通するものを含めても，両書一致するものは22語にすぎない。

| Abacus | 算盤 | ①③ | Abase | 厭伏 | ①② |
| Abaft | 船尾 | ① | Abatement | 減些 | ① |

Abbot	方丈	①		Abound	許多	②
Abbreviation	減筆	①		Above	在上	①
Abdomen	肚腹	②		About	差不多	①
Abed	在床	①		Abridge	撮要	①
Abhor	恨惡	①		Abruptly	突然	①
Abide	居住	①			偶然	②
Abject	卑賤	①		Abscond	隱匿	②
Ability	能幹	②		Absent	不在	①
	本事	①		Absolute	昏暗	②
Able	能	①		Absolve	饒恕	②
Aboard	在船	①		Abstruse	深奧	①②
Abolish	消除	②		Absurd	胡説	①
Abominate	憎惡	②		Abundance	最盛	③
Abortion	小産	①③		Abuse	詈罵	①

　はしがきではメドハースト『英華字典』（1842~43）には触れていないが，双方とも英華ではあり，刊年からみればこれを使用した可能性はある。そこで調査範囲を下記のように拡大してみた。(a) は『英華韻府歴階』の語数（2字以上の漢字語），(b) は両書が一部もしくは全部一致する漢字語の語数である。しかし一致率は3割強と，さほど多いものではなかった。『英華韻府歴階』と先行辞典とのあいだに，語彙レベルでの関連はほとんど認められない，ということになる。

	(a)	(b)	(a) と (b) の一致率
[A]	480	155	32.3%
[L]	539	180	33.4%
[Y,Z]	81	34	42.0%
計	1,100 語	369 語	33.5%

長い序文の前の「中国語関係文献一覧」にはモリソン，メドハースト，ゴンツァルヴェスをはじめとする辞典，語彙集，文法書など28点の書名があがっている。続く「中国語文献主要翻訳書一覧」にもほぼ同数の書名があり，清代の教育憲章といわれる『聖諭広訓』やストーントン（George Thomas Staunton, 斯当東 1781~1859）の『大清律例』の英訳（清国の法制の実態をはじめて紹介したとして高い評価を受け，書評欄を賑わした）が含まれている。

3.2.3.1. 訳語の統合と現地教師の意見

ウィリアムズは中国の知識層が方言を蔑視する風潮をひとかたならず嘆いていて，むしろ知識人ではあっても下流とみられていた現地教師（native teachers）の意見をとりあげようと考えていたのではなかろうか。

ウィリアムズははしがきで，「書物を公刊する際学識者あるいはパトロンに前言を書いてもらうことが中国の慣習になっているが，こうして書かれた賛辞はあまりにも荘重かつ優雅なので，書いた本人に匹敵するような学者にしか通じない。したがって読まれることはめったにない」(It is the custom among the Chinese when a man has written a book, to get a learned friend or patron, (sometimes two or three of them,) to write the preface, and speak a good word in behalf of the performance; but, as if on purpose, these prefaces and eulogiums are written in such a sublime and recondite style—the writers using words and phrases which only profound scholars like themselves can readily understand—that they are seldom read;……) と皮肉まじりに述べている。『英華韻府歴階』の成立事情を説明して「モリソンの『広東省土話字彙』(1828) が絶版になったので，編纂を始めた。しかし外国人の活動範囲が広東語の通じない地方にまでひろがったので，普遍的な官話をあつかうことにし，南部のことばとのつながりは補助的な手段にたよることにした」と述べたあとで，さらにこう書いている。

「いつも現地教師に助けを求めた。話し手にとって時宜にかなった英語

の表現が私の本には見つからないとか，私の本とはちがう中国語の単語なりフレーズなりを耳にしたりしたときには，躊躇なく訂正してほしい。現状を考えれば，一分の隙もない完璧な本の出現など，望むべくもないのだから。」

　以上はしがきの一部だが，ウィリアムズの本書編纂の姿勢の一端をうかがうことができる。ウィリアムズが重視したのは，先行諸文献を通じての訳語の統合に加えて，実務的な現地教師の意見であったと考えられる。ウィリアムズの『英華韻府歴階』の漢字語は，ドーリトル（Justus Doolittle, 盧公明 1823~1880）の『英華萃林韻府』（1872）に吸収されて，さらに広範囲の訳語の統合に発展していく（4.7.1.4. 参照）。

3.2.4. 『英華字彙』の刊行

　なお，明治2年（1869）に柳沢信大が翻刻，出版した『英華字彙』は，本書の本文を抽出し，解読の便を図って訓点を施したものである。『英華字彙』の扉に「斯維爾士維廉士」「衛三畏」とある2種の漢名はいずれも本書の著者ウィリアムズを指すが，柳沢は前者を英人，後者を清人とし，両者を別人と誤認している。

　なお大阪女子大学付属図書館 1962：57 は柳沢の『英華字彙』に言及して，「（『英華字彙』は）漢訳に訓点を加えるに留まっている」と指摘している。おおむね指摘通りだが，見出し語の順序を変更したり（Accession, Access → Access, Accession; Anticipate, Antic → Antic, Anticipate; Assembly, Assemble → Assemble, Assembly），漢字語に修正を施すなど（After all 不竟→竟；Acclivity 戀崖→懸崖; Acorn 橡子→橡子），手を加えてもいる。だが相前後する見出し語の意味を誤って変更した例（Abject 卑賤，下流→能幹，本事；Ability 能幹，本事→卑賤，下流）もあるので，注意を要する。

　しかし，日本ではほぼ同時に出版されたロプシャイト『英華字典』（1866~69）の圧倒的な人気におされて，『英華字彙』はあまりめだたない存在になっている。

3.3. 『漢英韻府』

英文扉にはつぎのようにある。

A/ SYLLABIC DICTIONARY/ OF THE/ CHINESE LANGUAGE;/ ARRANGED ACCORDING TO THE WU-FANG YUEN YIN,/ WITH THE/ PRONUNCIATION OF THE CHARACTERS AS HEARD IN PEKING, CANTON,/ AMOY, AND SHANGHAI./ ══ / By S. WELLS WILLIAMS, LL.D./ ══ / 取之精而用之宏誠哉斯語茲集諸書大旨以成是書無非期爲博雅君子之一助爾 / "Very true it is, that a careful selection of expressions must precede their extensive use;/ remembering this, and in the hope of affording some aid to scholars, the purport/ of many books has been here brought together into one."/ ──/ SHANGHAI:/ AMERICAN PRESBYTERIAN MISSION PRESS./ ──/ 1874.

扉の示すように，本書は上海の American Presbyterian Mission Press で印刷され，1874, 1889, 1896, 1903 年に上海の美華書院が出版した。各書の扉は刊年のみが異なる。

さらに 1909 年には，ウエード (Thomas Francis Wade, 威妥瑪 1818?~1895) のローマ字化方式によって，American Board の North China Mission （華北公理会）委員会がアレンジしなおしたものを，北通洲の協和書院が刊行した。1909 年刊本の扉をつぎに示す。

A/ SYLLABIC DICTIONARY/ OF THE/ CHINESE LANGUAGE/ ARRANGED ACCORDING TO THE WU-FANG YUAN YIN/ BY/ S. WELLS WILLIAMS, LL.D./ AND/ ALPHABETICALLY REARRANGED ACCORDING TO THE ROMANIZATION OF SIR THOMAS F. WADE,/ BY A COMMITTEE OF THE/ NORTH CHINA MISSION OF THE AMERICAN BOARD,/ ── / PUBLISHED BY THE NORTH

CHINA UNION COLLEGE/ TUNG CHOU, NEAR PEKING, CHINA./ ——/ 1909.

3.3.1. 『五方元音』

　扉の'Wu-Fang Yuen Yin'は「五方元音」。'五方'とは東西南北と中央，つまり中国全土を指す。『五方元音』は河北尭山（唐山西良村ともいわれる）の人，樊騰鳳が撰したもので，清国中央部および北部で使われていた官話の元音を扱う。清初に流行した通俗的な韻書で，正確な出版時期はわからないが，1624年から1672年の間とされる。

　1710年には清初の政治家として著名な年希尭の修訂本が出た。この修訂本（再版）を原本とくらべると，文字を増補しただけでなく，体系にもかなりのちがいがある（藤堂1980：119）。

　1728年には3版を刊行した（Wylie1964：14は再版以降を刊行した人物には触れず，「1810年に増訂版が現れた」としている）。以後さらに版を重ね，「『康熙字典』とほぼ同数の41,247字を収めるに至った。しかしモリソンが『五方元音』の存在に気づいていた形跡はない」という。「『五方元音』は韻母を12，声母を20に抑えているが，実際は韻母29～38，声母36になるだろう」とウィリアムズは推測している（初版の序説）。

3.3.2. 成立と構成

3.3.2.1. はしがき pp. v～x

　「現地の知識人は方言の比較には関心を示さず，広東・アモイ・福州の3都市で発行された辞典で，口語をあつかったものはない。本書の目的は語の意味を示し，用例をあげて説明し，確認できれば口語的な用法も加えることにある。」

　「モリソンの『中国語字典』（1815～23）以来出版された辞典や語彙集の類は，当時すでに入手困難となっているものもあり，増え続ける中国語学習者の需要を満たしうる状況にはなかった。」

「当初はウィリアムズ自身の編集したTonic Dictionary of the Chinese Language in the Canton Dialect（1856）を一般向けに書きなおすことを考えたが，それには多くの改訂が必要だった。そこで，あらたに書きあげることにして，『五方元音』の配列にしたがって親字を並べ，北京・広東・アモイ・上海の各方言の発音と比較対照するという方法をとった」と成立の事情を述べたうえで，中国語の文語と口語の相違を，ヨーロッパの諸言語の場合と比較しながら説明する。膨大な文献，英語との意味のくいちがい，地域によって多くの異称のあることなど，本書編纂の苦労を語っている。

ウィリアムズは本書のために，「モリソン『中国語字典』(1815~23) 第2部「五車韻府」，ゴンツァルヴェス Diccionario China-Portuguez『漢洋合字彙』(1833)，ド・ギーニュ (De Guignes) Dictionnaire Chinois, 著者自身のTonic Dictionary of the Chinese Language in the Canton Dialect『英華分韻撮要』(1856) の全字を調べ，『康熙字典』とメドハースト『華英字典』を参考にし，語源探索には Selected Characters Carefully Examined『芸文備覧』の1787年版を用いた」という。

さらに「植物の分野では，『本草綱目』『三才図会』『植物名実図考』を用いた」としたうえで，つぎの洋書をあげている。洋書の書名はメモ程度のものでしかないので，ここでは周辺の事情からほぼ正確であろうと思われる書名と刊年をあげておく。

 アイテル（Ernst J. Eitel, 1838~1908）の *Hand-book for the Student of Chinese Buddhism*（1870）[9]，

 スミス（Frederick Porter Smith, 師惟善）の *Materia Medica*[10]，

 ホブソン（Benjamin Hobson, 合信 1816~1873）の *Medical Vocabulary*『医学英華字釈』(1858)[11]，

 ウエードの *Book of Experiments*『尋津録』(1859)[12] と *A Progressive Course Designed to Assist the Student of Colloquial Chinese*『語言自邇集』(1867)[13]，

エドキンズ（Joseph Edkins, 艾約瑟 1823~1905）の *Grammar of the Shanghai Dialect*『上海方言文法』（1852）[14] と *Progressive Lessons in the Chinese Spoken Language*（1862）[15],

マックレイ（Robert Samuel Maclay, 麦利加 1824~1907）とボールドウィン（Caleb Cook Baldwin, 摩憐）の共著 *Alphabetic Dictionary of the Chinese Language in the Foochow Dialect*（1870）[16],

レッグ（James Legge, 理雅各 1815~1897）の *Chinese Classics*,[17]

ブリッジマンの *Chinese Chrestomathy in the Canton Dialect*（1839）[18]「広東語については著者自身の *Tonic Dictionary* に拠り，ペキン語の校正はグッドリッチ（Chauncey Goodrich, 富 1836~1925）[19], 上海語についてはフェイ（L.M. Fay），索引のアモイ語の音はスワンソン（William Sutherland Swanson, 宜為霖）とマグレガー（W. McGregor, 倪為霖），姓についてはブロジェット（Henry Blodget, 白漢理 1825~1903），序説と索引の校正にはワイリー（Alexander Wylie, 偉烈亜力 1815~1887）の協力を得た。収録字数は 12,527 字，完了までに 11 年を費やした」という。

なお，ブリッジマンの *Chinese Chrestomathy* は，1841 年にウィリアムズ自身による増補版がでている。

3.3.2.2. 序説 pp.xi~lxxxiv

つぎの諸項目を収める。

① 『五方元音』：収録された官話の性格，漢字の配列（中国人と外国人の辞典の編纂方法の相違を比較），成立の経緯，1710 年版の序文，韻母表と声母表，官話と方言
② 正書法：母音，二重母音，変則母音，子音
③ 有気音
④ 声調
⑤ 漢字の旧音
⑥ 方言の範囲：『聖諭広訓』の抜粋を，官話と 8 方言（北京・漢口・上

海・寧波・福州・アモイ・スワトウ・広東の各方言）の発音にしたがっ
て表記したものを掲げる。

⑦ 部首
⑧ 基本形

3.3.2.3. 本文 pp.1~1150

『五方元音』の配列にしたがって，見出し漢字を音節別に配列し，その構成と意味を説明し，用例を載せる。音節ごとに旧音と南方諸方言の音を示し，有気音を含む音節は別項としてたてている。

本文以下は，部首一覧表，本書で使用した漢字（部首別に配列），難字一覧表，姓氏一覧表，正誤表がある。

3.3.3. 諸版の本文

初版（1874）の本文は，(a)「挨」の項の最初の用例が「挨不進去」であるものと，(b) 同じく「相挨」であるもの，との2種に分かれるが，1889刊，1896刊，1903刊，1909刊（東京女子大学図書館蔵本）の本文はいずれも (b) である。

「中国の学者が蔑視して顧みない方言関連のデータは，欧米人の著作と協力によって収集した」とウィリアムズは序説で述べ，『漢英韻府』編集当時広く使われていた辞書として，『正字通』『康熙字典』『芸文備覧』の3書をあげている。

むすび

入華宣教師のちに外交分野で活躍したウィリアムズの略歴と，彼の著した辞典について略述した。略歴は比屋根1940, 小沢1944, Williams1972, Wylie1967, 洞 1970, Latourette1975, 李志剛 1985, 卓南生 1990 の記述を参考にした。容閎（第5章を参照）がエール大学入学以前からしばしば

ウィリアムズに手紙を送って苦衷を訴え，教示を乞うていたこと（石霓 2000：47,57,136,137）もつけ加えておこう。

『英華韻府歴階』は，諸分野の研究者が語誌探求の視点から重視しているが，その訳語の典拠は不明のままである。しかし『英華韻府歴階』の漢字語の9割強がドーリトル（Justus Doolittle）『英華萃林韻府』（1872）に吸収されている（メドハースト『英華字典』の訳語も多数流入している）ところから，ウィリアムズ，ついでドーリトルが訳語の統一を図ったという見方が生まれた。

その『英華萃林韻府』の漢字語が，多数井上哲次郎『訂増英華字典』（ロプシャイト『英華字典』（1866~69）の和刻本）に流入して，後続辞典に影響を与えている。これについては第4章に詳述したので，参照されたい。

『漢英韻府』は約12,500字を『五方元音』の配列にしたがって並べ，親字の意味と用例の説明を付している。モリソンが見逃していた『五方元音』の存在に，ウィリアムズが気づいたことが，『漢英韻府』編纂の直接の動機となった。

注

  1) *Chinese Repository* は1832年5月創刊。月刊で月ごとに号数がついている。ウィリアムズの広東着任（1833年10月）当時すでに第2巻の第6号が出ていた。着任後彼は印刷と発行業務の全責任を負い，E.C.ブリッジマンの編集を助けた。1844年ウィリアムズは一時帰米。E.C.ブリッジマンが上海に移った1847年5月からはもうひとりのブリッジマン（James Granger Bridgman，宮田注—E.C.ブリッジマンの親戚にあたる）が担当した。1848年9月ウィリアムズはふたたび中国にもどって発行をつづけたが，1851年停刊となった。

    記事は論説，書評，時事，宗教関連ニュースなど多方面にわたった。R.モリソン，J.R.モリソン，ギュツラフ，ウィリアムズ，E.C.ブリッジマンが主な寄稿者で，E.C.ブリッジマンが最多の350篇，ウィリアムズがこれに次いで114篇を寄稿している。しかし1856年の焼き打ちでは印刷器材もろとも6,500部が灰燼に帰したという。

なお，王樹槐1981：173は，「パーカー（Peter Parker, 伯駕 1804~1889）は創刊当時アメリカにいたので，戈公振の論考でパーカーが創刊にかかわったとしたのはあやまりである」と指摘している。

2) *Easy Lessons*『拾級大成』は1841年春から印刷を開始し，1842年に刊行された。開港前の貿易はピジンイングリッシュで行なわれてきたため，まじめに中国語を学ぼうとする人はほとんどいなくなってしまっていた。

清国の港を目指して大挙して押しかける外国人を対象とした広東語のテキストで，本文288ページ，部首・基本形・漢字の構成・正書法などに関する説明のほか，会話や翻訳のための練習問題を載せている。

1847年9月27日付の ウォルワース（Walworth）嬢あての書簡には，「すでに残部少なく，帰任しだい新版の発行を考えなければならないだろう」とある（Williams1972：124, 125, 158, 383; Wylie1967：78）。*Chinese Repository* vol.XIVpp.339-346 に本書の紹介記事があり，広東とマカオの伝道印刷所で印刷した出版物の部数リストが，Williams1972：244,245に載っている。

3) 当初 *Chinese Repository* に掲載され，1844年に別途出版された清国地誌。（Williams1972：126; Wylie1967：78）。清国全省・府の名称が漢字で書かれ，ABC順に配列されている。103ページ。

4) 創刊号（1834年刊）はJ.R.モリソンが編集した。2号以下はウィリアムズによって改訂が加えられ，4号と5号の編者はウィリアムズになっている。4号は1856年に刊行された。

3号発行後の8年間に上海，福州，香港が開港，日米和親条約も締結されて，アジア貿易は新局面を迎えた。欧米の商人に状況に応じた新情報を提供するため，4号の規模は384ページにまで拡大された。

5号の刊行は1863年，670ページになる。新条約の締結にともなう政治的，経済的変化と周辺諸国の貿易規定を掲載し，外国商人には欠かせない情報源となった（Williams 1972：125, 240, 243, 334; Wylie 1967：78）。

1856年広州市民による焼き打ちにあい，欧米商人の居住する「夷館」は完全に焼失したが，*Commercial Guide* は数時間前に船に運び込まれていて難を免れた（王樹槐1981：178）。

5) モリソンの業績を記念するため，友人が彼の死後設立した組織。現地に学校を建てて英語を教え，信者を養成して布教に役立てることを目的とした。その資金援助を受けた学校の一つにギュツラフ夫人の経営するマカオの学校がある。容閎（初の中国人米国留学生。エール大学卒。中国人児童の米

国留学を推進するが、保守勢力の妨害にあって挫折した。のち駐米副公使となる）は、ギュツラフ夫人ついでブラウン（Samuel Robbins Brown, 布朗 1810~1880）のもとで教育を受けた（Latourette 1975：221,222）。
6) 地勢、政治、教育、社会、芸術、宗教の諸分野を網羅した清国総論。2巻よりなり、本文はそれぞれ 590 ページと 614 ページ。第 1 巻にある中国地図は、康熙帝のころイエズス会宣教師が全 18 省を踏査した結果と英国海軍省のチャートなどをもとに、ウィリアムズが作成したもので、英語の海賊版が現れるほどの人気を呼んだ。

　1848 年ニューヨークで初版、1857 年第 4 版が発行された。当初は出版のあてすらなかったが、やがてドイツ語に翻訳されて高い評価を受けるようになる。清国での任務を終えて帰国したのち、息子の F.W.ウィリアムズに助けられ、体力の衰えと戦いながら、改訂増補につとめた。増補版が出たのは死の前年、1883 年のことであった（Williams1972：155-157, 160-163, 435-440, 445, 453-458; Wylie1967：78）。当時プロテスタント伝道印刷所で使われた漢字金属活字の詳細については鈴木広光 1996 を参照。

7) 1832~1834 は J.R. モリソン、1835 からスレード（J. Slade）、1841~1848 はブリッジマン、1849~1856 は ウィリアムズが編集を担当した。ウィリアムズ の編集にかかるものは、100~130 ページの小冊子で、統計的な情報のほかに、前年の清国におけるさまざまな出来事の記録と、条約港に住む外国人のリストが載っている（Williams1972：168; Wylie1967：78, 79）。

8) 『英華分韻撮要』は『分韻撮要』（1850 年前後に広東人の周冠山が書いた発音辞典（中嶋幹起 1994-xv））に基づいて書かれた。

　アイテル（Ernst J. Eitel）は「ウィリアムズが『分韻撮要』を過度に信頼したため、文語と口語が入り混じって初心者には識別困難である」として、あらたに *A Chinese Dictionary in the Cantonese Dialect* 『広東語字典』（仮称）をつくり、1877 年に出版した（第 6 章〔35〕参照）。

9) アイテルの *Handbook for the Student of Chinese Buddhism* （1870）は、中国の仏教を学ぼうとする人々のための案内書。全 1 巻、香港と上海で Lane, Crawford & Co. が出版した。「中国の宗教の文献を読もうとすると、サンスクリットその他なじみのない外国語がなんの説明もなく文章のなかに埋め込まれているので、読者は一歩も進めなくなってしまう。本書の出版が要請される所以である」とアイテルは前置きし、「サンスクリットの権威ジュリアン（Stanislas Julien）、ブルヌフ（E. Burnouf）、ケッペン（C.F. Kouppen）の著作を渉猟して万全を期した。正書法も英国の学者が一般に採用してい

るものをとらず，ジュリアンとブルネフのものを使った。両者の業績を超えるものが簡単に現れようとは思えないからである」と結んでいる（初版はしがき）。

再版は1888年「本のサイズを変えることなく改訂して日本の仏教語彙も組み入れた」（再版はしがき）。

さらに1904年，東京神田の三秀舎が発行した改訂増補版（再版）には，1888年のアイテルの再版はしがきが転載され，パーリ語，シンハラ語，シャム語，ビルマ語，チベット語，モンゴル語，日本語の仏教語彙を扱っている。

10) *Chinese Materia Medica, Vegetable Kingdom* と題する，スチュアート（G.A. Stuart）師による増補改訂版（1911）が東洋文庫に保管されている。「何年も前にスミス（F. Porter Smith）が *Chinese Materia Medica* を出版した。重要なものではあったが，当時は中国におけるミッション活動の初期段階で，この種の情報はほとんど必要とされなかった。わずかに小型本が印刷されたが，絶版になってかなり経つ。そこで今般大幅な増補改訂を行なった」と，はしがきにある。

同じく東洋文庫に同著者による *Contributions towards the Materia Medica and Natural History of China for the Use of Medical Missionaries and Native Medical Students,* 1871 がある。ここでスミスは中国の伝統的な薬の観念を一笑に付し，「知識層は旧来の伝統的な書物にある薬を信奉して動こうとせず，道家は名医の名のもとに傭医を使って拙劣な医療を行なう」と酷評している（はしがき）。

11) ホブソン（Benjamin Hobson, 合信 1816~1873）の *Medical Vocabulary in English and Chinese*『医学英華字釈』(1858) については，吉田寅『中国プロテスタント伝道史研究』(1997)：298 の解説に言い尽くされている。「ホブソンが中国語医学書を執筆した当時の中国には，中国語と英語とを対照した医学辞書がなかったことはもとより，医学用語の対照表すらなかったのであり，ホブソンは非常な努力によって，学術用語の翻訳の課題を解決していったのである。ホブソンが中国語医学書を執筆すると同時に，英漢対象の医学用語辞典を刊行しようと心がけたのは，彼自身の経験によって，それがどのように重要なことであり，中国医学の発展にとって必須のものであることを認識していた為と思われる。1858年に刊行された『医学英華字釈』はこのような背景から生まれたものであり，全74ページより成る。全体を31の項に分け，各項毎にそれぞれの医学用語を英漢対照で表示してい

る。各項により収載の用語数は若干異なるが、全体としては約2,200に及んでいる。」つづいて各項目名の英漢対照表が載っている。
　なお『医学英華字釈』の用語は、ドーリトル（Justus Doolittle）の『英華萃林韻府』（1872）第1部にも採録されている。

12) ウィリアムズは'Category of Tien'（はしがき ix）としか記していないが、これはウエードの *Book of Experiments*『尋津録』（1859）第1部を指す。第1部には362のセンテンスが載っていて、その共通の題材が'heaven'（天 Tien）と天空の諸現象であるところから、'Category of Tien' とよばれた。『尋津録』はイギリスの公的機関のための通訳者養成を目的として編まれたもので、第1部は『聖諭広訓』に至る予備段階、北京語の語彙の基礎実験という性格をもつ。

13) *Colloquial and Documentary Series* は、ウエード（Thomas Francis Wade, 威妥瑪 1818?~1895）による。英文書名の示すように *Colloquial Series*『語言自邇集』と *Documentary Series*『文件自邇集』の2部作で、1867年に出版された（高田時雄2001a：131）。領事館関係者が短期間のうちに口語を修得し、公的文書を解読できるように配慮したものである。

14) エドキンズ（Joseph Edkins, 艾約瑟 1823~1905）は、アイテル（Ernst J. Eitel, 1838~1908）と並んで、ロンドン宣教会の最後を飾るシノロジストと評される。墨海書館時代のエドキンズは1852年 *A Grammar of Colloquial Chinese as Exhibited in the Shanghai Dialect*『上海方言文法』を、さらに1857年には *A Grammar of the Chinese Colloquial Language, Commonly Called the Mandarin Dialect*『官話文法』を出版した（何群雄2000：115-117）。『上海方言文法』再版は1868年、『官話文法』再版は1864年に刊行された。
　なお、東洋文庫には同著者の上海語語彙集 *A Vocabulary of the Shanghai Dialect*（1869）がある。『上海方言文法』に付随するマニュアルとしてつくられた。本文152ページ。

15) *Progressive Lessons* 1862は、エドキンズによる口語中国語上級テキスト。標準的な官話の正書法を記録した『五方元音』とウエードの *The Book of Experiments*『尋津録』の北京語の特徴をとらえ、付録で北京語、南京語、芝罘の声調の特性を比較している。本文は52課からなり、一般用語、商業用語をはじめ、欧米の学習者に対する中国事情の紹介にも配慮している。第23課では肉身、霊魂、復活、耶穌 Jesus、全是有罪 All have sin、罪是耶穌贖的 Sin is ransomed by Jesus のように、キリスト教による啓蒙を意識した用例が使われている。レッスンは52課まで、その後単語と短いフレーズの

リストがやはり52までつづく。改訂版第5版が1885年に出ている。

16) マックレイ（Robert Samuel Maclay, 麦利加 1824~1907）とボールドウィン（Caleb Cook Baldwin, 摩憐）の共著 Alphabetic Dictionary of the Chinese Language in the Foochow Dialect の初版は1870年，再版は1898年，いずれも福州の Methodist Episcopal Mission Press で印刷された（第6章〔23〕参照）。1871年ボールドウィンが福州方言のテキスト Manual of the Foochow Dialect を著した。正書法が同じなので，ボールドウィンは Alphabetic Dictionary との併用を望んでいる。

17) レッグ（James Legge, 理雅各 1815~1897）は王韜の協力を得て，中国古典の英訳に挑んだ。『詩経』『書経』『春秋左氏伝』，『大学』『中庸』『論語』『孟子』を網羅し，のちに『易経』と『礼記』を加えた最重要の儒教経典を訳出して注解を施した。「中国古典の分野でレッグに勝る翻訳者はいない。緒論では孔子とその弟子について，いきとどいた情報を提供してくれた。現地の文献を渉猟して収集した事実に基づくレッグの注解は，学生諸君がまっさきに入手すべきものである」と，Phoenix の編者サマーズ（James Summers, 1828~1891）が激賞している。The Chinese Classics; with a translation, critical and exegetical notes, prolegomena, and copious indexes を1861年香港で公刊した時点ですでに7巻の翻訳を終え，あますところ6巻になっていた（Summers 1863; 石田幹之助 1942：44）。

18) A Chinese Chrestomathy in the Canton Dialect 1839は，ブリッジマン（Elijah Coleman Bridgman, 裨治文 1801~1861）が，英語を学びたい中国人と広東語を学びたい外国人の双方を視野にいれて編纂した。広東語をあつかったものには，1828年に出版されたモリソンの Vocabulary of the Canton Dialect『広東省土話字彙』（第6章〔4〕参照）があるが小型なので，情報の補充が必要という判断で企画したのが本書である。本文は6章からなり，中国語学習，身体各部，親族関係，社会階層，日常生活，商売など身近な事柄を題材としている。1841年に物理，建築，農業，数学，地理，鉱物，植物，動物，医療，政治などをあつかう11章を加えた増補版を，ウィリアムズが出版した。

19) 温雲水2007はグッドリッチ（Chauncey Goodrich）の中国名を「富善」とし，氏が発掘した『富善字典』を紹介している。一方 Wylie 1967:274は「富」と単姓を採っている。

第4章 ロプシャイト『英華字典』・その和刻本と改訂版・ドーリトル『英華萃林韻府』

　ロプシャイト（Wilhelm Lobscheid, 羅存徳1822~1893）『英華字典』(1866~69)は英華辞典の集大成であるとはよくきくことばだが，具体的に何の集大成かということになると，明確なこたえはまだでていない。

　ロプシャイト『英華字典』に至るまでの英華辞典類はもとより，16世紀に中国で活躍したマテオ・リッチ（Mateo Ricci, 利瑪竇1552~1610）をはじめとする入華宣教師による前期洋学書や旅行記も含めてその流入過程をたどらなければならないとなると，まったく気の遠くなるような話で，とりあえずいくらかでもわかりそうなところを突破口にして進んでみることにする。

4.1. ロプシャイト『英華字典』の特異性

　ロプシャイト『英華字典』のはしがきに，英華辞典類のなかではじめてウェブスター辞書に言及した部分がある。ウェブスター（Noah Webster, 1758~1843）は，当時英国辞書界を牛耳っていたジョンソン（Samuel Johnson, 1709~1784）の規範的な編集方針に抗して，実用的な表現を重視した。ロプシャイトもまた，宣教師や商人に必要な実用的なことばをとりあげようとした。

　実用的な辞書をめざすという点では，両者の姿勢は一致していたが，ロプシャイトはたとえ高名な文人のことばを引用しても，一般の用例と同列にあつかって，権威づけに利用するということはなかった。ウェブスターが重視した使用頻度順やジャンル別の配列にも，ことばの定義に

も，ウェブスターに比肩できるほど意を用いた形跡はない。

ロプシャイトは先行諸辞典の価値は認めながらも，「すでに絶版で入手困難であり，かりに入手できたにしても，欧米先進国における急激な科学の進歩と，ここ20年の国際環境の変化に対応するには，あまりに時代おくれである」とも述べている（はしがきによる）。

「長い間中国に住んでいて，現地の人びとや教育水準の低い外国人といつもつきあっていると，日常的につかわれていることばのいろいろな言い回しを説明できるような用例をふんだんに提供する必要性を，ことさら強く感じる」（'The author's long residence in China and his daily intercourse with natives and foreigners of limited education, have impressed him with the necessity of furnishing numerous examples explanatory of the various applications of such words as are in general use.'）というはしがきの表現からも，「中国側との売買交渉を効率的に進めるにはこの辞書ほど役に立つものはない」と積極的に実用性を売りこもうとする姿勢からも，現地調達の可能性はおおいにありそうに思える。しかし，そうした現地調達の口語表現に使用する漢字についてはきびしく詮索したようで，第4部のはしがきでロプシャイトはつぎのように述べている。

「既刊の辞典にない口語の表現をあらわす漢字をみつけるのはむずかしいしごとだったが，清国高官の好意によって希覯書を自由に閲覧することが許された。現地の植物などの名称をさがすのは，苦労ばかりで実りの少ないしごとだが，これにも官吏や宣教師といった友人の協力をえることができた」（'Particular pains have been taken to find out the characters for colloquial expressions not met with in any dictionary hitherto published. Some of these were found in works rarely met with at present; but were kindly placed at our disposal by a few native officials of rank. Other friends, officials as well as missionaries, have kindly assisted us and undertaken arduous though often fruitless tasks to find out names for native plants and other articles.'）。

第4章　ロプシャイト『英華字典』・その和刻本と改訂版・ドーリトル『英華萃林韻府』　103

4.1.1. メドハースト『英華字典』の影響

ロプシャイト『英華字典』に流入した漢字語にからんでよく言及されるのが，メドハースト『英華字典』(1847~48) である。ロプシャイトに収録されたメドハーストの漢字語数が先行英華辞典のなかではトップで，一致する語が多い（沈国威 1994：165）というのはたしかだが，つぎに示すように，全体の収録漢字語数の比率はほぼ2：1，したがって両書で一致する漢字語の比率は，ロプシャイト側からみれば約2割，メドハースト側からみれば約4割ということになり，絶対多数とはいえそうにない。

メドハーストの漢字語はむしろドーリトル（Justus Doolittle, 盧公明 1823~1880）の『英華萃林韻府』(1872) に多く吸収されて，復活をみる。

	ロプ 漢字語数	メド 漢字語数	一致する 漢字語数	対ロプ 一致率	対メド 一致率
(A~Adam)	2,254 語	1,240 語	485 語	21.5%	39.1%
(Label~Lath)	1,236 語	631 語	248 語	20.0%	39.3%

4.2. ロプシャイトの略歴

ロプシャイトの経歴については，沈国威 1994：136-139，ついで那須 1998b に略伝が紹介されて，かなり輪郭がはっきりしてきた。ロプシャイト『英華字典』に無序本（中国では序文のない本は正統のものでないと考えられている）があることを最初に指摘したのは，沈国威 1994：145 である。

なお，那須 1997：9-12 には日本国内に現存する，76 部におよぶロプシャイト『英華字典』の所蔵者名，図書番号，製本形態を示す表，ついで書誌があり，那須 1998a にも詳しい書誌がでている。

つぎは，那須 1998b に書かれた，主として辞典に関わる，ロプシャイトの略歴の要約である。日米和親条約の締結をめぐって接触を繰り返し

ていた幕府側蘭通詞堀達之助に，ロプシャイトがメドハーストの辞典を贈ったという事実があきらかにされたことで，日中語彙交流研究ブームが再燃（最初の火つけ役は沈国威1994『近代日中語彙交流史』）して，現在に至っている。

ロプシャイトは，1822年3月19日ドイツの小村に生まれた。両親は敬虔なクリスチャンで，息子を将来牧師にしたいと願っていた。1829年7歳のとき母を亡くし，父も再婚わずか2年後の1833年に他界する。ロプシャイトは11歳で家業の靴屋を継いだ。

1844年から1847年までRheinische Mission Gesellschaft (R.M.G.) で神学と医学をまなび，それぞれ博士号を取得し，とくにその語学的才能を高く評価された。1847年R.M.Gは香港の補充要員としてロプシャイトの派遣を決定，翌1848年5月28日，ロプシャイトは任地に到着すると，ギュツラフ（Karl Friedrich August Gutzlaff, 郭実猟 1803~1851）の指導のもとに布教活動に入った。のちにギュツラフの元を離れて広東省内陸部に入り，医療伝道活動を行なうと同時に，土着宣教師の育成にも力をそそいだ。

2年後ロプシャイトは健康を害して一時帰国を余儀なくされた。R.M.G.を脱会して，イギリスのMedico Missionに移籍する旨を通知し，ロンドンへ向かう。

1852年4月英国政府の命により香港におけるGovernment school（庁立学校）の検査官に任ぜられ，Chinese Evangelisation Society（福漢会）の支配人に抜擢された。1854年再び香港に帰任して，漢訳著作の執筆，医療伝道など多岐にわたる活動に従事した。

1855年2月ロプシャイトはアメリカ側通訳として，幕府側通詞堀達之助とともに日米和親条約の翻訳を検討，ウィリアムズ（Samuel Wells Williams, 衛三畏 1812?~1884）とともに同条約の締結に立ち会った。このとき条約案文の翻訳をめぐってひんぱんに接触していた堀達之助に，メドハーストの『華英字典』(1842~43) と『英華字典』(1847~48) を贈呈している。

1856年 London Missionary Society（L.M.S.ロンドン宣教会）のメンバー

となり，広東省荷拗（Ho-an）で布教活動をはじめた。しかしアロー号事件の影響で，広東省はほぼ全域にわたって戦乱状態となり，ロプシャイトはかろうじて香港へ逃れた。

　レッグ（James Legge, 理雅各 1815~1897）らとともに香港の教育行政に参画，庁立学校の規模の拡大と組織化につとめる一方，庁立学校で中国人学生の語学教育に使用する教材の執筆と編集に従事した。

　1858年および1861年，医療伝道宣教師のデヴァン（Thomas T.Devan, 㘉凡）が著した*The Beginner's First Book, or Vocabulary of the Canton Dialect*（初版は *The Beginner's First Book in the Chinese Language*（Canton Vernacular）1847）を増補改訂して刊行した（第6章〔11〕，〔17〕を参照）。

　1863年上海領事の通達を無視し，太平天国の首都南京に潜入して歓迎を受け，香港にもどるとデイリープレスに投稿して南京の実情を訴え，列強の武力干渉を非難した。

　1864年に上梓された著作は，後の『英華字典』の編纂と密接な関わりをもっており，中でもロプシャイトの辞典処女作と称すべき『英華行篋便覧』（*The Tourists' Guide and Merchants' Manual*—第6章〔19〕を参照）ならびに広東語の入門書として書かれた*The Grammar of Chinese Language*は『英華字典』編纂の土台のひとつとなるものであった。

　1864年11月，ロプシャイトは『英華字典』編纂の仕事に着手した。当時ロプシャイトの香港宅は『英華字典』の版元Daily Press Officeがあった Wyndham Street にあり，執筆と編集の作業は Daily Press Office に設けられた編纂室と自宅の両方で進められた。この編纂の仕事には，かつて前例のないほどの多数のスタッフが雇われ，英国政府から莫大な資金が投入された。

　これよりロプシャイトは『英華字典』編纂の仕事に専念すると同時に，その合間をぬっては中国学研究に没頭し，辞書学研究に加えて，華僑研究，民俗学またはキリスト教布教書等を多数執筆し，さらには『漢英字典』の執筆にも着手した。

『漢英字典』は『英華字典』Part IV脱稿から5ヶ月後の1869年5月に脱稿するのであるが，この間ロプシャイトはキリスト教教義上の問題でChina Missionary Conferenceと対立し，結局最後にはChina Missionary Conferenceがロプシャイトに破門を宣告するという悲劇的な結末を迎えることとなった。

同年ロプシャイトは『漢英字典』の上梓を見ずして，ひそかに帰欧の途につき，翌1870年ドイツ本国へ帰還した。帰国後ロプシャイトはベルリンで生活することになったが，これ以降ロプシャイトが再び中国の土を踏んだという公式記録を見出すことはできない。

一方ロプシャイト不在の香港においては，それまで英国政府に対して反抗的態度をとってきたロプシャイトに対する報復として，イギリス人外交官メイヤーズが，ここぞとばかりに『英華字典』の版元であるデイリープレスに『英華字典』の序文削除を命じ，その結果序文のない刊本（無序本）が販売されることになった。

1872年ロプシャイトは，サン・フランシスコのセント・マークチャーチ（The St. Mark Church;ルター派教会）の牧師となるべく，アメリカへ赴くが，途中香港に立ち寄り，序文のない『英華字典』が売られている事実を確認し，メイヤーズの行為とその命令に従ったデイリープレスに対して新聞投書という手段により抗議した。

晩年のロプシャイトは外科医・精神科医としてYoungstownの下町で医療奉仕活動を続け，1893年12月24日逝去した。

4.3. 『英華字典』の周縁

4.3.1. 献呈本の発見

那須1996は国立公文書館内閣文庫が所蔵するE13158の序文の献辞の内容に注目し，献辞を捧げられた5人のなかに，当時のオーストリア皇

帝フランツ・ヨゼフ一世とプロシア国王ウィルヘルム一世の名があることを発見した。

2005年の夏,沈国威氏はオーストリア国立図書館の地下室にほこりに埋もれて眠っていた豪華版のロプシャイト『英華字典』を発見,これこそ長年捜し求めていたフランツ・ヨゼフ一世への献呈本であることを確認した(ウィルヘルム一世への献呈本は別所に保管)。しかも第2巻巻頭には,内閣文庫E13158には見られなかった,つまり「那須氏は未確認の,prefaceがついていた」という(沈国威 2005b:247-253)。

なお,那須 1998b によれば (4.2.「ロプシャイトの略歴」を参照),「ロプシャイト『英華字典』の編纂の仕事には,かつて前例のないほどの多数のスタッフが雇われ,英国政府から莫大な資金が投入された。これよりロプシャイトは『英華字典』編纂の仕事に専念すると同時に,(中略)さらには『漢英字典』の執筆にも着手した」というのだが,これはつぎの記述と矛盾する。

「宣教会や裕福な個人からの金銭的援助は一切なく,もっぱら出版者がリスクを負った」('The work is not produced through the pecuniary assistance of any society or wealthy individual, but is issuded at the sole risk and expense of the publisher, whose interest the author feels great pleasure in protecting and furthering.')(第1部のはしがきより)

4.3.2. ロプシャイトは美男だった?

堀・遠藤 1999:166-168 によれば,下田における日米和親条約の批准書交換の際,通訳として来日したロプシャイトが,長崎の蘭通詞をつとめた堀達之助と接触して,メドハースト『華英字典』と『英華字典』を贈ったことから,「堀達之助『英和対訳袖珍辞書』(1862)とメドハースト,ひいてはロプシャイトとの影響関係も考えられる」という。

なお,ロプシャイトの容貌について,めずらしい証言がある。小野寺 2006:103 から引用する (伊村元道氏の教示による)。

> 存徳（ロブサイド）は色が白くて美しい。眉毛が連って一直線になっている。肩章をつけず，腰の剣を帯びず，服裳は清楚で文儒の態がある。聞くところでは，八カ国の言葉に通じ，知識が広いとのことだ。(中略) ロブサイドは漢字を書くことは拙劣だったが，読むのはゴシケヴィッチ（宮田注—初代函館ロシア領事。橘耕斎と共著『和魯通言比考』(1857)を著す）よりずっと巧みだったので，謹一郎は喜んだ

引用文中の「謹一郎」は古賀謹一郎，蕃書調所の最初の頭取で，日本の大学の生みの親，日本の進路を見極めた先覚者であったのに，幕府側の人物であったため，業績は埋もれ，家系は絶えた。小野寺2006は謹一郎の人間像の解明を主眼としており，忘れ去られた儒家の名門，古賀家三代の業績は，真壁仁2007によって発掘された。

ロプシャイト『英華字典』と英和辞典の影響関係に注目したもの（森岡1991：61-94），日本の翻訳書に与えたロプシャイト『英華字典』の影響を中村正直訳『自由の理』(1872)をもとに論じたもの（森岡1991：96-138），日本語の訳語とロプシャイト『英華字典』の影響関係（沈国威1994：135-161），時代的制約とロプシャイト『英華字典』の方言偏重からくる限界を論じたもの（沈国威1994：183-191），地理学用語の視点からとりあげたもの（荒川1997，1998a：39-53，1999b：49-71），『英和対訳袖珍辞書』(1862)とのかかわりを扱ったもの（堀・遠藤1999）のように，日本語学，中国語学，英語学と，さまざまな分野から注目を集めているロプシャイト『英華字典』だが，その成立の事情はあいかわらず謎に包まれている。

4.4. 『英華字典』の成立・構成・異同

4.4.1. 成立

本書は4部からなる大著で，中国語あるいは英語の学習者と，商業関

係者を対象とする。交通技術の発達と新兵器の開発によって、中国の対外関係はめまぐるしく変化した。ふえつづける英語の語彙、特に科学用語に対応する膨大な量の中国語を紹介することは、緊急の課題となった。英語の習得と西洋の科学技術の獲得を目指して、公的機関も設置された。

「中国語学習者に適した表現を採録したとはいえ、外国の商業界全般の使用にも耐えるものでなければならない。現地の商人と取引する際に、この辞書の中国語を示すことで、まわりくどい交渉を効率よくはこんで、損害をくいとめることができる。正確な商品名、形状、質、色を指摘して、商品管理を手中に収めることができるようにするために、完璧な辞書を廉価で提供したい。脚注の情報も活用してほしい」とロプシャイトは考えた（第1部のはしがきによる）。

ロプシャイトが本書の編纂に着手したのは1864年11月のことで、当初は1400ページ程度のものを完成させる予定であった。外人租界の居住者にターゲットをしぼり、出版資金確保のためにまず第1部を発行した（第1部の発行通知による）。

序説のなかでロプシャイトは、モリソンが記号によって声調をまなぶのは効果的でないとして軽視したのを非難し、声調を表記することがいかに重要であるかを説いている。結果としてウィリアムズの正書法にしたがって、官話と広東語の発音を示した。この点については「ゲナール（Ferdinand Genahr, 葉納清？~1864）の弟子 Ho Atsik の協力をえた」という（第1部のはしがきによる）。

ウェブスター辞書に「廃語」（obsolete）あるいは「使用頻度少」（little used）としてあるものは省略し（第1部のはしがきによる。後述）、英単語約5万語を収録し、その訳語に延べ60万以上の漢字を用いた。前置詞、副詞などをともなう動詞の用例や、中国語のイディオムが英語の構成といちじるしく異なる例を多数とりあげ、化学用語のあたらしい翻訳法（「行」の字の偏と旁のあいだに元素をあらわす文字をいれる）を提唱した。しかしこの方法はロプシャイトの提唱にとどまり、日中両国とも受容するには至

らなかった。

4.4.2. 構成

第1部

あ）扉：英華字典 / ENGLISH AND CHINESE DICTIONARY,/ WITH THE/ PUNTI AND MANDARIN PRONUNCIATION./ BY/ THE REV. W. LOBSCHEID,/ KNIGHT OF FRANCIS JOSEPH; C.M.I.R.G.S.A.; M.Z.B.S.V., &c., &c., &c./ Willst du in das Heiligthum eines Volkes dringen, so lerne dessen Sprache/ 子曰辭達而已矣 / ═ / PART I./ ═ / HONGKONG:/ PRINTED AND PUBLISHED AT THE "DAILY PRESS," OFFICE/ WYNDHAM STREET./ 1866.

「英華字典」と「子曰辭達而已矣」は，ロプシャイト『英華字典』では右書きで記されている。第2部，第3部，第4部の扉では，刊年が変わる。おおむね第1部1866年，第2部1867年，第3部1868年，第4部1869年だが，例外もある（後述）。

英文書名は *English and Chinese Dictionary with the Punti and Mandarin Pronunciation* となり，'Punti' は「本地（その土地，の意）」のことで，ここでは広東，広西で用いられる方言を指す（序説 p.8 による）。

い）はしがき：著者自身による英文のはしがき（April 28, 1866）と張玉堂による漢文の序がある。

う）序説（pp.1-38）：中国人の祖先，中国人の肉体的特徴，人口の増減，西洋人による中国研究，中国語の特徴，広東語の音節と声調，有気音，母音，正書法，客家語，福建語とアモイ方言，官話，ウエード・ウィリアムズ・モリソンの正書法の比較，象形文字の起源などの諸項目について述べたうえで，教育の普及をはかるために漢字のローマ字化を提唱する。序説の最後に中国語にかかわる独，拉，仏，英の各国語による文献をあげている。

第 4 章　ロプシャイト『英華字典』・その和刻本と改訂版・ドーリトル『英華萃林韻府』　111

　　え）本文：A~C（pp.1-551）
第 2 部
　　あ）扉：
　　い）本文：D~H（pp.553-980）
　　う）補遺及び正誤（ADDENDA AND CORRIGENDA）
第 3 部
　　あ）扉：
　　い）本文：I~Q（pp.981-1418）
　　う）補遺（ADDENDA）
第 4 部
　　あ）扉：
　　い）本文：R~Z（pp.1419-2013）
　　う）補遺（ADDITIONS AND OMISSIONS），正誤（CORRECTIONS）

4.4.3.　異同

　部ごとに 1 巻，4 部で計 4 巻が本来の形だが，第 1 部と第 2 部，第 3 部と第 4 部が合冊された結果 2 巻となったもの，4 部のうち 1 部しかなく 1 巻となったケースもあり，縮刷本もある。
　扉の刊年はおおむね第 1 部 1866 年，第 2 部 1867 年，第 3 部 1868 年，第 4 部 1869 年だが，1866 年，1869 年，1869 年，1869 年となる例，1866 年，1867 年，1867 年，1869 年の例，また第 1 部は乾 1866 年，第 2 部は欠，第 3 部は坤 1868 年，第 4 部は欠というケースもある。
第 1 部
　発行通知 PUBLISHER'S NOTICE があるものと，ないものがある。発行通知は成立の事情と価格を述べたもので，全巻一括購入すれば＄30,各巻別なら＄7.50 とある。香港 Daily Press Office 発行，1866 年 10 月 15 日付となっている。
　英漢 2 様のはしがきがあることは前述の通りだが，これもあるものと

ないものとがある。中国では伝統的に序文のない書物は正式のものとは認められていないので，こうした無序本の存在は以後さまざまな憶測をよぶことになる（沈国威 1992：69-72, 1994：139-146；那須 1998a：1-22）。

なお内閣文庫にレプシウス（C.R. von Lepsius），シェルツェル（Chevalier Karl von Scherzer），オーフェルベック（G. Overbeck）にあてた献辞がついているものがある。

第2部と第3部

補遺および正誤と補遺の挿入位置に異同がみられる。

第4部

はしがき，補遺と正誤の有無が諸本によって異なる。はしがきではチャーマーズ（John Chalmers, 湛約翰 1825~1900）やメドハーストの辞典と本書の収録字数を比較して，いかに本書がまさっているかを喧伝している。また中国語の名詞と形容詞の識別，元素記号をあらわす漢字の造字法の説明にも紙面をさいている。発行通知は Feb.1869 付となっている。

4.5. 中村敬宇『英華和訳字典』

ロプシャイト『英華字典』を原著とする和刻本のひとつが，中村敬宇『英華和訳字典』（初版：明 12~14（1879~81）「中村」と略称）であり，いまひとつは井上哲次郎『訂増英華字典』（初版：明 16~18（1883~85）「井上」と略称）である。原著とちがって廉価で入手できる和刻本は，日本の近代語に大きな影響をおよぼした。当時の翻訳書に用いられた語彙には，ロプシャイト『英華字典』と一致するものが多い。

4.5.1. ウェブスター辞書とのかかわり

「中村」，「井上」ともまったく触れていないが，実は両書ともウェブスター辞書に負うところが大きい。ロプシャイト『英華字典』のはしがきに，つぎのようなことばがある。英華辞典類のなかで初めてウェブス

第4章 ロプシャイト『英華字典』・その和刻本と改訂版・ドーリトル『英華萃林韻府』 113

ター辞書に言及した部分である。

  'Great difficulty has been experienced in the selection and rejection of the English words. Though all those words marked as obsolete and "little used" in Webster have been omitted, there are still some, which a missionary, and others, which a merchant, may not require'（英語の取捨選択にはおおいに苦労した。ウェブスター辞書に廃語で「ほとんど使われていない」と書いてあるものはすべて省いたが，それでも宣教師や商売人には不必要と思われるものがある）

 内閣文庫には大量のウェブスター辞書が保管されている。急速な近代化をめざす明治政府が500冊を注文し，うち100冊が内閣文庫に残っているとされるが（早川2001：383-384），こうした大規模な国家事業が，当時の知識人のウェブスター辞書に対する憧憬の念をかきたてたであろうことは，想像に難くない。明治期にあいついで発行された英和辞典は，多かれ少なかれウェブスター辞書の影響を受けていた。そうした潮流のなかにあって，「中村」だけが例外だったとは考えにくい。

 メリアム（Merriam）社が刊行したウェブスター大型本は，グッドリッチ（Chauncey A.Goodrich, 1790~1860）が単独で編集していた1864年の改訂以前の版（「改訂前」と略称，本文1281ページ）と，ポーター（Noah Porter, 1811~1892）が加わって大改訂を行なった1864年の改訂以後の版（「改訂後」と略称，本文1538ページ）とで編集方針は大きく変わるが，語釈の異同はさほどめだたない。これにリピンコット（J.B.Lippincott）社が出した中型の簡約版（「簡約」と略称，本文1152ページ）が加わる。

 「改訂前」と「簡約」はいずれもグッドリッチの単独編集で，おおざっぱに言えば，「簡約」は「改訂前」あるいは「改訂後」の語釈部分を圧縮したものである（しかし「「簡約」の収録語数は逆に親版よりふえている」というおどろくべき指摘がある（早川1998：95-96））。「改訂前」，「改訂後」，「簡約」はいずれも英国で歓迎され，版を重ねた[2]。

1860年にはウースター（Joseph Emerson Worcester）の英語大辞典が世に出た（早川2001：308）。群雄割拠の様相を呈していた辞書界は，メリアム社の戦略が功を奏し，1864年のウェブスター辞書大型本の大改訂によって覇権争いに決着をつけた。

　『英華和訳字典』（「中村」）にせよ，『訂増英華字典』（「井上」）にせよ，こうした乱立状態を経た辞書の，どれのどの部分をどのようにとりいれたかを，訳語の語義と重ねあわせながら特定することは，事実上不可能である。しかし，成蹊大学の中村文庫には，「改訂前」と「改訂後」が保管されている（高橋1979）。これは中村敬宇が両書を直接利用したことを示す有力な傍証となろう。

4.5.2. ロプシャイト『英華字典』から削除した訳語と見出し語

　「中村」は津田仙，柳沢信大，大井鎌吉の3人が翻訳を担当した。跋に「余校此書　始於明治五年十二月　畢於明治十二年二月」とあるので，敬宇は6年余をかけて校訂したことになる。

　「中村」がロプシャイト『英華字典』の訳語のすべてを採用したわけではないことは，森岡1969：70-72で指摘されており，省かれたものの多くは方言的接辞や語彙であった（沈国威1994：183）。

　同時に中国的色彩の濃い下位語も削除の対象とされている。つぎに示すのはロプシャイト『英華字典』に採録された訳語，下線を付したものは「中村」が削除した訳語である。当然，対応する英訳も削除されている。

Agar Agar：edible seaweed 海菜 ; ditto the red kind 紫菜 ; prepared ditto <u>涼菜</u> ; ditto the large kind 石花菜 ; broad kind 海帯

Lady：a woman of distinction 夫人， 娘 ; a young lady of rank 小姐 ; an unmarried lady of a rich family 姑娘， <u>娘仔</u> ; lady, the wife of an officer of rank <u>太太</u> ; ditto the mother of an officer of rank 老太太 ; the old lady <u>阿太</u> ; a lady of the first and second rank 夫人 ; ditto of the third rank 淑人 ;

第4章 ロブシャイト『英華字典』・その和刻本と改訂版・ドーリトル『英華萃林韻府』 115

ditto of the fourth rank 恭人；ditto of the fifth rank 宜人

また「中村」はロブシャイト『英華字典』の見出し語の一部を削除している。中国特有の動物（例：Acridophagus 食蝗虫者）や植物（例：Abrus precatorius 紅相思，相思荳；Agapanthus 百子蓮）に関わるものが主なようだが，選択基準ははっきりしない。

重複した見出し語の一部を削除したり，フレーズ型の見出し語を改めたとみられるもの（Atoning for sin → Atoning）もある。増補した見出し語[3]もいくらかあり，品詞表記はウェブスター辞書に拠ったとみられるものが多い。

4.5.3. 英和辞典類とのかかわり

英和辞典類との関連もみなければならないが，当時最大の英和辞典と目される柴田昌吉・子安峻『附音挿図　英和字彙』(1873 横浜日就社，初版)にしても，『英華和訳字典』(「中村」)に比べれば見出し語も用例も少なく，ほとんど語釈に終始しており，敬字が「中村」の編纂に利用した可能性は少ない。『増補訂正英和字彙』が出るのは，「中村」の出版後3年経ってからのことである。

なお「中村」の初版の本文には2種あるが僅差に過ぎず，再版も内容に変わりはない。イーストレーキ（F. Warrington Eastlake）の『訂正英華和訳字典』(明治27)も同じで，「訂正」と銘打ってはいるものの，訂正はされていない。したがって本稿の調査対象は「中村」の初版にかぎることにする。

4.5.4. ロブシャイト『英華字典』に増補した英語

「中村」には 'Laboratory, a place where operations and experiments in chemistry are performed クワガクノケイケンジョ化學經驗所' のように，ロブシャイト『英華字典』には記載されていない英語を増補して和訳（時に漢訳）した部分がある。

和訳のもとになった英語の供給源はウェブスター辞書なのだが，この例のように「中村」に明示されているものばかりではなく，明示されていないものもある。

4.5.5. 英語が明示されているか，いないか

調査には内閣文庫に保管されている「改訂前」を使用したが，保存状態がわるく，判読は容易なことではなかった。一方「簡約」は「改訂前」と同じグッドリッチの単独編集であるだけに，おおむね「改訂前」を圧縮してつくられているので，共通の記述が大部分を占める。

そこで調査の際には「簡約」を先行させて大意をつかみ，「改訂前」や「改訂後」については異なる個所を判読して補うという方法をとった。調査範囲は〔A〕〔F〕〔L〕〔R〕〔X~Z〕の各部とした。調査結果の一部をつぎに示す。

4.5.5.1. 明示されている英語

「簡約」「改訂前」「改訂後」において，『英華和訳字典』(「中村」)の英語とおおむね一致するものには(＝)，一致しないものには(≠)を付す。カタカナで書かれた部分は「中村」による和訳である。

Array：the act of impannelling a jury 點陪審官名　タチアヒニンノナヲチヤウメンニツケルコト
　　簡約＝　　改訂前＝　　改訂後＝[4]
Arriving：gaining by study &c. ジヤウジユスル
　　簡約＝　　改訂前＝　　改訂後＝[5]
Arrow：the arrows of God 上帝懲惡之刑罰 カミガアクヲコラスケイバツ
　　簡約（なし）　改訂前＝　　改訂後（なし）[6]
　arrows represent the judgement of God 上帝之審判　カミノサイバン
　　簡約（なし）　改訂前＝　　改訂後（なし）
Art：fine arts, as poetry, music, painting, sculpture, architecture, &c., and the

第4章　ロブシャイト『英華字典』・その和刻本と改訂版・ドーリトル『英華萃林韻府』　117

useful arts, 詩學, 音學, 繪畫, 彫刻, 建造, 等, 有用工藝爲 fine arts　シガク, オンガク, エ, ホリモノ, ケンザウナド　イウヨウノゲイジュツヲ　ファインアーツトイフ [7]

Arquebuse：a species of fire-arms anciently used which was cocked with a wheel　ムカシノクルマジカケニテウツテツポウ
　　簡約＝　　改訂前＝　　改訂後≠ [8]

Aversely：an arm stretched aversely　テヲウシロニノバス
　　簡約≠　　改訂前＝　　改訂後≠ [9]

Axiom：a principle received without new proof　シンキノシヤウコナシニツタハリキタルダウリ
　　簡約≠　　改訂前＝　　改訂後≠ [10]

Fall：to lessen or lower, as the price　ネダンヲサゲル
　　簡約（なし）　改訂前（なし）　改訂後＝ [11]

Feminine：a feminine noun　ジョセイメイシ（女性名詞）
　　簡約（なし）　改訂前＝　　改訂後＝ [12]

Figurable：lead is figurable, but water is not 鉛可成形水則不可　ナマリハカタチヲツクルベシ　ミヅハカタチヲツクルベカラズ
　　簡約≠　　改訂前＝　　改訂後＝ [13]

Fill：the sail fills with the wind　帆含風　ホガカゼヲフクム
　　簡約（なし）　改訂前（なし）　改訂後＝ [14]

Fit：a sudden and violent disorder　失魂, 昏迷一場, 昏倒, ハツドウ（發動）
　　簡約＝　　改訂前＝　　改訂後＝ [15]

Flap：the flaps　ウマノクチビルノヤマヒ
　　簡約＝　　改訂前＝　　改訂後＝ [16]

Fly v.i.：to fly in the face　侮慢, 凌辱, アナドル, ハヅカシムル
　　簡約＝　　改訂前＝　　改訂後＝ [17]

Fly v.t.：to set floating, as a kite　タコヲアゲル

簡約（なし）　改訂前（なし）　改訂後＝[18)]

Foil：a thin coat of tin with quicksilver, laid on the back of a looking-glass, to cause reflection　鏡背錫汞薄衣　カガミノウラノミヅカネ

簡約＝　改訂前＝　改訂後＝[19)]

Fur：a coat of morbid matter collected on the tongue in persons affected with fever　舌苔　ネツビヤウデシタニデキルタイ

簡約＝　改訂前＝　改訂後＝[20)]

Laboratory：a place where operations and experiments in chemistry, are performed　煉物所，煉物局，クワガクノケイケンジョ化學經驗所

簡約＝　改訂前＝　改訂後＝[21)]

Lance：to pierce with a lance　ホコヲモッテサス

簡約＝　改訂前＝　改訂後＝[22)]

Landed：having an estate in land　有田産的　チノシンダイアル

簡約＝　改訂前＝　改訂後＝[23)]

Lap：to lick up; to feed or drink by licking, as a dog：イヌノヤウニノミクヒスル

簡約＝　改訂前＝　改訂後＝[24)]

Lapel：that part of a coat which laps over the facing　マヘダレ

簡約＝　改訂前＝　改訂後＝[25)]

Lapidify：to turn into stone, to become stone　イシニヘンズル

簡約＝　改訂前＝　改訂後＝[26)]

Lapse：The lapse to indolence is soft and imperceptible, but the return to diligence is difficult　流於怠惰易帰於勉強難　タイダニナガルルハヤスク　ベンキョウニモドルハカタシ

簡約≠　改訂前＝　改訂後＝[27)]

Lash：to strike with a thong or whip：　ムチウツ

簡約≠　改訂前≠　改訂後≠[28)]

Latch：to fasten with a latch　サンヲオロス

簡約＝　　改訂前＝　　改訂後＝[29]

Lath： a thin, narrow board, or slip of wood, nailed to the rafters　桷，ノジ

簡約＝　　改訂前＝　　改訂後＝[30]

Lather： to form a foam with water and soap　アハダツ

簡約≠　　改訂前＝　　改訂後≠[31]

Less： The less a man praises himself, the more disposed are others to praise him　ミヅカラホメルコトイヨイヨスクナケレバ　ヒトノカレヲホメルコトハカナラズイヨイヨオホシ

簡約≠　　改訂前＝　　改訂後＝[32]

Lion： An object of interest and curiosity　珍寶　チンポウ，メヅラシキタイセツノモノ；to visit the lions of the place　行訪他方之珍寶　トコロノチンポウヲタヅネアルク

簡約＝　　改訂前＝　　改訂後＝[33]

4.5.5.2. 明示されていない英語

　つぎは『英華和訳字典』（「中村」）の和訳に対応する英語が「中村」に明示されていないと判定できる例である。こうした例は比較的少ない。

Anotta： チイス（乾酪）マタハボウトル（牛酪）ニウヘモノノタネカラセイシタル　イロヲツケルモノ

簡約≠　　改訂前≠　　改訂後＝[34]

Anteater： ウチバシナガクシタマルク　アリヲクッテイキルケモノ

簡約≠　　改訂前＝　　改訂後≠[35]

Arrow-root：藕　ヒガシオヨビニシインドニシヤウズルクサノネ（コノルイミトホリアリ　ショクヨウニスルモノヲバ starch plant［糊菜］トイフ

簡約≠　　改訂前≠　　改訂後≠[36]

Fillibeg： ナガキウハギ（蘇格蘭ノヤマノヒトガキル）

簡約＝　　改訂前＝　　改訂後＝[37]

Fire-brand：惑亂者　マヨハスヒト
　　簡約＝　　改訂前＝　　改訂後＝[38]
Left-handed marriage：カトウノオンナヲメトルコト（日耳曼國君娶下等之女則其妻子不得襲其爵土）
　　簡約＝　　改訂前＝　　改訂後＝[39]
Rear-admiral：カトウスイシテイトク（水軍第三ノ分隊則チ全軍ノ後隊ヲ指揮スル官）
　　簡約≠　　改訂前≠　　改訂後＝[40]
Romepenny イチペンニイノミツギ（羅馬教徒ヨリ其ノ教主ニ納ムルモノ）
　　簡約＝　　改訂前＝　　改訂後＝[41]

4.5.5.3. 調査の余波

　ほかに〔A〕部ではヘボン（James C. Hepburn, 平文 1813~1911）『和英語林集成』再版から3例（Alias, Amen, Aphrodisiacの各項に1例ずつ），ロブシャイト『英華字典』の脚注から1例（Automasy），〔L〕部ではメドハースト『英華字典』から1例（Linden-菩提樹），『和英語林集成』再版から1例（Lonicera japonica-ニンドウ忍冬）が引かれている[42]。〔F〕〔R〕〔X~Z〕にはこうした例はない。

　なお'Robinia'の語釈に「キノナ（北亜米利加ノ）」とあり，これに対応する英語'A genus of North American trees, ...'はオーグルヴィー（John Ogilvie）の *Imperial Dictionary*（大型2巻本で，本文2300ページ）と *Comprehensive Dictionary*（中型1巻本で，本文1206ページ）にしか現れない。前者は中村文庫に所蔵されているので，参照したのはたしかだろうが，百科性の強い同書を敬宇が『英華和訳字典』（「中村」）の編纂に常用していた，とは考えにくい。実用語辞典として人気のあったナットール（P. Austin Nuttall）の辞書にしても，「中村」との共通点はさほどない。

4.5.5.4. 品詞表記の復活

ロプシャイト『英華字典』になかった品詞表記を,「中村」はウェブスター辞書を参考にして復活させた。しかし品詞の数は当時の流行にしたがって, 8品詞におさめることを目標にしたようである。8品詞の呪縛には逆らえなかった, ということかもしれない。「井上」もこの姿勢を受け継いだが, 個々の語の品詞の判定には,「中村」とのあいだにかなりの相違がある。

両書ともロプシャイト『英華字典』に軸足をおいているので, ウェブスター辞書を参考にするといっても, そこにはおのずから限界があったとみなければならない。用例は自動詞なのに品詞表記を他動詞とするなど, 両書ともズレがある。

4.6. 井上哲次郎『訂増英華字典』

ロプシャイト『英華字典』が国をあげての歓迎を受けたことは, 内閣文庫の所蔵が36点(ほかに欠番が1点)という, 当時の英華辞典としては異例の多さであったことからも容易に察することができる。『訂増英華字典』(「井上」)の初版7分冊本(1883~85)は, 分冊ごとに当時の大新聞の最大級の賛辞が寄せられ, 華々しく辞書界に登場した。

当時の日本人が直接利用したのは, 高価な原本よりも安価な和刻本だったはずであり, 和刻本をぬきにして, ロプシャイト『英華字典』の日本の近代訳語への影響を云々するのは, 軽挙のそしりをまぬかれない。

4.6.1. 初版7分冊本

ロプシャイト『英華字典』はつぎの諸項目からなり(国語研究所蔵本による),

　第1部:扉, 序説, 本文 (1-551　A~C)
　第2部:扉, 本文 (553-980　D~H) 補遺および正誤表

第3部：扉，本文（981-1418　I~Q）補遺

第4部：扉，本文（1419-2013　R~Z）補遺および正誤表

「井上」初版7冊本は，つぎの諸項目からなる。

第1分冊：扉（漢，英），叙，本文（1-184　A~CAG），奥付

第2分冊：本文（185-384　CAG~DIE），奥付，新聞評説

第3分冊：本文（385-576　DIE~HAN），奥付，新聞評説

第4分冊：本文（577-776　HAN~PAI），奥付，新聞評説

第5分冊：本文（777-960　PAI~SHA），奥付，新聞評説

第6分冊：本文（961-1160　SHA~VIL），奥付，新聞評説

第7分冊：本文（1161-1210　VIL~ZYM），付録，正誤表，奥付，新聞評説

4.6.2. 増補訳語の典拠

多くの先行研究が，ロプシャイト『英華字典』とその和刻本に触れているが，森岡1969が指摘するように，『訂増英華字典』（「井上」）にはロプシャイト『英華字典』のもの以外の訳語（漢字語）が数多く含まれている。こうした漢字語はどこからきたのか，いいかえれば「井上」の典拠は何なのかという課題には，興味をそそられる。

そこで，本稿では平成2年から9年にかけて行なった全国実地調査の結果，国内の所在を確認しえた19世紀の英華辞典と英華和辞典に焦点をあてて，「井上」で増補された訳語の典拠をさぐってみることにした。[43]

なお大阪女子大学付属図書館1962は，「井上」の大量の付録がロプシャイト『英華字典』に載っていないことから，付録のもとになったロプシャイトの増訂版があるのではないかと推論しているが，全国調査の経緯からみるかぎり，増訂版の刊行はなかったと思われる。

「井上」は明治32年に再版，明治39年に第3版を発行している。再版と第3版の本文は同じである。また初版と再版・第3版の本文の異同の大部分は，改行位置の違いによるものであって，ページ数に変わりはな

いことから，3者のあいだに実質的な差はないといえる。よってここでは初版のみを調査対象とする。

　ロプシャイト『英華字典』の見出し語には品詞を示す表記はない。一方「井上」の見出し語は，おおむねロプシャイト『英華字典』を踏襲しながら，そのすべてに品詞表記を付しており，動詞の自他，分詞の種別をも表記している。一方ロプシャイト『英華字典』にあった発音表記は，「井上」では削られている。

　〔表1〕は「井上」の〔A〕〔L〕〔Y,Z〕の各部の見出し語の，最初の100語（〔A〕:A~Abode;〔L〕:L~Lamelliferous;〔Y,Z〕:Y~Zend）に属する訳語のうち，ロプシャイト『英華字典』には

〔表1〕

〔A〕	3
〔L〕	0
〔Y,Z〕	0

あるが「井上」にはないもの（削除か，見落としかの識別は不可能）の数を示す。ロプシャイト『英華字典』の訳語のほぼ全部が，「井上」にとりこまれていることがわかる。

4.6.3. 典拠調査の対象

　調査の対象は本文の訳語（漢字語）に限定する。「井上」に

> Abound, *v.i.* To be in plenty, 豐盛 茂盛 盈餘 贏餘 豐阜 足有餘 ; to abound in (lustre), 燦爛 ; to abound with errors, 多差 ; to abound in quantity, 甚多 極多 最多 有多 許多 甚夥 ; that book abounds with errors, 個部書有好多錯 ; this country abounds with tigers, 此地多虎.

とあるうち，ロプシャイト『英華字典』に採録されている訳語は「豐盛，茂盛（'Abounding'にあり），盈餘，贏餘，豐阜，足有餘，燦爛，多差，甚多，極多，最多，甚夥」の12語（句と文も便宜上それぞれ1語として数える）であり，残りの4語「有多，許多，個部書有好多錯，此地多虎」は，「井上」が増補したもので，原著のロプシャイト『英華字典』以外に典拠をもつと推定される。

「井上」は明治16年(1883)から18年(1885)にかけて出版されているので，それ以前に発行された英華辞典と英華和辞典が調査の対象となる。本文のページ数が極端に少ないものと特定の方言のみをあつかったものを除く，つぎの諸辞典のいずれかが，「井上」の増補訳語の出所であろうと考えられる。

刊年	著者・訳者他(括弧内は略称)	書名
① 1822	モリソン (モリ)	『中国語字典』(第3部) *A Dictionary of the Chinese Language, in Three Parts. ..... and Part the Third, English and Chinese*
② 1844	ウィリアムズ (ウィ)	『英華韻府歴階』 *An English and Chinese Vocabulary, in the Court Dialect*
③ 1847~48	メドハースト (メド)	『英華字典』 *English and Chinese Dictionary, in Two Volumes*
④ 1868	鄺其照 (其68)	『字典集成』 *An English and Chinese Lexicon Compiled in Part from Those of Morrison, Medhurst and Williams*
⑤ 1872	ドーリトル (ド1, ド3)	『英華萃林韻府』(第1部)(第3部) *A Vocabulary and Handbook of the Chinese Language Romanized in the Mandarin Dialect*
⑥ 1875	鄺其照 (其75)	『字典集成』 *An English and Chinese Dictionary Compiled from Different Authors*
⑦ 1878	梁述之 (梁)	『華英字彙』 *An English and Chinese Dictionary, in the Court Dialect*
⑧ 1869	柳沢信大	『英華字彙』

第4章　ロブシャイト『英華字典』・その和刻本と改訂版・ドーリトル『英華萃林韻府』　125

　　　　　　（柳沢）
⑨ 1879　中村敬宇　　『英華和訳字典』
　　　　　（中村）　　A Dictionary of the English, Chinese and Japanese
　　　　　　　　　　Languages, with the Japanese Pronounciation (sic)
⑩ 1880　矢田堀鴻　　『英華学芸詞林』
　　1881　矢田堀鴻　　『英華学芸辞書』
　　1884　矢田堀鴻　　『英華学術辞書』
　　　　　（矢田堀）
⑪ 1881　永峰秀樹　　『華英字典』
　　　　　（永峰）

　調査範囲は〔A〕〔L〕〔Y, Z〕の各部とした。最初，中央，最後部を調査することで，辞書全体の特徴がよみとれると考えたからである。
　まず「井上」の〔A〕(pp.1-79)，〔L〕(pp.661-695)，〔Y, Z〕(pp.1207-1210)に現れる訳語から，ロブシャイト『英華字典』にもでてくる訳語を取り去ると，「井上」が増補した訳語が残る。こうした訳語と一致するものが①〜⑪にあるかどうかを調べれば，「井上」の増補訳語の出典を特定することができるはずである。

4.6.4. 典拠調査の実態

　『訂増英華字典』（「井上」）は見出し語を品詞別に分類し，特に動詞は自他を表記した上で分詞別に立項しているが，他の諸辞典はこうした分類基準を設けていないので，便宜上一括する。左端のアルファベットは「井上」の見出し語，つぎの漢字語は「井上」の増補訳語である。
　「井上」の訳語と同じ訳語が採録されている場合は（○）印を付した。異体字を含むものは特に区別せず，同じ語としてあつかった。異体字の選定には『漢語大詞典』（上海漢語大詞典出版社 1993）を参照した。同義であっても異体字と認定されていないもの，倒置のあるものは，品詞の転換により訂正されたとみられるものを含めて，「典拠不明」として処理し

た。実際の調査は〔A〕〔L〕〔Y,Z〕の増補訳語すべてについて行なったが，紙幅の都合で一部のみをつぎに掲げる。

①〜⑪の諸辞典のうち，モリソン『中国語字典』，「柳沢」，「矢田堀」，「永峰」は「井上」におよぼした影響がないか，あってもきわめて少ないので表示しなかった。典拠不明の語については，特に注記したもの以外は，備考欄（4.6.4.4）で説明するにとどめた。

ドーリトル『英華萃林韻府』第3部（「ド3」）は85項目からなる。4.6.4.1.，4.6.4.2.，4.6.4.3. ではつぎのように略号を用いる。

項目の順序を示す数字は，原著ではローマ数字で書かれているが，ここでは現行のアラビア数字に改めた。⇒の右側の文字は，略号である。原著の目次には情報提供者の名，情報を採録した場所など，フィールドワークの記述ともまがう詳しい内容が盛りこまれたものがあるが，ここでは割愛する。

　1. Terms Used in Mechanics, with Special Reference to the Steam Engine
　　　（特に蒸気機関に関わるメカ用語）→機械　　　　　　　　⇒機
　3. Terms Used in Diplomatic and Official Intercourse
　　　（外交・公的交流に関する用語）→国家・人倫　　　　⇒国・倫
　11. Minerological and Geological Terms（鉱物・地質の用語）　⇒鉱・地
　20. Commercial Words and Phrases （商業関連のワードとフレーズ）　⇒商
　25. Elements of Natural Science（自然科学の諸要素）　　　　　⇒自
　32. Mathematical and Astronomical Terms（数学と天文学の用語）⇒数・天
　72. Terms Relating to Crimes, Punishments and Lawsuits, etc.
　　　（犯罪，刑罰，訴訟などに関わる用語）　　　　　　　⇒犯・刑
　81. Flowers and Fruits According to their Time of Blossoming
　　　（花と果実の開花期）　　　　　　　　　　　　　　　⇒花・果

第4章　ロプシャイト『英華字典』・その和刻本と改訂版・ドーリトル『英華萃林韻府』　127

4.6.4.1. 〔A〕の部

「井上」見出し語	「井上」増補訳語	ウィ	メド	其68	ド1	ド3	其75	梁	中村	典拠不明
Above	在上	○	○		○			○		
	在上面		○[44)		○					○
	頭上		(上頭)	(上頭)	(上頭)		(上頭)			
	分外				○		○			
	未葬						○			
	在槽上		○	○			○			
	該		○				○			
	二十歳以上						○			
	不過一尺高						○			
	不止二十人				○		○			
	縋不下來									
Abridge	撮要	○	○	○			○	○		○
	刪煩	(刪繁)[45)		(刪繁)				(刪繁)		
Acoustics	音學				○	○白		○		
Actress	女旦		○	○	○		○	○		
Adhere	實口不移				○					
	執迷泥古		○							
Adherence	固結		○	○			○	○		

「井上」見出し語	「井上」増補訳語	ウィ	メド	其68	ド1	ド3	其75	梁	中村	典拠不明
Adhesion	粘合					○自				
Adhesive	黏着	○			○					
	膠的				○			○		
	黏住		○	○			○			
Adhesiveness	膠粘								○	
Admonish	誨		○	○			○			
	報知		○	○			○			
	教示		○				○			
	警戒		'Abstain'		(警誡)					
	儆世		○		○					
	提醒人				○					
	大夥相勸		○							
Admonition	勸世善言		○	○	○		○			
	勸戒言語		○	○	○					
Adverb	語助詞	○								
Adversary	敵手		○	○	○		○			
Advertise	遍傳	○			○			○		

第4章　ロプシャイト『英華字典』・その和刻本と改訂版・ドーリトル『英華萃林韻府』　129

	通報	出字白	四處言	情愛	愛惜	疼愛	心情	筆戀不捨	親	甚愛	深情的	思憶	慈心	又	復	再者	又是	再回	好幾次	瑪瑙
	○	○		○	○															
						○	○		○			○		○					○	○
			○商																	○鉱・地
	○	○	○	○	○	○	○			○	○		○	○	○	○	○			○
				(愛情)					○					○						(瑪瑙石)
					○	○	○			○						○				
				○					○											○
	Affection								Affectionate					Again						Agate

「井上」見出し語	「井上」増補訳語	ウィ	メド	其68	ド1	ド3	其75	梁	中村	典拠不明
Age	代		○				○	○		
Age	壽		○	○			○		○	
Age	年紀	○	○	○	○		○	○	○	
Age	世世代代				○			○		
Aged	老年	○			○			○		
Aged	太太				○					
Aged	太太們				○					
Alchemy	丹竈之事		○						(丹灶之事)	
Alcove	小睡房						○			
Algebra	代數									
Algebra	天方									
Algebra *4.6.4.4. 備考⑫参照	天元									○
Algebra	點竄									
Alligation	均輸		○	○		○數・天				
Alphabet	字母	○	○		○		○	○		
Alpinia	草果花 [Flower]									
Alpinia	良薑 [Flower]									
Alpinia	兀花 [Flower]									

第4章 ロブシャイト『英華字典』・その和刻本と改訂版・ドーリトル『英華萃林韻府』　131

		(祭壇)	(祭壇)(祭臺)	(祭壇)(祭臺)	(祭壇)(祭臺)	(祭壇)(祭臺)	(祭壇)(祭臺)	(祭壇)
Altar	登壇[46] 登臺							○ ○
Ambiguity	合泥之語 兩端	○	○	○ ○	○ ○		○ ○	
Ambiguous	暗意的 糊得兩意義的 半明半暗之語 可疑之事		○ ○		○		○ ○ ○ ○	
Ambition	好高 心向	○		○	○		○	○
Ambitious	自尊 自尊慕 好高的人 心頭高的人	○			○ ○	○ ○	○	
Amygdalus persica	桃 [Flower]							
An	一個 一件事 一個老人 一隻牛公 一把遮	○	○	○	○		○	○ ○ ○ ○ ○

「井上」見出し語	「井上」増補訳語	ウィ	メド	其68	ド1	ド3	其75	梁	中村	典拠不明
Anaemia	血虚薄皮色白				○					
Anaesthesis	迷蒙忘痛法				○					
Anger	憤懣									○
	息人之怒									
Angle	隅		○							
	角頭			○						
	來角				○	○自	○			
	原角					○数・天				
	方位角					○数・天				
	回角				○	○数・天自				
	反角					○自				
Anglo-Norman	英那同人								○	
Angroegam falcatum	武夷山吊蘭	[Flower]				○花・果				
Angry	發生				(發性)					
	動氣				○					
	生生氣氣				○					

第4章　ロブシャイト『英華字典』・その和刻本と改訂版・ドーリトル『英華萃林韻府』　133

見出し語	訳語								
Annunciate	使生				(使性)○				
	嘆				○○○				
	報信		○	○					
	報息	○							
	講出		○						
	報	○○							
Anona squamosa	番茘枝 [Flower]		○						
Antichristian	敵基督者			○	○	○			
Apathy	薄情	○			○○	○			
	冷淡	○			○○	○			
	無心				○○	○			
	無感動			○	○○				
	不感動				○				
	不管人事								
Aperient	致瀉藥						○		
Aperture	竅口						○		
Apex	極處						○		
Aphelion	最高點			○				○数・天	
Appeal,v.i.	控告	○			○		○		○国・倫 [Accuse]

「井上」見出し語	「井上」増補訳語	ウイ	メド	其68	ド1	ド3	其75	梁	中村	典拠不明
Appeal.n.	京控					○国・倫				
	歴告					○国・倫				
	動兵					○国・倫				
	叩閽					○国・倫				
	告御状					○国・倫				
Appoint	差委					○国・倫				
Appointed	欽派					○国・倫				
	任	○			○			○		
	職分	○			○			○		
	職業						○			
Apt	合理	○			○			○		○
Aptly	自然				○					
	恰合				○					
	以合				○					
Architect	大匠			○						
	建造者						○			
	起建匠									
	蓋房子頭	○						○		

134

第4章　ロブシャイト『英華字典』・その和刻本と改訂版・ドーリトル『英華萃林韻府』　135

English	漢訳	1	2	3	4	5	6	7	8	9
Architecture	建造法	○								
	打椿		○自							
Arithmetic	九九			○	○		○			
	九數			○						
	九九法	○		○						
	擧計	○		○						
Articulate	節連	○		○	○		○			
	講正	○		○						
	詳細		○							
	説得聲音清楚					○				
Articulation	下牙床骨交節					○ ○	○			
	背骨各節交節						○			
Artifice	暗計	○					○			
	以術欺騙愚人[47]								○	
Artificer	工						○	(人手所作)		
Artificial	人手所作的				○		○ ○	○		
	紙花		○				○			
	紙蓮花師傅									
	借地平							○数・天		
Ascites	水脹			○			○		○	
	蠱脹						○			

「井上」見出し語	「井上」増補訳語	ウイ	メド	其68	ド1	ド3	其75	梁	中村	典拠不明
Asclepias curassavica	馬利筋[48]	[Flower]								
Ashamed	羞愧		○		○					
	羞惡		○		○					
	害羞		○		○					
Asquint	斜視						○			
	側目而見						○			
Assault	毆打				○	○犯・刑				
	混打				○		○			
Asteroid	小星					○数・天				
Attain	得至				○					
	登			○						
	佢贏我						○			
Attainable	可得的				○					
	可獲得到		○	○	○		○			
	可獲得來		○							
	人力所能爲				○					
Attaint, v.t.	染於罪惡		○	○	○		○			

第4章　ロプシャイト『英華字典』・その和刻本と改訂版・ドーリトル『英華萃林韻府』　137

○	○		○		○	○			
	○							○	
○	○		○			○	○		
		○自	○自	○自		○自	○自		
	○	○		○				○	○
		○	○	○				○	
	○	○	○	○					○
							○		

見出し語	訳語
Attaint,n.	染汚
Attract	牽引
	引延
	引誘
Attraction	相吸
	相煽
	相引
	攝力
	牽引之力
	翕氣
	吸力
	皎引
	粘引
	地之吸引
Avenue	小路
	花園中兩邊有樹之路
Aviary	養鳥巣
	百鳥巣
Ax	闕序

「井上」見出し語	「井上」増補訳語	ウィ	メド	其68	ド1	ド3	其75	梁	中村	典拠不明
Axiom	公論					○数・天				
Axis	軸線					○数・天				
	長徑					○数・天				
	長軸					○数・天				
	短徑					○数・天				
	短軸					○数・天				
	横軸					○数・天				
	縦横軸					○数・天				
	縦軸					○数・天				
	懸軸					○数・天				
Azalea Indica	白杜鵑	[Flower]				○花・果				
	雙托紅杜鵑	[Flower]				○花・果				
	籃杜鵑	[Flower]				○花・果				
	宮粉杜鵑	[Flower]				○花・果				
	江南杜鵑	[Flower]								
	鼎湖山杜鵑									
Azimuth	地平經度					○数・天				
	地平經儀					○数・天				
Azolla	浮萍	[Flower]								

第4章　ロブシャイト『英華字典』・その和刻本と改訂版・ドーリトル『英華萃林韻府』　139

4.6.4.2.　[L] の部

見出し語	「井上」「井上」増補訳語	ウィ	メド	其68	ド1	ド3	其75	梁	中村	典拠不明
Landlord	田主	[Landholder]	[Landholder]	[Landholder]	[Land]		○	[Landholder]		
Landmark	田界	○		○	[Land]		○			
Lane	衕		○	○			○			
Latch	門計			○			○	○		
Late	皇考	○	○	○	○		○			
Lately	未久		○	○	○		○			
Lawful	合例						○			
Lawgiver	立例者						○			
Lawsuit	官訟	○	○	○	○	○犯・刑	○	○		
	訟事	○	○	○	○		○	○		
Lawyer	訟師	○	○	○			○			
Liable	該						○			
	易						○			
	担承						○			
	該罰				○		○			
Libel	白帖	○		○			○	○		
	無頭帖						○			
Liberal	寛宏		(度量寛宏)	(度量寛宏)			(度量寛宏)			
Liberality	涵容		○	○			○	○		

「井上」見出し語	「井上」増補訳語	ウィ	メド	其68	ド1	ド3	其75	梁	中村	典拠不明
Likely	可以			〇			〇			
Liken	比較						〇			
Lingle	做鞋線						〇			
Linguadental	半舌半齒的音			(半舌半齒)			〇			
Litigation	訟獄					〇国・人				
Locality	所在		〇	〇	〇		〇	〇		
Locked-jaw	牙噤	〇	〇	〇	〇		〇	〇		
Locomotive	行路機汽電					〇機				
Longing	渇懐	〇	[To long after]	〇	〇		〇	〇		
	慰我渇思				〇		〇			
Lore	教						〇			
Lower	餘心					〇数・天				
Lowest	最小率					〇数・天				
Lowland	低平原						〇			
Lowly	卑巽	〇	〇	〇			〇	〇		
Loyalty	忠心						〇			
	費心						〇			
Lubricous	滑澤		〇	〇			〇			
	光滑						〇			
Lust	貪嗜			〇			〇			

4.6.4.3. 〔Y, Z〕の部

「井上」見出し語	「井上」増補訳語	ウィ	メド	其68	ド1	ド3	其75	梁	中村	典拠不明
Yew tree	白蜀癸		○	○	○		○			
	扁柏		○	○	○		○			
Zodiac	日月每年會於[49]黄道有十二次[50]			(黄道)						
	黄道分爲十二宮									
	白羊					○数・天				
	金牛					○数・天				
	陽陰、夫婦					○数・天				
	巨蟹					○数・天				
	獅子					○数・天				
	室女、少女					○数・天				
	天秤					○数・天				
	天蝎					○数・天				
	人馬、弓					○数・天				
	摩羯					○数・天				
	寶瓶					○数・天				
	雙魚					○数・天				
Zodiacal	黄道光					○数・天				

4.6.4.4. 一致する訳語数

つぎは「井上」の増補訳語と一致する訳語の数を，辞典別に集計したものである。

〔表2〕

	ウィ	メド	其68	ド1	ド3	其75	梁	中村	その他	典拠不明
〔A〕	285	533	463	1,063	148	825	380	152	3	71
〔L〕	46	82	123	91	67	202	75	2	0	7
〔Y,Z〕	4	3	6	3	15	6	5	0	0	1
計	335	618	592	1,157	230	1,033	460	154	3	79

備考

① : モリソン『中国語字典』の第3部は見出し語が少ないうえに，句や文の訳語が多く，語が大半を占める『訂増英華字典』(「井上」)との影響関係は認めにくい。しかし 'Zodiac' の項の「日月毎年會於黄道有十二次」のみは，『中国語字典』にしか現れない。

② : 花の名称が，ウィリアムズ『英華韻府歴階』'Flower' の項から集中的にとられている。'Andromeda' の項の「米仔茶」は『英華韻府歴階』にしか現れない。

③ : メドハースト『英華字典』と一致する増補訳語は多いが，そのほとんどがドーリトル『英華萃林韻府』第1部と『字典集成』再版(「其75」)に集約されている。

④⑥ : 『字典集成』初版(「其68」)の訳語は，底本であるメドハースト『英華字典』および『字典集成』再版と一致するものが多い。[51]

⑤ : ドーリトル『英華萃林韻府』第1部と第3部には専門用語が多い(「4.6.4.6. 専門用語(主として科学用語)の典拠」を参照されたい。)

⑦ : 「梁」は『英華韻府歴階』，『英華萃林韻府』第1部と一致するものが多く，「梁」にしかない訳語はみあたらない。

⑧ : 「柳沢」は『英華韻府歴階』に訓点を施したものである。したがって「柳

沢」の訳語は『英華韻府歴階』と一致する。なお「柳沢」はあやまってAbject と Ability の訳語をとりちがえているが、「井上」は『英華韻府歴階』のほうを採っている。

⑨：「中村」には「中村」独自の訳語が数語あるほか（例：挿標，需，打過），n., v.i, v.t., adv., prep. といった品詞表記の略語が，「井上」に受け継がれている。[52]

⑩：「矢田堀」は『英華萃林韻府』第3部の一部をそのまま採録したため，「矢田堀」の訳語はすべて『英華萃林韻府』第3部と一致する。「井上」が『英華萃林韻府』第3部から採った増補訳語は，「矢田堀」より広範囲のものであり（〔表4〕），このことは「井上」が，「矢田堀」よりも『英華萃林韻府』第3部のほうを，優先的に利用したことを物語る。

なお『英華学芸詞林』『英華学芸辞書』『英華学術辞書』の本文は全同である。[53]

⑪：「永峰」は，「其75」を石版刷りにした，点石斎『華英字典』（したがって「其75」と点石斎『華英字典』の本文は完全に一致する）に訓訳を施したものである。「永峰」が削除した訳語のなかに「井上」が採録したものがあるが（例：「一世，三隻手，低平原」），これは「井上」が増補訳語の選定にあたって，「永峰」よりも「其75」を優先したことを示すものとみてよい。

⑫：また，'Algebra' にあげた4語のうち，「代數」「天方」「天元」の3語は，『代数学』（ド・モルガン（De Morgan）撰，ワイリー（A. Wylie）訳，李善蘭編　明治5年刊）の序文で使われていた。『訂増英華字典』編纂当時，3語ともこの分野ではすでに知られた語であったことがわかる。

『訂増英華字典』（「井上」）は，広東語表現を多くそのまま残している。これは，キングセル（F. Kingsell―序文によればロブシャイトの高弟であるという）が，その著『新増華英字典』（1899）において「井上」の訳語を大量にとりこみながら，広東語表現を意識的に排除した事実と好対照をなす。

また，譚達軒『華英字典彙集』の初版は，1875年に刊行されたことが

わかっているが，所在不明である。訳語の増減はあるかもしれないが，1884年刊行の再版でみるかぎり，初版が「井上」の編纂に使われた可能性は少ない。

森岡1969：78-81は，メドハースト『英華字典』と「井上」の影響関係を指摘している。ただメドハースト『英華字典』の訳語は，ほとんどが『英華萃林韻府』第1部か『字典集成』再版（「其75」）に吸収されているので，「井上」が増補語選定にあたって実際に利用したのは，メドハースト『英華字典』ではなく，『英華萃林韻府』第1部と「其75」であったろうと推定される（あくまで推定にすぎないが，『英華萃林韻府』と「其75」のほうが印刷がはっきりして読みやすい，という事実が背景にある）。

語誌研究の視点からすれば，メドハースト『英華字典』の618語（〔表2〕）は，『英華韻府歴階』と重複するものを除けば初出の可能性をもっており，その意味では非常に重要である。[54] しかし本項の当面の目的は「井上」の出典をたしかめることにあるので，ここでは深入りしない。

〔表2〕に掲げた辞典のうち，メドハースト『英華字典』（メド）・『字典集成』初版（「其68」）・「梁」・「柳沢」・「矢田堀」・「永峰」はいずれも独自の訳語をもたず，『英華韻府歴階』（「ウィ」），『英華萃林韻府』第1部と第3部（「ド1」と「ド3」），『字典集成』再版（「其75」）に吸収されている。したがって『訂増英華字典』（「井上」）の増補訳語の典拠は，この3書に『英華和訳字典』（「中村」）－わずかながら独自の訳語をもつ－4.6.4.4.〔表2〕備考⑨参照）を加えた4書であると判定できる。[55]

4.6.4.5. 増補訳語の漸減

『訂増英華字典』（「井上」）に収録された訳語を，(a) ロプシャイト『英華字典』にあるもの，と (b) ないもの，つまり「井上」の増補訳語，に分けて表示するとつぎのようになる。

(a) は少数の例外を除くほぼ全部が「井上」に吸収されている（4.6.2.

〔表1〕参照)。したがって (a)＋(b) は「井上」の総訳語数にほぼ等しい。

「井上」の増補訳語は冒頭こそ多いが,〔L〕に至って減少し,ロプシャイト『英華字典』に依存する傾向が強まっていくのがわかる。

〔表3〕

	(a)	(b)	(a) + (b)
〔A〕	14,187 (88.3%)	1,883 (11.7%)	16,070 (100%)
〔L〕	7,413 (96.5%)	271 (3.5%)	7,684 (100%)
〔Y, Z〕	796 (96.1%)	32 (3.9%)	828 (100%)
計	22,396 (91.1%)	2,186 (8.9%)	24,582 (100%)

4.6.4.6. 専門用語（主として科学用語）の典拠

『英華韻府歴階』と『英華萃林韻府』第3部は,語数こそ少ないが (4.6.4.4.〔表2〕参照),専門用語の供給源という意味で重要である。

『英華韻府歴階』は扉,はしがき,中国語関係文献一覧,中国語文献主要翻訳書一覧,序説,本文,部首別漢字一覧表,正誤表,の諸項目からなる。本文はわずか335ページの短いものだが,'Flower'の項 (pp.103-110) に花の学名とそれに相応する中国語の名称が載っている。

〔A〕〔L〕〔Y, Z〕に属するものは47語あるが,このうち『訂増英華字典』(「井上」)が増補訳語として採ったものは29語,ロプシャイト『英華字典』にもあるものを含めれば計44語,つまり『英華韻府歴階』の'Flower'の項にある花の名のほとんど全部が,「井上」に受け継がれたことになる。

『英華萃林韻府』第3部は宇宙,地質,商業,税関,自然科学などの専門用語から,諺,墓碑,茶の売買の対話などの一般用語に至る85項目 (4.7.1.4.を参照) からなり,宣教師,大使館・税関関係者,その他中国在住者の提供した多彩な情報を載せている。発音のローマ字化はドーリトル自身が担当した。

〔表4〕はその内訳である。〔表3〕と同じく (a) はロプシャイト『英

華字典』にあるもの，(b) はないもの，いいかえれば「井上」が『英華萃林韻府』第3部からひきついで増補したものを示す。(c) は『英華萃林韻府』第3部の語数であり，その6割弱が「井上」に入っていることがわかる (*)。

左から2番目の欄の数字は，原著のローマ数字を現行のアラビア数字に改めたもので，『英華萃林韻府』第3部に採録されている85項目の順序を示す。その一部が「矢田堀」に採録されている（矢田堀）。

〔表4〕

			(a)	(b)	(a)+(b)	(c)
（矢田堀）	1	機械	3	11	14	24
（矢田堀）	3	国家・人倫	20	19	39	57
（矢田堀）	11	鉱物・地質	2	8	10	17
（矢田堀）	15	地理	11	5	16	28
（矢田堀）	20	商業	17	22	39	59
	21	薬	8	2	10	42
（矢田堀）	24	自然科学	6	66	72	109
（矢田堀）	32	数学・天文学	20	81	101	147
	38	宗教	23	2	25	77
（矢田堀）	68	船舶・船具	3	2	5	10
	72	犯罪・刑罰	0	3	3	9
	81	花・果実	0	9	19	37
		計	123語	230語	353語*	616語*

なお，『英華萃林韻府』第1部（扉，はしがき，発音，北京官話の漢字の発音一覧表，本文，正誤表からなる）の本文は548ページ，語釈を主とするが，使用頻度の高いものには用例をつけている。

『英華萃林韻府』第1部から多数の専門用語が「井上」にとりこまれているが，一般用語との厳密な識別はむずかしく，数値化はできない。し

第4章　ロブシャイト『英華字典』・その和刻本と改訂版・ドーリトル『英華萃林韻府』　147

かし，みたところ医学用語が多い。

　ホブソン（Benjamin Hobson, 合信 1816~1873）の『医学英華字釈』（*Medical Vocabulary in English and Chinese* 1858）が，医学用語の主な供給源で，『英華萃林韻府』第1部はワード型，第3部はフレーズ型を採録する例が多い。特にめだつのは，第3部22 (1) ～ (10) に採録された医学関連フレーズ（神経系統，視覚・聴覚・味覚・臭覚・触覚をつかさどる諸器官，心臓・肺臓，消化機能，血行などにかかわるもの）の1群で，同書の8ページから28ページにかけての記述から引用したものである（八耳2003に「ウェルカム図書館蔵ホブソン書を用いたベンジャミン・ホブソン伝」がある。八耳2008はホブソン書の漢字文化圏への広がりを明らかにした労作である。）

4.6.5. 漢字語に対応する英語の典拠

　漢字語の出所がロブシャイト『英華字典』，あるいはそれを含む先行英華辞典である場合は，英語はおおむねロブシャイト『英華字典』の記載と一致する。つぎの例では「下馬，落馬，下馬車，簡而的當」はロブシャイト『英華字典』，「下車，簡而明，要略」は「其75」からだが，英語はいずれもロブシャイト『英華字典』からとっている。

　　　Alight, *v.i.* ... to alight from a horse 下馬，落馬；to alight from a carriage，下馬車，下車

　　　Laconic, Laconical, *a.* Expressing much in few words 簡而的當，簡而明，要略

漢字語の出典が『英華萃林韻府』第1部だけなら，対応する英語も『英華萃林韻府』第1部，漢字語が『英華萃林韻府』第3部なら，英語も第3部と，同じものからとられるのが普通だが，なかには漢字語は第3部だが，英語はウェブスター辞書というように，別の2書を組み合わせたものもある。

　つぎの例では「最高點，密葬」は『英華萃林韻府』第3部の32（数学・天文学）からとったものだが，英語の説明は第3部にはなく，ウェブス

ター辞書の「改訂前」にあらわれる。「世業，自主之業」はロプシャイト『英華字典』にあるが，英語は「改訂前」からとったものである。[56]

> Apogee, *n.* That point in the orbit of a planet, which is at the greatest distance from the earth 最高點
>
> Approximation, *n.* in arithmetic and algebra, a continued approach or coming nearer and nearer to a root or other quantity, without being able, perhaps, ever to arrive at it. 密率
>
> Allodials, *a.* Held independent of a lord paramount 世業，自主之世業

4.6.6. 増補された見出し語の性質

『訂増英華字典』(「井上」)にはロプシャイト『英華字典』にないあたらしい見出し語がある[57]。

「井上」で増補された見出し語のうち，『英華韻府歴階』からとられた花の名の例 (a) と，『英華萃林韻府』第1部からひきついだ例 (b) をつぎにあげる。英華辞典関連のものは専門用語が多い。

> (a) Ardicia crenulata, *n.* 烏那　　(b) Anaesthesis, *n.* 迷蒙忘痛法
> 　　Ardisia lentiginosa, *n.* 火龍珠　　Anaemia, *n.* 血虛薄皮色白
> 　　Ardicia littoralis, *n.* 春不老
> 　　Lampsana, *n.* 天芥菜
> 　　Zornia purchellum, *n.* 亞婆錢

「井上」は品詞の種類，動詞の自他，分詞によって別の見出し語をたてることが多い。ロプシャイトに至る英華辞典にはこうした表記は一切ないので，「井上」はまず「中村」を参照して枠組みをつくり (宮田 1999：73)，細部についてはウェブスターに拠ったとみられる。ウェブスター関連の新設見出し語は，おおむね一般用語である。

> All-perfect, *a.*　　　　　　　Alms-basket, Alms-box, Alms-chest, *n.*
> All-pervading, *a.*
> All-seeing, *a.*

All-sufficient, *a*.

4.6.7. 品詞表記，動詞の自他と分詞

荒川 2003 ではつぎのようにいう。

> 1980 年代まで中国で出た中国語の辞典において，品詞を表示したものは皆無であった。これに対し日本では，太田辰夫・香坂順一の『現代中日辞典』(1961)，倉石武四郎の『岩波中国語辞典』(1963) にみられるように，1960 年代にすでに品詞を表示していた。

ロプシャイトもまた品詞には無関心で，たいてい一括して処理しているが，『訂増英華字典』(「井上」) は品詞表記をつけたために，見出し語がふえることがある (「井上」の品詞表記をほぼそのまま利用したのが『商務書館華英音韻字典集成』で，初版は 1902 年にでている)。以下は「井上」の例である。

  Accessary, *a*. 從，相連 Liberal, *a*. 寬大，博

  Accessary, *n*. 同謀者 Liberal-hearted. *a*. 寬心的

動詞の自他と分詞については，「井上」と「改訂前」との共通点が多い。動詞の自他は使用頻度によって配列の順序がかわるが，「井上」と「改訂前」ではこうしたこまかいところまで一致している例がみられる。つまり「改訂前」で *vi. vt.* の順にならんでいる動詞は，「井上」の表記も *vi, vt.* の順になっている。逆もまた然り。

  「改訂前」   「井上」

  Abate, *v.t.*   Abate, *v.t.* or *i*.

  Abate, *v.i.*

  Languish, *v.i.*   Languish, *v.i.*

  Languish, *v.t.* 〔Little used〕 -

  Laugh, *v.i.*   Laugh, *v.i.* or *t*.

  Laugh, *v.t.*

しかし，一方では自動詞の用例をあげていながら，品詞表記を v.t. とするなど，ブレも多い。同じことは「中村」についてもいえる。これは，品詞には無関心なロプシャイト『英華字典』に軸足を置いていたための，やむをえぬ過渡期的現象とみることもできるだろう。

「改訂後」では動詞のテンスに imperfect をとりあげ，分詞に verbal noun を導入し，形容詞性のつよいものだけを選んで別項を立てている。これが「改訂前」，ひいては「井上」との大きな相違点となっている。

「改訂前」「井上」	「改訂後」
Afflicted, *pp.* or *a.*	Afflict, *vt.* （*imp.* & *pp.* afflicted）
Alarming, *ppr.*	Alarm, *vt.* （*p.pr* & *vb. n.* alarming）

4.6.8. 品詞略語

しかし品詞略語では，『訂増英華字典』(「井上」) は「「改訂前」(*pp. ppr.*) と，「改訂後」(*conj.interj.*) を併用している[58]。ちなみに『英華和訳字典』(「中村」) は *con. conj., exclam. interj.* を混用しており，略語については一貫性を欠く。混用は複数の関与をしめすのかもしれない。「中村」に訳者として加わった津田仙らが，品詞表記を分担して行なったということもありうるだろう。

「改訂前」	「井上」	「改訂後」
a.	*a.*	*a.*
adv.	*adv.*	*adv.*
con.	*conj.*	*conj.*
exclam.	*interj.*	*interj.*
n.	*n.*	*n.*
pp.	*pp.*	*p.p.*
ppr.	*ppr.*	*p.pr.*
prep.	*prep.*	*prep.*
-	-	*v.*

第4章　ロプシャイト『英華字典』・その和刻本と改訂版・ドーリトル『英華萃林韻府』　151

	-	-	vb. n.
	v.i.	v.i.	v.i.
	v.t.	v.t.	v.t.

　なお，ウェブスター，ロプシャイト，「中村」のどれにも記載されていない見出し語の黙字を「井上」は復活させている。復活は名詞の例にとどまらず，Colorable, Colourableなど他品詞にも及んでいる。このあたり，ひそかに利用しながらも，ウェブスターを正統なものとはみていない井上の，新興アメリカに対する屈折した軽侮の念のあらわれとみるのは行きすぎだろうか。

　早川1998：75によれば，フランクリンの綴字改革案が1777年に，ウェブスターの改革案は1786年に発表されており，ウェブスターはこの改革案で黙字削除を宣言した。もっともこの削除宣言は後に一部修正されている。

ウェ，ロプ，「中村」		「井上」
Color	→	Color, Colour
Favor	→	Favor, Favour
Honor	→	Honor, Honour
Labor	→	Labor, Labour

4.7. 『訂増英華字典』の付録

　4.6.2.で述べたとおり，大阪女子大学付属図書館1962：585は，「井上」の大量の付録がロプシャイト『英華字典』に載っていないことから，ロプシャイトの増訂版が別にあるのではないかと推論しているが，これは2回にわたって行なった英華辞典の全国調査の経過からみて，ありうることとは思えなかった。

　森岡1991：79は付録の重要性を指摘し，杉本1999c：470には，付録の典拠はドーリトル『英華萃林韻府』ほか諸書との指摘があるが，具体

的な考察はなされていないので，以下やや詳しくみていくことにしたい．

4.7.1. ドーリトル『英華萃林韻府』

4.7.1.1. ドーリトルの略歴

　『英華萃林韻府』(1872) の著者ドーリトル (Justus Doolittle, 廬公明 1823~1880 —誕生年を1824年とする説もある—) は，American Board of Commissioners for Foreign Missions が派遣した宣教師である．*Chinese Recorder* [59] 第3巻 (1870年6月から1871年5月まで) の編集者はドーリトルで，『英華萃林韻府』第3部の寄稿者あるいは関係者とみられる人物が，名を連ねている．しかし本文の一部は，細字がかすれて判読できない．

　ドーリトルは1823年6月23日，ニューヨーク州Rutlandに生まれ，1834年同州 Medina の Presbyterian Church にくわわった．1835 年家族はインディアナ州に移住して農業に従事，ドーリトルはニューヨーク州に戻って，Hamilton College でラテン語，ギリシャ語，ヘブライ語，ドイツ語，フランス語を学び，1846 年に卒業した．1849 年 Auburn Theological Seminary を終え，ハミルトン (S.A.Hamilton) と結婚する．[60]

　1850 年 4 月 10 日夫人をともなって香港に到着，任地の福州に着いたのは 5 月 31 日のことであった．[61] 1857 年には福州在住の American Board のメンバーは，ドーリトルを含めて 5 名にふえ，同年，おそらく福州初のプロテスタントの中国人教会ができた．構成員は 4 名であった．[62]

　1850年代の中ごろにはトラクトの作成に深くかかわっていた．大きな著作よりトラクトのほうが，ドーリトルには性に合っていたことと，のどの疾患のために説教よりもトラクトの発行と配布のほうが好都合だったためでもあった．

　1865 年ニューヨークで出版された *Social Life of the Chinese* は，中国人画家によるイラストつきで，欧米人の好奇心をおおいに刺激し，好評を博した．[63] 台北の成文出版社が1977年に復刻版を出している．ドーリトルは聖書の福州語翻訳にもかかわった．

1864年失声症が悪化して帰米。最初の妻はドーリトルの帰米中に亡くなったため再婚したが，翌1865年再び妻に先立たれた。1866年 Louisa Judson と3度目の結婚をして天津に帰任したが，声をとりもどすことはできず，伝道活動から遠ざかった。1872年回復の兆しをみて Presbyterian Board に移籍し，上海に移った。福州に滞在中に『英華萃林韻府』の出版に着手し，上海で全2巻の刊行を果たした。しかし1873年突然の発作で倒れて帰国，1880年6月15日に世を去った。[64]

4.7.1.2. 『英華萃林韻府』の成立と構成

本書は，英文書名を *A Vocabulary and Hand-book of the Chinese Language Romanized in the Mandarin Dialect, in Two Volumes Comprised in Three Parts* といい，福州，ロンドン，ニューヨーク，サンフランシスコで出版された。中国各地に住む外国人，中国人の英語学習者，外国の中国語学習者を対象とする。2巻3部からなり，第1巻に第1部，第2巻に第2部と第3部を収める。

第1巻の扉に2種ある。

①英華萃林韻府/ ═ /A/ VOCABULARY AND HAND-BOOK/ OF THE/ CHINESE LANGUAGE,/ROMANIZED IN THE MANDARIN DIALECT. /IN TWO VOLUMES COMPRISED IN THREE PARTS./ ═ /BY REV. JUSTUS DOOLITTLE,/ AUTHOR OF "SOCIAL LIFE OF THE CHINESE." ═ /VOL. I: PART I./ ═ /FOOCHOW:/ ROZARIO, MARCAL, AND COMPANY./ London: Trubner & Co. New York: Anson D.F. Randolph & Co. San Francisco: A.L. Bancroft & Co./ ═ /1872.

②英華萃林韻府 /VOCABULARY AND HAND-BOOK/ OF THE/ CHINESE LANGUAGE./ ═ / IN TWO VOLUMES./ ROMANIZED IN THE MANDARIN DIALECT./ ═ / VOL. I/ ═ / BY/ REV. JUSTUS DOOLITTLE./ AUTHOR OF SOCIAL LIFE OF THE CHINESE./ ═ / FOOCHOW: CHINA./ Rozario, Marcal and Company./ ═ / LONDON:

60 Paternoster Row: TRUBNER AND COMPANY./ NEW YORK: ANSON D.F. RANDOLPH AND COMPANY./ SAN FRANCISCO: A.L. BANCROFT AND COMPANY./ 1872

①と②は，書名，著者名，発行場所，刊年などの内容は変わらないが，活字はまったく異なる．'VOCABULARY AND HAND-BOOK'の部分は，①は直線状に書かれているが，②は大きく弧を描く．

第2部と第3部は1巻に収められ，①のVOL. I: PART Iが，VOL.II: PARTS II AND IIIに変わる．

第1部は序によれば，漢字17,500字，用例66,000を収録し，正書法はウエードの北京官話に拠り，第2巻に南方官話との比較を掲げる．

第2部も英華でいずれも配列はABC順だが，見出し語と用例が異なる．また発音表記は第2部にはない．

第3部は宇宙，地質，機械，商業などの専門用語からことわざ，茶の売買の対話，料理，祭などの一般用語に至る85項目からなり，領事館員，税関関係者，米・英・独の伝道組織に属する宣教師，その他当時の中国在住者の提供した多彩な情報を載せている．

なおサマーズ（James Summers, 1828~1891）編集による *The Phoenix* vol. II -168に，第1部の書評が載っており，次のような内容が含まれている．

> メドハースト『英華字典』は大著ではあったが，25年前に出版されたものであり，完全とはいえないうえに，入手も困難である．日本人は英語の辞書を改良すべく，絶えず努力を重ねているが，中国人のあげた成果は少なく，わずかに広東その他で単語のリストがつくられたにすぎない．
>
> 本書はそうした欠陥を補って余りあるものであり，各種分野の人材が収集した大量の資料を効果的に処理している．イギリスの印刷所が創業まもないことを考えれば，卓越した編集と印刷技術は賞賛に値する．採択されたフレーズは実に豊富で，たとえばHellの項に

第4章　ロブシャイト『英華字典』・その和刻本と改訂版・ドーリトル『英華萃林韻府』　155

は仏教が説く地獄の名称が列挙され，take, get, raise, make といった多義語の説明もいきとどいている。

4.7.1.3. 『英華萃林韻府』第 3 部と『訂増英華字典』

　アヘン戦争に敗れた結果，中国は西欧人に対する行動制限を大幅に緩和しないわけにいかなくなっていた。英華，華英，華仏英，華独英，華拉英と対訳のしかたも多様だが，『訂増英華字典』（「井上」）の付録は仏，独，拉を削除して，英語と中国語の部分だけを採録している。したがって各項目の英語のタイトルも，原著の『英華萃林韻府』第 3 部と「井上」ではやや異なる場合がある。ここでは「井上」のものを載せておく。

　左端の数字は第 3 部の，括弧内の数字は「井上」の付録の項目番号を示す。いずれももとはローマ数字で書かれているが，ここではアラビア数字に改めた。たとえば '2 (10) Four Hundred Proverbs and Plain or Metaphorical Terms' は，「井上」の 'Four Hundred Proverbs……' は，『英華萃林韻府』第 3 部では 2 番目，「井上」では 10 番目に載っていることを意味する。

　項目ごとに寄稿者あるいは訳者の名をあげているが，情報が少なすぎて特定できず，カタカナ表記のできないものがいくつかあることを，あらかじめ断っておかなければならない。

　2 (10)　──　Four Hundred Proverbs and Plain or Metaphorical Terms
　　　　　　　諺と比喩 400 例をあげる。
　　　　　　　──ボールドウィン（Caleb Cook Baldwin, 摩憐）による。
　4 (16)　──　An Ethnographical Table of Central Asia
　　　　　　　中央アジアの民族誌で，クラプロート（Heinrich Julius Klaproth, 1783~1835）の Tableaux historique l' Asie の翻訳を採録。9 世紀までを扱う。
　　　　　　　──フィリップス（G.Philips）による。
　6 (13)　──　Buddhist Words and Phrases

　　　　　　仏教用語

　　　　　　——エドキンズ（Joseph Edkins, 艾約瑟 1823~1905), ロンド (B.A.Lond) による。

7 (14) ―― Tauist Words and Phrases

　　　　　　道教用語

　　　　　　——チャーマーズ（J.Chalmers) による。

10 (3) ―― Book of Rewards and Punishments

　　　　　　勧善懲悪の書

　　　　　　——中, 仏, 英の3か国語で仏訳はジュリアン（Stanislas A. Julien, 1799?~1873), 英訳はウォターズ（T.Watters) による。「井上」は仏語を削除。

19 (6) ―― Two Hundred Antithetical Couplets

　　　　　　対句200例をあげる。諺や格言として用いられた。

　　　　　　——ドーリトル（J.Doolittle) による。

29 (7) ―― Over Two Hundred Proverbs from Ningpo

　　　　　　寧波の住民に親しまれている諺200余を集める。

　　　　　　——モウル（A.E.Moule) による。

33 (1) ―― Trimetrical Classic

　　　　　　三字経

　　　　　　——独訳はレヒラー（R.Lechler), 英語版の原本は *Chinese Repository* vol.4. 英語版の増補改訂はブリッジマン（Elijah Coleman Bridgman, 神治文 1801~1861), 注解の翻訳はアレン（C.F.R.Allen) による。「井上」は独訳を削除。

34 (2) ―― A Scripture to Awaken the World

　　　　　　覚世真経

　　　　　　——独訳はメレンドルフ（P.G.von Moellendorff), 英訳はモリソン（Robert Morrison, 馬礼遜 1782~1834) による。「井上」は独訳を削除。

40(4) ── Collection of Pearls
　　　　珠玉の詞集
　　　　── 『伝家宝』からネヴィアス（J.C.Nevius）が翻訳。

45(5) ── Section on Merit
　　　　『伝家宝』からの抜粋。富者には金をだして得られる功徳，貧者には金をださずに得られる功徳を説く。
　　　　── プレストン（C.F.Preston）の翻訳による。

51(17) ── A List of The Principal Countries and Places mentioned in The Travels of Fa Hien 法顕 and Heuen Chwang 玄奘　法顕と玄奘の旅行記に現れる主要仏教国と地名を列挙する。
　　　　── フィリップス（G.Phillips）による。

53(8) ── Proverbs in Chinese and English
　　　　中国語と英語の諺を集めたもので，中国語はペルニー（Perny）の *Proverbes Chinois*（中国俗語）から採録。
　　　　── 中国語から英語への翻訳はアレン（H.J.Allen）による。

54(9) ── Miscellaneous Proverbs in Chinese and English
　　　　仏語・中国語・英語の諺を集める。仏語と中国語はペルニーの *Proverbes Chinois* から採録。仏語から英語への翻訳はアレン（H.J.Allen）による。
　　　　──「井上」は仏語を削除。

55(11) ── Book Phrases and Proverbs used by Preachers
　　　　古典からの引用と諺を列挙したもので，福州の中国人宣教師があつめた。
　　　　── シュミット（C.Schmidt）の翻訳による。

66(18) ── Geographical Names in Tartary and Neighbouring Countries
　　　　タタール地方と周辺諸国の地名を Biot の *Geographical Dictionary* からとって訳したもの。

　　　　　　　——フィリップス（G.Phillips）による。
67（19）—— Countries and Places Adjacent to China on the South and in the Indian Ocean 中国南方からインド洋にかけての近隣諸国と地名。
　　　　　　　——フィリップス（G.Phillips）による。
70（12）—— Metaphorical and Proverbial Sentences
　　　　　　比喩と諺。おもにデイヴィス（John Francis Davis, 戴維斯 1795~1890）の *Moral Maxims*『賢文書』から抜粋。
73（20）—— Weights and Measures
　　　　　　度量衡の表
　　　　　　——ウィリアムズの *Commercial Guide*, ボールドウインの *Manual of the Foochow Dialect*, ホブソン（B.Hobson）の *Medical Vocabulary* を参考に作成。
74（15）—— Miscellaneous Numeral Phrases
　　　　　　——数詞を含むフレーズ。ドーリトルによる。
83（22）—— Miscellanea
　　　　　　その他
84（21）—— Miscellaneous Tables in English and Chinese
　　　　　　雑表
　　　　　　——ウィリアムズの *Commercial Guide* と *Notes and Questions on China and Japan*, およびメイヤーズ（W.F.Mayers）の *Anglo-Chinese Calendar Manual* より主として採録。ドーリトルが担当。

　『訂増英華字典』（「井上」）が付録で採録したものは,『英華萃林韻府』第3部の85項目のうちの上記22項目である。一方「井上」の本文の増補訳語（漢字語）には85項目中12項目からとられている[65]が, たがいに重複を避けている。全巻を調べたわけではないので断定はできないが,「井上」は漢字語でとらなかった部分を, 付録で補おうとしたのであろう。

「井上」はおおむね『英華萃林韻府』第3部をそのまま受け継いでいるが，あきらかな誤りは訂正し，日本人にとって不要な部分ははぶく，といった配慮も怠っていない。

当時の日本の教育界は，中国の数学の影響を受けて発達した和算に見切りをつけ，すでに新時代の洋算にきりかえていた。84-(21)-Miscellaneous Tables…の「乗法，除法，加法」を「井上」が採択しなかった背景には，こうした時代的要請があった，と思われる。

「井上」の目的のひとつが，先行英華辞典からできるだけ多くの漢字語を収集して翻訳にやくだてることにあったのはもちろんだが，いまひとつはウェブスター辞書にならって，近代辞書の形式をととのえた辞典をつくることだった，とも考えられる。

4.7.1.4. 『英華萃林韻府』第3部の特徴

『英華萃林韻府』第3部は，領事館・税関関係者，米英独の伝道組織に所属するプロテスタント宣教師をはじめ，当時の中国在住者の提供した多彩な情報を載せている。1871年福州で刊行された *Chinese Recorder* 第3巻は，ドーリトルの編集によるものだが，その寄稿者のほとんど全部が，『英華萃林韻府』第3部に名を連ねている（前述）。これは第3部の執筆者が，ドーリトルの依頼に応じて寄稿したためと考えられる。第3部の大半は英語と中国語だが，英・仏・中，英・独・中，英・拉・中で書かれたものもあり，井上哲次郎『訂増英華字典』は英語と中国語の部分だけをとりあげている。

第3部はつぎの85項目をあつかう。数字は項目の順序をしめす。原著のローマ字は，そのまま現行のアラビア数字に改めた。

1* 機械用語，特に蒸気機関について
2 諺400例と平易な表現および比喩表現
3* 外交その他公的立場での交流に用いる表現
4 中央アジアの民族誌
5 連句（天津と福州で採録）
6 仏教関係の表現
7 道教関係の表現

8 歴代王朝年表	漢字の音節	50 広東の店の看板と広告
9 精選漢字一覧	32* 数学及び天文用語	51 主要仏教国，法顕と玄奘の旅行記にあらわれる地名
10 勧善懲悪の書	33 三字経	
11* 鉱物，地質	34 覚世真経	
12 碑文	35 審議機関の用語	
13* 文法	36 教会の婚礼	52 音符と漢字の組み合わせ（基本形と複合形）一覧表
14 宇宙と神話	37 パズルと頓知問答	
15* 地理学用語	38* 宗教・神学関係用語	
16* 印刷用語		53 中国語と英語の諺
17* 税関用語	39 パズルと頓知問答の解答	54 仏語・中国語・英語の諺
18* 料理		
19 対句 200	40 珠玉の詞集	55 宣教師が使う古典からの引用と諺
20* 商業用語	41 福州における広東ギルドの規約	
21* 薬剤の分類		56 キリスト教徒の葬儀
22* 身体各部と生理にかかわる表現	42 5か国語による諺と語句	
		57 お告げ（福州郊外の寺から採録）
23* 音楽用語一覧	43 4か国語による語句 100	
24* 自然哲学用語		58 お告げ（福州の道教寺院から採録）
25* 自然科学用語	44 英語の音節とそれに相応する中国語のリスト	
26 神格化された名医		59 北京の店の看板と街路名
27* 写真用薬品と装置		
28 カルガン・漢口・広東・福州の日用語の比較	45 功徳について	60 風水の表現
	46 植物のラテン名と中国名	61 疫病よけの行列の愚行を禁ずる告示（同治 10 年布告）
29 寧波の諺 200 余	47 福州の茶の売買についての告示	
30 広東と福州の祭りと誕生祝い		62* 写真用語
	48 天津の諺	63 中国とヨーロッパの年表
31 南方官話における	49 中国帝国について	

64* 化学用語	らの抜粋）	78* 仏語・中国語・英語による機械及び海事用語
65 ラテン語・中国語・英語の語句	71 *Social Life of the Chinese* に現れる語句	
66 タタール地方と周辺諸国の地名		79 買弁, 貨幣鑑定人, 桟橋管理人, 苦力
67 中国南方の近隣諸国とインド洋上の区域の地名	72* 犯罪・刑罰・訴訟に関する表現	80 茶についての対話
	73 度量衡の表	81 開花期
	74 数を含む表現	82 中国人の名前
68 海事用語	75 中国の貨幣	83 その他
69 茶の商標	76 恒星	84 雑表
70 比喩表現（*Moral Maxims*（賢文書）か	77 茶と茶の商売にかかわる表現	85 福州・上海・天津の諺

　以上85項目のうち＊を付した21項目が専門用語を扱う（4.6.4.6.を参照）。その他の一般用語については，さながらフィールドワークの実践記録の感があり，ドーリトルの現地語収集にかける意気ごみがうかがえる。採録される情報によって，記述のしかたも変わる。項目によっては，中国語学習者に役立つよう漢字の頻度別分類表を加えるなど，独自の分析をこころみている。発音のローマ字化は，少数の例外を除いてドーリトル自身が担当した。

4.7.1.5.『英華萃林韻府』の典拠

　第1巻のはしがきに「第1部，第2部，第3部の一部は多くの著作のなかから慎重にえらんだ。つぎにその主なものを示す」という趣旨の断り書きがあるが，原文には書名と著者名の一部をメモ程度に載せているにすぎないので，ここではそれを補い，実際に使用したと思われる文献とその刊年を付した。

S.W.Williams	*An English and Chinese Vocabulary in the Court Dialect* 『英華韻府歷階』1844 （3.2.参照） *A Chinese Commercial Guide* 4th ed.1856 （3.1.参照） *Easy Lessons in Chinese* 『拾級大成』1842 （3.1.参照）
W.H. Medhurst	*English and Chinese Dictionary* 1847~48 （2.5.参照） *Chinese Dialogues*（改訂版）1863[66]
R. Morrison	*A Dictionary of the Chinese Language* 『中国語字典』1815~23 （1.3~1.6.参照）
B. Hobson	*A Medical Vocabulary* 『医学英華字釈』1858[67]
J. Edkins	*A Grammar of the Chinese Colloquial Language, commonly called the Mandarin Dialect*, 2nd ed.1864[68] *Progressive Lessons* 1862[69]
T.F. Wade	*Colloquial Series* 『語言自邇集』・*Documentary Series* 『文件自邇集』1867[70]
J. Chalmers	*An English and Cantonese Pocket Dictionary* 『英粤字典』1859, 1862, 1872[71]
J. Macgowan	*A Manual of the Amoy Colloquial* 『英華口才集』[72]
E.C. Bridgman	*A Chinese Chrestomathy in the Canton Dialect* 1839[73]
C.C. Baldwin	*A Manual of the Foochow Dialect* 1871[74]
F.P. Smith	*Chinese Materia Medica*[75]
E.J. Eitel	*Hand-book for the Students of Chinese Buddhism* 1870[76]
J.M. Callery	*Systema Phoneticum Scripture Sinicae* 1840[77]
（tr.）W.C. Hillier	*The Chronicles of Cash*[78]
（tr.）J.G. Bridgman	*The Notitia Languae Sinicae* 1847[79] *The Hongkong Directory*[80] *The Customs Reports*[81] *Journal of the North China Branch of the Royal Asiatic Society* 1860[82]

	Notes and Queries on China and Japan [83]
	福州と天津で集めた手稿
	現地教師
J. Summers	A Handbook of the Chinese Language 1863 [84]
J.F. Davis	Chinese Moral Maxims『賢文書』1823 [85]
	マタイによる福音書5,6,7章の官話訳2種
G.C. Stent	A Chinese and English Vocabulary in the Pekinese Dialect
	『漢英合璧相連字彙』1871 [86]

4.8. キングセル（馮鏡如）による改訂版

　大空社発行の『近代英華・華英辞書集成』は，故那須雅之氏の監修・解説によるものだが，その第1期収録書解説のなかで，氏はキングセルによる改訂版に触れ，改訂版は「井上」を全面的に継承したものであると説明している。

　しかし一方で氏は改訂版の内容が，1897年版と1899年版とでは異なるものと誤認していた。事実は，両書の内容は，本文（pp.1-1066）も巻末に添えた書式もまったく同じもので，見出し語と品詞略語はほぼ完全に「井上」からの転写であった。

　那須氏の「全面的に」継承した，という表現が，どの範囲を指すものなのか，今となっては確認するすべはない。しかし，「井上」はロプシャイト『英華字典』の広東語表現をそのまま受け継いでいるが，キングセルは広東語表現を排除したために，漢字語には「井上」から削除あるいは変更したものが多い，というのが実際のところである

　また1899年版の漢文扉には『新増華英字典』（『新増英華字典』とするのはあやまり）とでているが，1897版には国会図書館蔵本でみるかぎり漢文扉はなく，したがって漢文書名もない。

なお，尾崎1989は，キングセルの改訂版に言及して，「編集当時の言語事実を忠実に反映している第1級の資料」であると賛辞を呈している。以下その部分を引用する。

「現代中国語では欧化語法とも新興語法とも言って，五四運動以後の用法であるとされている前置詞の「関於」が収められているからで，事実，1860年代にこの用法は孤例に近い状態ではあるが，外交文書の中で用いられていた。英語の"Commercial articles"を中国語で「関於通商各款」と翻訳しているからである。1863年7月13日清国とデンマーク国との間で結ばれた天津条約の第26条であった。」

なお，1958年に『中国語文』に発表された次の2論文（*）では，具体的にどんな語を外来語とみなすべきかをめぐって論争が展開された。その1例として「関於」がとりあげられている。

（*）(1) 張応徳「現代漢語中能有這麼多日語借詞嗎？（現代中国語への日本からの借用語が，これほど多量にありうるか？）」『中国語文』1958年6月号 (2) 王立達「従構詞法上弁別不了日語借詞（日本からの借用語を，造語法によって識別することはできない）」『中国語文』1958年9月号

4.8.1. キングセルの略歴

つぎの略歴は，馮瑞玉氏の論考の一部を，氏の了解をえて要約したものである。詳しくは馮瑞玉・照山・林「馮鏡如『新増華英字典』をめぐって」『月刊しにか』2001年9,10,11月号および馮瑞玉「横浜大同学校と馮鏡如」『横浜山手中華学校百年校誌』2005：35-38を参照されたい。

馮鏡如（1844?～1913）の原籍は広東省南海県秀水郷，代々儒医を勤めていたが，父馮展揚の代に香港に移り，馮鏡如は4人兄弟の長男として，1844年ごろ生まれた。1851年の太平天国の乱にかかわっ

たとして父は捕らえられ獄死, 馮鏡如は活路を求めて日本に渡った。1878年ごろから横浜外国人居留地53番地でキングセル商会 (Kingsell & Co.) を経営し, 印刷・製本・出版・文房具販売を手がける。経営は順調だったが, 1894年8月日清戦争が勃発して, 帰国する華僑が続出した。

漢民族の馮鏡如は清朝への隷属の証であった弁髪を切り, 服装を洋装にあらため, 英国領事に営業の保護を求めて, 英国籍の中国人, F. キングセルこと馮鏡如として生きる道をえらんだ。Fは馮の英語名 Fung の頭文字であり, Kingsell は鏡如の広東音表記である。

1895年11月第1次広州蜂起に失敗して亡命した孫文, 陳少白, 鄭士良をキングセル商会に迎えいれ, 興中会横浜分会の会長となった。『新増華英字典』の編纂には, 陳少白も加わったという。1898年保皇派の康有為と梁啓超が戊戌の政変で日本に亡命した。馮鏡如は革命派と保皇派の和解を望んだが, 康有為の反対で実現しなかった。

1898年12月に梁啓超主編の旬刊『清議報』を発行, 1901年5月には東京で革命派の新聞雑誌『国民報』を発行した。1899年の『清議報』第17, 18号には, 『訂増英華字典』の著者井上哲次郎の「読韓氏原道」と「心理新設序」が掲載されている。また, 1898年に正式開学した横浜大同学校 (現在の中華学校の前身) の設立発起人のひとりで, 理事として運営にあたった。

1900年の義和団事件に8か国連合軍が介入, 北京を占領した。国の窮状を憂えた馮鏡如は上海へわたって広智書局を経営し, 政治, 経済, 教育など諸分野の日本語書籍の漢訳書や辞典を出版して, 中国人の覚醒をうながした。上海滞在中の1904年, 横浜のキングセル商会が焼失, 晩年は広州で広東印字館を経営し, 辛亥革命から2年後の1913年, 69歳で死去した。

むすび

　ロプシャイト『英華字典』の成立については，いまだに謎が多い。日本の近代語への影響は，先行英華辞典，さらに『英華和訳字典』(「中村」)と『訂増英華字典』(「井上」)という和刻本の存在を抜きにして語ることはできない。両書ともまったく触れていないが，実はウェブスター辞書の影響を顕著に受けている。

　『英華和訳字典』に採録された英語には，原著ロプシャイト『英華字典』にないものがあり，おおむねウェブスター辞書が供給源である。その増補には主として「改訂前」が使われたが，「改訂後」，「簡約」，さらにはヘボンの『和英語林集成』再版と先行英華辞典類が補助的な役割を演じたと考えられる。

　『訂増英華字典』の典拠は，原著であるロプシャイト『英華字典』は当然として (91.1%を占める－〔表3〕)，残り9%におよぶ増補訳語の典拠は『英華韻府歴階』(1844)，『英華萃林韻府』(1872)，『字典集成』再版 (1875)，それに語数は少ないが『英華和訳字典』の4書であることがわかった。『英華和訳字典』以外の和刻本はほとんど利用しなかったと推定される。

　専門用語は『英華萃林韻府』第1部と第3部，花の名称は『英華韻府歴階』pp.103-110からほぼ集中的に採られており，品詞表記の略語は『英華和訳字典』が供給源である。典拠不明のものは〔A〕〔L〕〔Y,Z〕の訳語総計24,582語 (〔表3〕) のうちのわずか79語にすぎず (〔表2〕)，『訂増英華字典』の増補訳語の典拠はほぼ解明できたと考えてよいと思う。

　嚴復が関わった『商務書館華英音韻字典集成』(1902) は，『訂増英華字典』の増補訳語を多数とりこんでいる。

　『訂増英華字典』で増補した英語の部分は，先行英華辞典から採録したもののほかに，ウェブスター辞書からもとっている。ウェブスター辞書は創刊以来何度か改訂を行なっているが，『訂増英華字典』に関わる改訂

第4章 ロプシャイト『英華字典』・その和刻本と改訂版・ドーリトル『英華萃林韻府』 167

は，時期的にみておそらく1864年の大改訂と考えられる。
　ウェブスター辞書は，イギリスでも歓迎されてさまざまな版がでており，それらが錯綜して相互に影響しあう。そうした状況にあって，『訂増英華字典』のどの部分がどの版を参考にしたと特定することは，不可能に近い。そのため本章では便宜上本流のアメリカ版を調査の基準としてとりあげた。
　その結果，動詞の自他，分詞の処理では「改訂前」に大きく依拠していることがわかった。ロプシャイト『英華字典』の増補版は存在せず，懸案となっていた付録の典拠が，『英華萃林韻府』第3部であることをあきらかにした。
　これで井上哲次郎『訂増英華字典』の増補部分の典拠の全容を，ほぼ明らかにすることができたと思う。
　明治期の日本の辞書界においてウェブスター辞書は決定的な役割をはたした。ウェブスター辞書を媒体として誕生した英和辞典類は，中国に渡って英漢辞典類の発展を促した。[87]
　『英華萃林韻府』は，第1部がこの著作の本体とみなされ，多数の専門用語が『訂増英華字典』に採録されている。第3部は『訂増英華字典』付録の供給源である。
　『英華萃林韻府』には，『英華韻府歴階』の漢字語の9割強が吸収されているが，詳しい系譜の解明は今後の課題となる。荒川1997：57は『英華萃林韻府』を，在華宣教師たちの訳語統一運動のひとつの成果とみている。
　英国籍の中国人F.キングセル（馮鏡如）による，ロプシャイト『英華字典』の改訂版（1897，1899）が出版されている。改訂版は両書同内容だが，本文に前置詞の「関於」が収められていることから，編集当時の言語事実を反映する第1級資料と評価されている。

注

1) ロプシャイト『英華字典』に言及して，岩崎克己 1935:54 に，「以後の英華辞典を集大成したものと言ふことが出来る」とあり，これをうけて森岡 1991:56 は，「この字典は Morrison 以来の英華辞書の集大成といわれるもので」と述べている。ロプシャイト伝説とでもいうべき集大成説の初の提唱者は，岩崎氏とみられる。

2) グッドリッチによる改訂は1847年にも行なわれ（メリアム社刊行の最初の版），この時点で収録語数 85,000 語となった。1859 年にも小規模の改訂があったが，基本的には1847版と変わらない。メリアム社は更なる大改訂を企画，ノア・ポーターを編集主幹とし，1864 年に出版した大辞典はアメリカ英語の最高権威と認められた（早川 1998:79-119）。

3) 見出し語 'Flinder-mouse' はロプシャイト『英華字典』にはなく，『英華和訳字典』（「中村」）が増補したもので，「改訂後」にみえる。ウェブスター辞書の影響が，「中村」の見出し語にまで及んでいることがわかる。

4) Array: 3書とも 'the act of impanneling a jury（陪審員の名簿をつくる行為）' で，「中村」と同義。

5) Arriving: 3書とも 'gaining by research, effort or study（調査，努力，学習によって到達すること）' で，「中村」よりやや詳しい。

6) Arrow: 'the arrows of God（神があたえる刑罰）' があるのは「改訂前」のみ。'arrrows represent the judgement of God（矢は神の審判をあらわす）' があるのも「改訂前」のみ。

7) Art:「改訂前」の Art の項に，Arts are divided into *useful* or *mechanic* and *liberal* or *polite*. The mechanic arts are those in which the hands and body are more concerned than the mind, as in making clothes and utensils. These arts are called *trades*. The liberal or polite arts are those in which the mind or imagination is chiefly concerned, as poetry, music and painting.（Arts は実用に役立つ機械的なものと，リベラルで洗練されたものとに分けられる。前者は衣服や道具をつくる場合のように，心よりも手やからだとの関わりが大きく，trades とよばれる。後者は詩，音楽，絵画のように，主として心のはたらき，つまり想像力に関わるものである）とあり，「改訂後」の Fine の項では 'sculpture（彫刻）' と 'architecture（建造物）' に言及している。「中村」は「改訂前」と「改訂後」をまとめてひとつの英文にしたてたのであろう。

8) Arquebuse:「簡約」と「改訂前」には 'a species of fire-arms, anciently used, which was cocked with a wheel' とあって「中村」と同じだが，「改訂後」に

は 'an old species of fire-arm resembling a musket, and supported upon a forked rest when in use（マスケット銃に似た昔の火器で，使用するときは二股の棒で銃身をささえた）' とあって「中村」とは異なる。

9) Aversely:「改訂前」には 'an arm stretched aversely' とあって「中村」と一致するが,「簡約」には 'with repugnance, unwillingly（いやいやながら）',「改訂後」には 'in a backword direction; with repugnance, unwillingly（後ろの方向へ；いやいやながら）' とあって「中村」とは異なるうえに,「テヲウシロニノバス」の「テ（手＝ arm）」に対応する部分がない。

10) Axiom:「改訂前」には 'a principle received without new proof' とあって「中村」と一致するが,「簡約」には 'A self-evident truth, or proposition whose truth is so evident at first sight, that no process of reasoning or demonstration can make it plainer（自明の理，もしくは定理。一見して真実であることがわかるので，推論や立証は一切不要となる）',「改訂後」には 'that which is thought worthy, that which is assumed, a basis of demonstration, a principle（価値ありと認められるもの，立証の根拠と考えられるもの，原理原則）' とあって，いずれも「中村」と一致しない。

11) Fall:「改訂後」には 'to lessen or lower; as to fall the price of commodities（少なくあるいは低くする,「商品の値段を下げる」のように）' とあって，ほぼ「中村」と一致するが,「簡約」と「改訂前」には同義の記述はない。なお fallは通常自動詞であり，この例のように他動詞として使われることはめったにない。

12) Feminine: a feminine noun 「改訂前」には 'Milton uses feminine, as a noun, for female（ミルトンは feminine を女性を表す名詞として使う）' とあって「中村」と同義,「改訂後」は 'a feminine noun or adjective（女性名詞または形容詞）' と意味を拡大している。「中村」の和訳は両書を参考にしたとみられる。「簡約」は用例を欠く。

13) Figurable:「改訂前」と「改訂後」は 'Lead is figurable, but water is not' で「中村」と一致するが,「簡約」は 'Figurable' の語釈を載せるのみで,「中村」と同じ用例はない。

14) Fill:「中村」と同じ 'the sail fills with the wind（帆が風をはらむ）' を載せるのは「改訂後」のみ。

15) Fit:3書いずれも 'a sudden and violent attack of disorder（突然のはげしい失調→昏倒）' で,「中村」と同義。

16) Flap: the flaps は3書いずれも 'a disease in the lips of horses（馬の唇の病

気)'で，「中村」と一致する。

17) Fly v.i.: 3 書いずれも 'to fly in the face: to insult（あなどる）'で，「中村」と一致する。

18) Fly v.t.:「改訂後」に 'to set floating as a kite（凧をあげる）'とあって，「中村」と一致する。「簡約」「改訂前」には記載なし。

19) Foil: 3 書とも 'a thin coat of tin with quicksilver, laid on the back of a looking-glass, to cause reflection（光を反射させるために，鏡の裏側に水銀と錫の合金をうすく塗ること）'とあって，「中村」と一致する。

20) Fur: 3 書とも 'a coat of morbid matter collected on the tongue in persons affected with fever（熱病にかかった人の舌に生じ，舌苔の原因となるもの）'とあって，「中村」と一致する。

21) Laboratory: 3 書とも「中村」の 'a place where operations and experiments in chemistry are performed（化学の作業や実験が行なわれる場所）'よりやや詳しい。

22) Lance:「中村」には 'to pierce with a lance' とあり，3 書とも一致する。

23) Landed:「中村」には 'having an estate in land' とあり，3 書ともこれに一致する。

24) Lap: 3 書とも 'to lick up; to feed or drink by licking, as a dog' とあって，'as a dog' を加えた点を除けば，「中村」に一致する。

25) Lapel: 3 書とも ' that part of a coat which laps over the facing' とあって，「中村」に同じ。

26) Lapidify: 3 書とも 'to turn into stone; to become stone（石になる）'の意だが，「改訂後」はやや詳しくなり，'to become stone' のあとに 'or stony（石状になる）' と続く。

27) Lapse:「改訂前」と「改訂後」には 'The lapse to indolence is soft and imperceptible, but the return to diligence is difficult' とあって，「中村」と一致する。「簡約」は語釈のみ。

28) Lash: 3 書いずれも 'to strike with a lash or any thing pliant（鞭（でなければ鞭のようにしなうものなら何でも）で打つ）'とあって，「中村」と異なる。

29) Latch:「簡約」と「改訂前」は 'to fasten with a latch' で，「中村」と一致する。「改訂後」は 'to catch or fasten by means of a latch' で同義。

30) Lath: 3 書とも 'a thin, narrow board, or slip of wood, nailed to the rafters' で「中村」と同じ。もっとも「改訂後」は 'nailed' が 'to be nailed' になるなどわずかな変更がある。

31) Lather:「改訂前」は 'to form a foam with water and soap' で,「中村」と同じ。「簡約」と「改訂後」は 'to spread over with the foam of soap (石鹸の泡でおおう)' 意で, 同義だが「中村」とは異なる。
32) Less:「改訂前」は「中村」と一致するが,「簡約」は語釈のみ。「改訂後」には 'Less' に定冠詞のつくものは 'The less is blessed of the better' のような名詞用法があるだけで,「中村」のような副詞用法の用例はない。
33) Lion: 3書とも 'an object of interest and curiosity' 'to visit the lions of the place' とあって,「中村」と一致する。
34)「改訂後」に, A species of red or yellowish-red dying material, prepared from the seeds of a tree（Bixa orellana）belonging to the tropical regions of America. It is used for coloring cheese, butter &c.（アメリカ熱帯地方に産する木（（Bixa orellana）の種からつくった, 赤もしくは黄色がかった赤色の染料の1種で, チーズ, バターなどの色つけに用いる。）とあって「中村」と一致するが,「簡約」も「改訂前」も後半が欠けており,「チイス（乾酪）マタハボウトル（牛酪）ニ」に対応する部分がない。
35)「改訂前」に, Names applied to a species of a genus of quadrupeds that feed on ants. These animals have no teeth, but a snout or muzzle, with a long cylindrical tongue.（アリを食って生きる哺乳類につけられた名称（センザンコウ）。この動物は歯がなく, 鼻口部が長く, 筒状の舌をもっている。）とあって「中村」と一致するが,「簡約」と「改訂後」は These animals 以下を欠く。
36) Arrow-root:「改訂前」には 'The Indians are said to employ the roots of the M.Galanga in extracting the poison of arrows, whence the name. From the root of M.Arundinacea, or starch plant, is obtained the arrow-root of the shops.（インデイアンが M. Galanga の根を毒矢の治療に用いたことから, この名がある。M.Arundinacea という澱粉（= starch）植物の根からアロールートが得られる）' と書かれている。「簡約」と「改訂後」は「改訂前」ほど詳しくない。「中村」は「コノルイミトホリアリ, ショクヨウニスルモノヲバ starch plant トイウ」と説明しているが, これに対応する英語は, 3書のどれにもみあたらない。
37) Fillibeg:3書とも 'a kilt or dress reaching nearly to the knees, worn in the Highlands of Scotland（スコットランド高地地方で着用するキルト, ひざ近くまでとどく衣装）' とあって,「中村」の和訳「ナガキウハギ（蘇格蘭ノヤマノヒトガキル）」はこの部分からとったとみられる。
38) Fire-brand:3書とも 'an incendiary: one who inflames factions, or causes con-

tention and mischief (扇動者：少数分子を扇動して, いさかいや不和の原因をつくる者)' の意で,「中村」の「感亂者, マヨハスヒト」はこの部分を要約したとみられる。

39) 3 書に……among German princes, a marriage with a woman of inferior rank, in which it is stipulated that she and her children shall not enjoy the rank or inherit the possessions of her husband (ドイツの貴公子が身分の低い女性と結婚する場合, 当の女性とその子供は爵位も夫の財産も継承することはできないと規定されている) と記されている。これは「中村」と同義である。

40) 'Rear-admiral' という見出し語は「改訂後」だけにあり, 'British navy (英国海軍)' と限定したうえで, An officer next in rank after the vice-admiral, and who commands the third or last division of a fleet (階級は副提督につぎ, 第三分隊すなわち艦隊の最後の隊を指揮する官) とあって,「中村」と一致する。

41) 3 書とも A tax on a house, formerly paid by the people of England to the Church of Rome (家屋にかける税。旧時英国民がローマ教会に支払った) とあって,「中村」と一致する。

42) 荒川1998a:50にロプシャイトが出典を注記した訳語が載っているが, その一部はメドハーストとモリソンからのものであり, ロプシャイト『英華字典』と先行英華辞典の影響関係の一端をうかがうことができる。一方『英華和訳字典』(「中村」) がとりあげたメドハーストの 'Linden―菩提樹' は, ロプシャイトの記述をそのまま写したものにすぎない。

　　しかし「中村」が増補した 'Flail' の項の「打穀具」, 'Frontlet' の「包頭王」はメドハーストにあり, 同じく 'Frontlet' の「雲額」はウィリアムズ『英華韻府歴階』に現れる。こうした例はごくわずかではあるが,「中村」が先行英華辞典を参照した証拠として注目しておきたい。

43) 宮田1997aに全国調査の結果をまとめた。なお森岡1969:79は, ロプシャイト『英華字典』にあって『訂増英華字典』(「井上」) にないものとして, A.B.C. の項の「字母」「初學」をあげているが, 誤りである。

44)「頭上」を「上頭」と倒置した例である。倒置は「典拠不明」とした。

45) 'Abridge' の訳語の「刪煩」は,『訂増英華字典』(「井上」) 以外の諸辞典では「刪繁」となっている。「煩」と「繁」は同義ではあるが異体字ではないので,「刪煩」は「典拠不明」とした。

46)『訂増英華字典』(「井上」) には 'Altar, n. General terms for it are 壇 登壇 登臺' とあり, 'Altar' という名詞に対する一般的な表現として「登壇」と

第4章　ロブシャイト『英華字典』・その和刻本と改訂版・ドーリトル『英華萃林韻府』　173

「登臺」をあげているが，諸辞典はいずれも「祭壇」と「祭臺」を採っている。
　英文には「登」に相当する動詞がないうえに，「登」と「祭」は字形が似ていることから，「井上」の誤記かとも思うが，確証はない。したがってこれも「典拠不明」として処理した。

47) 'Artifice, n. to cheat the ignorant by (clever) artifices, 以術欺騙愚人' は，ロプシャイト『英華字典』には「以術愚人」とあり，『訂増英華字典』（「井上」）が動詞 'cheat' の訳語「欺騙」を補ったものと推定できる。しかし調査した諸辞典に同じものがみつからなかったため，「典拠不明」とした。
　なお，ロプシャイトの現在完了の英文に対して，「井上」が現在形の用例をあげていることがあるが，このような場合「井上」は完了を表す「過」の字を訳語から削除している。時制の転換によって「過」を削除したり，あらたに加えたりした例は多い。これらは調査した諸辞典に同じものがなくても，「典拠不明」としてあつかうことはしなかった。

48) 'むすび' で述べたように，花の名はほぼ集中的に『英華韻府歴階』pp 103-110 から採られている。

49) モリソン『中国語字典』第3部 'Zodiac' の項にある（備考①）

50) ロプシャイト『英華字典』'Sign' の項にある。

51) 『字典集成』初版（1868）（「其68」）の底本が何であるかは，これまで謎とされてきた。フレーズ型の見出し語と，不定冠詞（a,an）のついた見出し語が，「其68」とメドハースト『英華字典』でほぼ一致するうえに，「其68」の訳語の8割弱がメドハースト『英華字典』と一致することから，「其68」がメドハースト『英華字典』を主たる底本としてつくられたものであることが証明できる。これについては，第5章「鄺其照『字典集成』の系譜」で詳述する。

52) つぎに示すのは『英華和訳字典』（「中村」）の「略語説明（EXPLANATION OF ABBREVIATIONS）」だが，「中村」が本文で実際に使っている略語と一致しないものには*を付した。*を付したもの以外は『訂増英華字典』（「井上」）でも使用している。

a.		stands for	adjective.
adv.	* ad.	〃	adverb.
conj.	* con.	〃	conjunction
interj.	* exclam.	〃	exclamation.

n.	〃	noun.
pl.	〃	plural.
pp.	〃	participle passive.
ppr.	〃	participle present.
prep.	〃	preposition.
pret.	〃	pretrit tense.
pron.	〃	pronoun.
v.i.	〃	verb intransitive.
v.t.	〃	verb transitive.

　成蹊大学図書館蔵の中村正直文庫にあるウェブスター 1863 年版には，A~ACR に一部メドハースト『英華字典』を模写したと思われる書きこみがある。この 1863 年版の「略語（ABBREVIATIONS）」を，『英華和訳字典』（「中村」）の「略語説明（EXPLANATION OF ABBREVIATIONS」の該当個所と比べると，1863 年版の adv. が「中村」で ad. になっていることを除けば，全略語のピリオドの位置に至るまでことごとく一致する。
　'conj. interj.' は同じく中村正直文庫のウェブスター 1867 年版と 1869 年版に現れるが，ピリオドの位置にはズレがある。「中村」は 1863 年版にもとづいて略語の骨格を定め，1864 年版と 1869 年版を参照しながら品詞表記を書き進めたのであろう。
　同じロブシャイト『英華字典』に基づくといっても，見出し語の立てかたにせよ，品詞判定のしかたにせよ，「中村」と「井上」は必ずしも一致していない。「井上」は「中村」を参考にしながらも，独自の解釈によって判定を下したと思われる。
　またウェブスターの略語の数は「中村」，「井上」よりはるかに多い。「井上」が本文でも，略語の選定にあたっても，直接利用したのはウェブスターではなく，「中村」だったと考えるのが自然であろう。

53) 3 書はいずれもドーリトル『英華萃林韻府』(1872) を底本としており，緒言の書名と目録の訂正個所が異なるだけで，内容はまったく同じである。
54)『自由之理』の訳語のうちロブシャイト『英華字典』と一致するものが 136 語あり（森岡 1969：116-119)），この 136 語中 80 語がメドハースト『英華字典』と一致する（高橋 1991)。植物用語もいくつかメドハースト『英華字典』から採られている（荒川 1998a：50)。
　なお，『訂増英華字典』（「井上」）が『英華萃林韻府』第 1 部と『字典集

成』再版(1875)(「其75」)を優先したと推定する理由のひとつに,メドハーストより印刷がはっきりしていて使いやすいということがある。
55) 'Zodiac' の訳語にみられるように,モリソン『中国語字典』からとったも␣のも,わずかながらある。
56)『訂増英華字典』(「井上」)に 'Lording, n. A small lord, 小主, 少爺, 少老爺' とあるが 'A small lord' は「改訂前」の 'A little lord' の 'little' を,主観的な評価を含まない 'small' に置きかえたものと思われる。
「改訂前」には 'A little lord; a lord in contempt or ridicule' とあって,lord に対する侮蔑の意をあらわすが,対応する漢字語はむしろ敬称とみられるからである。
57)『訂増英華字典』(「井上」)はロプシャイト『英華字典』の広東語表現をそのまま受け継いでいるが,キングセルは広東語表現を排除したために,漢字語には「井上」と異なるものが多い。
　馮・照山・林の3氏が『月刊しにか』2001.9,10,11月号に「馮鏡如『新増華英字典』をめぐって」と題する連載を載せている。しかし3論文とも,ふたつの改訂版(1897,1899)の本文が同じものであることには触れていない。
58) 品詞表記にはブレがある。たとえば「改訂前」では 'We arrived too late' の 'late' を adv. としているが,『訂増英華字典』(「井上」)は adv. をたてず, 'What brings you here so late?' を a. に一括している。
59) 1986年に出版された *The Chinese Recorder Index: a Guide to Christian Missions in Asia,* 1867~1941 は索引だけで全2巻,本文1096ページにも及ぶ膨大なもので,作成者ロドウィック (K.L.Lodwick) は気の遠くなるような一次資料の山と格闘して,この索引を書きあげた。
60) S.W. Barnett & J.K. Fairbank 1985 :107,108
61) He (=Justus Doolittle) arrived at Hongkong with Mrs. Doolittle on April 10 th, 1850, and at Fuhchow on May 31st. (A. Wylie 1967 :201)
62) By 1857 the Foochow mission of the American Board had increased to five, among them Justus Doolittle, and that year a Chinese church of four members was organized, apparently the first Protestant one in the city. (K.S. Latourette 1975:248)
63) ドーリトルは,一地方の奇習を全国的なものと即断する愚かさに警告を発しながらも, *Social Life of the Chinese* で述べたことがらは福州周辺にとどまらず,全国規模で行われている,として,孔孟の教えと道教,仏教による束縛から,異教徒集団を布教によって解放することの重要性を説いている(はしがき)。原著は1865年 New York の Harper & Brothers, Publishers

が出版した。

　復刻版は全2巻で，台北の成文出版社が1977年に出版した。第1巻は，福州の位置，人口，高官の住居，貿易，ミッションの活動を記した導入部から，農産物，お茶の摘みかた・淹れかた，人力にたよる労働，賃金（以上第1章），結婚・離婚にかかわる習慣（第2，3章），結婚生活と子供（第4章）など18章まで，第2巻は，年中行事と祭り（第1，2，3章），奇妙な風習（第4章），商習慣（第5章）からペキンの景観（第19章）まで，をあつかう。

64) S.W.Barnett &J.K. Fairbank 1985:109,110; *The Chinese Recorder* vol. 12:59-63
65) 4.6.4.6.「専門用語（主として科学用語）の典拠」を参照されたい。
66) W.H.Medhurstの *Chinese Dialogues, Questions, and Familiar Sentences* (1844)は，中国語の初心者用に官話で書かれたもので，本文287ページ。息子のメドハースト（父親と同名）がだした改訂版（1863）は本文225ページで，改訂版のほうが少ない。いずれも上海で発行された（A. Wylie, 1967：38）。
67) *A Medical Vocabulary in English and Chinese*『医学英華字釈』(1858) は，ホブソン著。全74ページからなる。全体を，循環系，神経系，視覚聴覚，味覚，嗅覚，触覚，消化系，血流，外科治療など31の項目に分け，各項目ごとにそれぞれの医学用語を英漢対象で示している。項目により収載の用語数は異なるが，全体としては約2,200に達する（吉田寅 1997:298）。
68) エドキンズ（Joseph Edkins）は，アイテル（Ernst J. Eitel, 1838~1908）と並んで，ロンドン宣教会の最後を飾るシノロジストと評される。墨海書館時代のエドキンズは1852年 *A Grammar of Colloquial Chinese as Exhibited in the Shanghai Dialect*『上海方言文法』を，さらに1857年には *A Grammar of the Chinese Colloquial Language, Commonly Called the Mandarin Dialect*『官話文法』を出版した（何群雄 2000：115-117）。
69) *Progressive Lessons* 1862は，エドキンズによる口語中国語上級テキスト。標準的な官話の正書法を記録した『五方元音』とウエード（Thomas Francis Wade, 威妥瑪 1818?~1895）の *The Book of Experiments*『尋津録』の北京語の特徴をとらえ，付録で北京語，南京語，芝罘の声調の特性を比較している。本文は52課からなり，第23課には「肉身，霊魂，復活，耶穌，全是有罪，耶穌贖罪」のように基督教に傾斜した用例がみられる。
70) *Colloquial and Documentary Series* は，ウエードによる。英文書名の示すように *Colloquial Series*『語言自邇集』と *Documentary Series*『文件自邇集』の2部にわかれ，いずれも1867年に出版された（高田時雄 2001a:131）。領事

第4章　ロプシャイト『英華字典』・その和刻本と改訂版・ドーリトル『英華萃林韻府』

館関係者が短期間のうちに口語を修得し，公的文書を解読できるように配慮したものである。

71) *An English and Cantonese Pocket Dictionary*『英粤字典』はチャーマーズ著。広東の口語学習者を対象とする。第6章〔18〕参照。

72)『英華口才集』は，マッゴワン（John MacGowan, 麦嘉湖）によるアモイ方言のテキスト。声調を重視し，はしがきで母音，子音，声調を説明する。初版と再版は未見。第3版は1892年に出版。

73) *A Chinese Chrestomathy in the Canton Dialect* は，ブリッジマン（E. C. Bridgman）が1839年に出版した。英語を学びたい中国人，中国語を学びたい外国人の双方に役立つよう配慮している。広東語をあつかったものには，1828年に出版されたモリソンの *Vocabulary of the Canton Dialect*『広東省土話字彙』（第6章〔4〕参照）があるが小型なので，情報の補充が必要という判断で企画したのが本書である。本文は6章からなり，中国語学習，身体各部，親族関係，社会階層，日常生活，商売など身近な事柄を題材としている。1841年に物理，建築，農業，数学，地理，鉱物，植物，動物，医療，政治などをあつかう11章を加えた増補版を，ウィリアムズが出版した。

74) *A Manual of the Foochow Dialect* (1871) は，ボールドウィン（C.C. Baldwin）による福州方言のテキスト。福州方言のイディオムや一般に使われているフレーズをあげて，学習速度を高めるように工夫されている。本文はpp.1-256，第1部から第7部までであり，福州方言の文法，よく使われるフレーズ，商業用語，宗教と政治などをとりあげる。

　マックレイ（Robert Samuel Maclay, 麦利加 1824~1907）とボールドウィンの共著 *An Alphabetic Dictionary in the Foochow Dialect* (1870)（第6章〔23〕参照）は正書法が同じなので，併用が期待されている。

75)「何年も前にスミス（Frederick Porter Smith, 師惟善）氏が *Chinese Materia Medica* を出した。不備な点が多かったが，当時この種のものは他になかった。（中略）中国における宣教活動の初期のもので，必要とする人はほとんどいなかったが，小型本が印刷された。絶版になってからかなり経つ。」（*Chinese Materia Medica* 1911 版はしがき）。

76) アイテル著 *Hand-book for the Student of Chinese Buddhism* (1870) は中国の仏教を学ぼうとする人びとのための案内書。サマーズ（James Summers）編 *Pheonix* vol.1：155に書評が出ている。

77) *Systema Phoneticum Scripture Sinicae* (1841) は，外国人が漢字を学ぶための方法として，フランス人カルリー（Joseph Marie Callery, 1810~1862）が

編み出したシステム。

78) *Chronicles of Cash* は未詳。ヒリアー（Walter Caine Hillier, 1849~1927）は『語言自邇集』再版（1886）の共編者。

79) *The Notitia Languae Sinicae* (1720) の著者はプレマール（Joseph Henry Marie de Premare, 馬竜周 1666~1736）。初の英訳本の訳者ブリッジマン（James Granger Bridgman）はアメリカからの来華宣教師第 1 号のブリッジマン（Elijah Coleman Bridgman）の親戚にあたり，現地の人手不足にあえぐE.C.ブリッジマンの緊急要請にこたえて，中国に派遣された。

　『或問』第 9 号（2004），第 9 号（2005），第 10 号（2005），第 14 号（2008）は 4 回にわたって，千葉氏によるラテン語の原著からの和文全訳を掲載している（プレマール『中国語文注解』(*Notitia Linguae Sinicae*) (Ⅰ)(Ⅱ)(Ⅲ)(Ⅳ))。

80) 1011：*The Hongkong Almanack and Directory for* 1846 を指す（？）

81) 1270~1272 *The Customs Reports*：上海の税関統計部が発行したもので，条約港における貿易収入の年次報告と統計資料を列挙している。

　注80) と81) については，*Catalogue of the Library of the China Branch of the Royal Asiatic Society* 3rd ed.1894 に関連記事がある。注の冒頭の数字はシリアルナンバーを示す。

82) *Journal of the North China Branch of the Royal Asiatic Society* は，上海の英国王立アジア北支支部（The North China Branch of the Royal Asiatic Society）が1858年に創刊，一時中断したが1864年12月から駐支公使パークス（Harry Smith Parkes, 1828~1885）を中心に再刊した（石田幹之助 1942：104-112）。

83) *Notes and Queries on China and Japan* は，デニス（Nicholas Belfield Dennys）編集。1867 年 1 月 31 日に創刊され，1870 年 10 月 3 日の第 4 巻 10 号まで続いた。第 4 巻だけはデイヴィーズ（C.Langton Davies）が編集を主宰した（石田幹之助 1942：117-118）。

84) *A Handbook of the Chinese Language* (1863) の著者はサマーズ（James Summers）。ロンドンの King's College の講義に参加して，中国語の基礎知識の獲得をめざす学生のためのテキストとして編まれた。18世紀にさかのぼって，ヨーロッパのシノロジストの業績に対する批判を展開し，学生たちに研究の示唆をあたえている。本文第 1 部では品詞論と統語論にかかわる問題をとりあげ，第 2 部では中国の文献を紹介する。

85) *Chinese Moral Maxims* 『賢文書』(1823) は，デイヴィス（J.F.Davis）が中国の格言 200 例を集めて英訳したもので，「聖，賢，愚」といった重要な字

については説明を付している。デイヴィスはこれらを，中国の知識人の道義的バックボーンを表すものとして注目し，日夜眺めて自身の行動の反省の糧とせよと説いている。第6章〔6〕参照。なおデイヴィスはロプシャイト『英華字典』の和刻本『英華和訳字典』の著者，中村正直（敬字）と交流があり，『賢文書』を贈っている（寺田芳徳 1994:13）

86) 第6章〔26〕参照。

87) 竹中 1983 によれば，小幡篤次郎・甚三郎兄弟による『英文熟語集』（慶応4）が，すでにウェブスターの影響を受けているという。『薩摩辞書』第3版（明治2）と第4版（明治4）の序にもウェブスター辞書を参照した旨の記載があるが，いずれも規模が小さいので，ここではとりあげなかった。

なお『英和字彙』とウェブスター辞書の関係については，早川 2001:85 以下を参照。附音，挿図，見出し語の決定にいかにウェブスター辞書が関わっているかを詳細に論じている。

第5章　鄺其照『字典集成』の系譜

　第1章で述べたとおり，現存最古の華英・英華辞典 *A Dictionary of the Chinese Language* （『中国語字典』と仮称，1815~23）は，1807年にマカオに上陸したロンドン宣教会所属のR.モリソンによってつくられた。モリソンを継ぐ形で現れたのが，メドハーストの辞典である。

　メドハーストはもと印刷工の出身だっただけに，技術をいかしてコストを削減したばかりか，モリソンの挫折[1]から教訓をえて，訳語を2字から5字程度の短いものに限ったために，フレーズあるいはワード化した訳語[2]は，使い勝手のよさをかわれて後続辞典に浸透していった。

　鄺其照『字典集成』(1868)（「其68」と略称）は，中国人の手になる初の英華辞典だが，この底本が何であるかは，しばらく謎とされてきた。「其68」は発行元の中国では散逸してしまったらしく，日本で所在が確認されたものもわずか1冊しかない。

　所蔵図書館の閲覧規定が複雑なうえに，複写も認められていないので，とりあえず書写した範囲で基本的な書誌情報をまとめることから始めよう。そのうえで先行英華辞典の訳語と「其68」の訳語を照合していけば，「其68」の底本をつきとめることができるはずである。

　東京のお茶の水図書館が所蔵する「其68」は，205mm×136mm×27mm 洋装の1巻本で，扉の旧蔵者印（45mm×45mm 朱印）は「鈴木氏惟一樓圖書記」と読める（同図書館佐藤祐一氏の教示による）。なお同館の目録によれば，徳富蘇峰旧蔵の成簣堂文庫約9万3千余点のうち，洋書は2,542冊，洋雑誌は116タイトルが保管されているという。

　『字典集成』の再版は1875年に出版された（「其75」と略称）。著者の鄺其照は渡米してしまうが，1880年代には香港の印刷局も参入して，乱戦

をくりひろげる。1897年に創設された商務印書館は，ロプシャイト『英華字典』(1866~69)をもとに，さまざまに手を加え，ウェブスター辞書をもとりこんで，新しい英漢辞典の完成をめざした。

ロプシャイト『英華字典』の和刻本や英和辞典類も中国に移入されて，日中語彙交流の一翼を担うことになる。

5.1. 鄺其照の略歴

鄺其照は広東出身の地方事務官だったが，1875年中国学生教育委員会の会員となり，コネティカット州ハートフォードに移り住んだ。同委員会は中国の近代化を熱望する容閎の建議によって1870年に設立され，陳蘭彬と容閎が委員をつとめた。

容閎は初の中国人米国留学生とされる人物で，1854年エール大学を卒業し，1872年から1875年まで中国人児童の米国留学を推進し，のちに駐米副公使に任ぜられた。選ばれた中国人児童は120名で，洋務に関係のある家庭の出身者が多かった。鄺其照は洋務に通じており，第1グループの鄺栄光の叔父にあたる（石霓 2000：88）。

鄺栄光の父はオーストラリアで金鉱関連のしごとをしていたが，留学児童選考の計画を知り，栄光に勧めて応募させた。鄺其照は旧知の容閎に推挙されて，30名の第4グループに通訳として加わり，1875年（光緒元年）10月25日に上海を出発した。

第4グループの引率者は監督区諤良，中文教授2人，通訳鄺其照で，いずれも李鴻章総監があたらしく任命した（百瀬・坂野 1969：196, 207）。

しかし守旧派による妨害工作を受け，アメリカにおける反中国的風潮を理由に中国学生教育委員会は1881年に解散し，中国人留学生は本国に召還された。1886年鄺其照は新聞『広報』を創刊した（内田・沈国威 2004を参照）。

なお鄺其照の著書に*A Dictionary of English Phrases with Illustrative Sen-*

tences（A.S.Barnes & Co., San Francisco, 1881）がある[3]。中国人学生を対象に，英語のイディオムやことわざを集めて，英文で注釈を施したもので，はしがきによれば，「ウェブスター大辞典，ロジェ（Peter Mark Roget, 1779~1869）のシソーラス（類義語辞書），口語辞典などから語句を選んだ」という。孔子とキリストの生涯を略述して，巻末に載せている。当時のエール大学学長ポーター（Noah Porter 1811~1892）をはじめ，6人の学者の推薦文が巻頭を飾っている。

　ポーターは1864年メリアム（Merriam）社が行なったウェブスター大辞典改訂事業の編集主幹として名高い。この改訂によってアメリカ英語の権威としての地歩をかためたメリアム社は，以後他社を斥けて独走態勢に入る。

5.2. 『字典集成』初版

5.2.1. 成立

　『字典集成』再版の漢文自序に，諸外国との通商が行なわれるようになり，とくに英語の需要は増す一方である。しかし英語をまなぶのは容易なことではなく，著者はさきに「華英字典集成」を著し，今回それに大幅な増補を施した云々とある。

　ここで「華英字典集成」というのは，『華英字典集成』(1887)のはしがきに，'In 1868 he published a small English and Chinese Lexicon, containing about eight thousand words, ...with an added list embracing the names of the most familiar articles......' とある「1868年発行のLexicon」，つまり『字典集成』初版（「其68」）をさす。

　早いものでは岩崎克己1935：49に「其68」に言及した個所がある[4]。また，最近の先行研究に汪家熔1993，内田1995a, 1995b, 1998a, 2001aがあり，商務印書館発行の英漢辞典を視野にいれて幅広く調査されてい

るが,「其68」だけは,お茶の水図書館が国内唯一の所蔵図書館であるという特殊事情のためか,ほとんど手つかずの状態におかれており,底本が何であるかもわからなかった(汪家熔1993:142)。

「其68」の底本がメドハースト『英華字典』であることは,宮田1998:31ですでに指摘したが,ここでは調査範囲をひろげて,底本の問題を再確認する。

5.2.2. 構成

あ)扉にはつぎのように書かれている。鄺全福,即ち鄺其照である。

同治戊辰年鐫　粤東鄺全福選著　字典集成
AN/ ENGLISH AND CHINESE/ LEXICON/ COMPILED IN PART FROM/ THOSE OF/ MORRISON, MEDHURST AND WILLIAMS,/ BY/ KWONG TSUN FUK./——/ HONGKONG./ PRINTED BY DE SOUZA & Co./ 1868 ./

い)本文(pp.1-326):英華・ABC順

う)「雑字」と手書きしたものを緑色で印刷してある。

え)主要語句分類リスト(雑字目録) Contents:pp.1-66　アヘン戦争終結にともなう条約港の開港を背景に,輸出入の状況,沿岸部の産物など,貿易関連の情報が多く収録されている。

「天文」(天文) Astronomy,「地理」(地理) Geography &c.,「月・季節」(時令) Months, season &c.,「雑貨」(雑貨) Sundries,「薬」(薬材) Medicines,「宝石」(玉石) Precious stones &c.,「金属・硬貨」(五金) Metals, coins &c.,「茶」(茶名) Teas,「酒」(酒名) Spirits or liquors,「布」(疋頭) Piece goods &c.,「絹」(糸髪) Silks,「中国服」(唐服) Chinese clothing &c.,「外国服」(番衣) Foreign clothing &c.,「色」(顔色名) Names of colours,「象牙製品」(象牙器) Ivory ware,「装身具」(首飾) Jewels,「寝室」(睡房) Bedroom,「家具・什器」(傢私) Furniture &c.,「文房具」(文房四宝) The Student's apparatus, stationery &c.,「農工器具」(農工

第5章　鄺其照『字典集成』の系譜　185

器具）Tools of agriculture and mechanic &c., 「建築物」(屋宇) Buildings &c., 「軍用品」(軍器) War materials &c., 「楽器」(音楽) Musical instruments, 「中国船」(唐船) Chinese vessels, 「外国船」(番船) Foreign vessels &c., 「艤装」(船上什物) Ship's appendages &c., 「運搬車」(車類) Carriages &c., 「朝食用食品」(早茶食物) Food for breakfast, 「晩餐用食品」(大餐食物) Food for dinner, 「副菜」(小盆) Side dish, 「鳥と四足獣」(禽獣) Birds and quadrupeds, 「爬虫類と魚類」(爬虫与魚類) Reptiles and Fish, 「虫」(虫類) Insects, 「野菜」(瓜菜類) Vegetables, 「果物」(菓類) Fruits, 「人間」(人類) Human kind &c., 「士農」(士農) Profession &c., 「工商」(工商) Artificers, traders &c., 「訴訟」(官訟) Law-suit &c., 「刑罰」(刑法) Punishments, 「五倫」(五倫) The five relations, 「九族関係」(九族親誼) The nine clanship and relations, 「船員」(洋船戸) Mariners &c., 「身体」(身体) The body and its parts, 「病気」(百病類) Nosology, 「治療法」(医治) Manner of curing, 「宗室」(宗室) Imperial family, 「官職」(官職類) Official titles &c., 「科挙」(功名) Literary degree, 「外国人の官吏」(外国官) Foreign officers

お）広東語の注釈（粤東俗字註解）：pp.1-3

「広東語表現が随所にあって他省の人には意味がとりにくいと思われるので，注釈を施すことにした」という趣旨の前書きがあって，い）本文，え）主要語句分類リスト，か）問答の順に注釈を与えている。

か）問答（華英句語）

場面を想定しての問答編である。まず「同治七年鐫　粤東容階鄺全福輯　華英句語　南豊呉嘉善題」とあって，つぎのような問答に入る。同治7年は本書発行の年，1868年である。当時の日常生活が垣間みえる。

「命令表現」(吩咐句語) Directions, 「短い質問」(短句問語) Short questions, 「起床時の問答」(起身問答) Time of rising, 「洗顔と着衣」(打扮問答) At dressing, 「年齢について」(年紀問答) Of the age, 「学

校で」(書館問答) At school,「女中の仕事」(婢女工夫) Duties of a chambermaid,「朝食の席で」(朝餐問答) At breakfast,「夕食の席で」(晩餐問答) At supper,「マーケットの値段」(市価問答) Pricing at market,「学校に行く」(去館問答) Go to school,「文具店で」(書舗問答) At a stationer's shop,「手紙のやりとり」(寄書問答) Mails and letters,「船の運航」(開船問答) The sailing of vessels,「布地の販売店で」(疋頭問答) At the piece-goods store,「食料雑貨店で」(雑貨舗問答) At the grocer's,「下船しようとする船客に」(生客上岸問答) For a stranger landing at the port,「部屋や家を借りる」(租房屋問答) To hire a room or house,「乗船」(落船問答) Going on board,「旅にでる」(陸路問答) Going on a journey,「客をもてなす」(留客問答) Stranger entertained,「モラルの問題」(勧世文) Moral duties,「農業のはなし」(農夫議論) Of husbandry

き）中国語正誤表（字典唐字改正）pp.1-4

く）英語正誤表（字典英字改正）pp.1-3

5.2.3. 訳語の継承

扉にあるように,『字典集成』初版（「其68」）は 'Morrison, Medhurst, Williams' の語彙を採録している。これらはそれぞれ，R. モリソンの『中国語字典』第3部 (1822), W.H. メドハーストの『英華字典』(1847~48), S.W. ウィリアムズの『英華韻府歴階』(1844) を指す。

同じ見出し語に属する訳語を最初から約100語ずつ（〔Y~Z〕部は50語）抽出して照合すると，つぎのような結果がえられる。［表1］の右端は「其68」の訳語数,「モリ」「ウィ」「メド」（いずれも略称）は，同じ範囲でそれぞれ「其68」と一致する訳語の数である。

[表1]

	モリ	ウィ	メド	其68
〔A〕部：	55	23	197	220
〔F〕部：	42	80	261	341
〔L〕部：	42	60	123	182
〔R〕部：	17	37	151	210
〔Y~Z〕部：	23	23	86	116
計	179	223	818	1069
％	16.7	20.9	76.5	100

「其68」と圧倒的に多く一致するのがメドハースト『英華字典』で,「其68」の訳語の76.5％を占める。しかもモリソン『中国語字典』第3部とウィリアムズ『英華韻府歴階』のほとんどが，メドハースト『英華字典』の訳語と重なり，メドハースト『英華字典』と「其68」の用例の英語も，'to fail in duty 失道'（「メド」）が'to fail in virtue 失道'（「其68」）となるなどのわずかな例外を除いて，ほぼ完全に一致する。このことからメドハースト『英華字典』が「其68」の主な底本であることがわかる。

［表2］はその具体例である。「其68」の訳語が採録されているものには（○）印を付した。

[表2]

		モリ	ウィ	メド
Abduce	拉去			○
	引開			○
	拐			○
Abed	床上			○
	在榻			○
Aberration	差錯			○
	失錯			○

Aberuncate,to	拔根				○
Abet, to	帮助				○
	輔助				○
Lacerate,to	抓壞				○
	擘肉			○	
	刺			○	
Lacerta	龍類				○
Lack,to	欠少				○
	缺少				○
Lacker	漆		○		○
Lacker,to	抹漆				
Laconic	簡而明			○	○
Lackey	跟班				○
	小厮				○
Yearly	年年		○		○
	每年		○		○
Yearn	最慕				○
	向慕不絕				
Yeast	酵			○	○
yeast cake	酒餅			○	
Zodiac	黄				
	黄道		○	○	○
	日道				○
Zone	束腰帶				
	帶				○
zone of the earth	地球道				○

第5章 鄺其照『字典集成』の系譜　189

　さらに見出し語にフレーズの多いことも,『字典集成』初版(「其68」)とメドハースト『英華字典』に共通の特徴で,〔A〕部では28語を数え,そのうち20語は完全に一致する。残りの8語もメドハーストの一部(カッコ内)を省いたものばかりで,事実上一致するとみてよい (例：An Accompaniment (in music), Accomplishment (of a prediction), Admonition (to the age), Anthetical (sentences), To arouse (from sleep), Asperity (of temper), Astronomical (instruments))。

　もうひとつの特徴は両書とも〔A〕部に不定冠詞 (a, an) のつく見出し語が多いことで, 26例を数える。不定冠詞のつけかたはきわめて恣意的で, すべての可算名詞についているわけではないにもかかわらず, 両書ではすべて一致している。

　以上ふたつの特徴は, メドハースト『英華字典』が『字典集成』初版(「其68」)の底本であることを示す有力な傍証となる。さらに, 両書は動植物などの特殊用語の見出し語が多く一致する。ただし「其68」は学名とおぼしき見出し語の一部を, なぜか省いて載せる例がめだつ。

5.3.『字典集成』再版

5.3.1. 構成と異同

英文扉には次のように書かれている。

> AN/ENGLISH AND CHINESE DICTIONARY/ COMPILED FROM/ DIFFERENT AUTHORS, AND ENLARGED BY THE ADDITION/ OF THE LAST FOUR PARTS./BY/ KWONG KI CHIU./――/HONGKONG./ THE CHINESE PRINTING AND PUBLISHING COMPANY./ 1875.

　本書は, 扉 (中, 英), 自序, 本文 (英華 ABC 順　pp.1-344), 第1部：主要語句分類リスト, 第2部：語, 文, 書式各種, 第3部：中国と諸外国

主要港間の距離（水路・陸路），第4部：中国の年表と西暦の比較，第5部：中国の輸出入税，通商条約，広東語の注釈，切音，追補・正誤表からなる。

第2部から第5部までは『字典集成』再版（「其75」）であらたに加わったもので，初版（「其68」）にはない。出版社は Chinese Printing and Publishing Company で，諸本全同。

a) 本文については，「其75」は「其68」をそのまま吸収してできたわけではなく，前半かなりの増補，変更，時に削除がある。なお「其75」の本文に依拠してつくられたとみられるものに，点石斎編『華英字典』(1879、1886)[5]，黄少瓊『字典彙選集成』(1895)[6]，永峰秀樹訓訳『華英字典』(明治14=1881)[7]がある。

点石斎編『華英字典』(1879) *English and Chinese Dictionary from W.H.Medhurst and Other Authors and Photo-Lithographed from Kwong Ki Chiu's Edition* は，英文書名の示すとおり，「『字典集成』再版（「其75」）を写真石版で印刷して」小型版にしあげたものである。したがって両書の本文は完全に一致する。

b) 第1部：主要語句分類リスト（雑字撮要）については，初版（「其68」）は「天 Sky，二月 February」のように，中国語と英語を併記するだけだが，再版（「其75」）は「天 Sky 士佳，二月 February 非布魯鴉厘」のように，漢字による音訳，時に義訳，時にその混合によって発音を示す。

内容は初版より大幅にふえ，交易の拡大を反映して，産品，輸出入品目がふえるなどの変化がめだつ。1例をあげれば，鉱山関係の中国人コミュニティーの顕著な増加で，いわゆるゴールドラッシュが去っても，低賃金ではたらく中国人労働者の需要はふえる一方であったことが裏づけられる。

「中国周辺の国と島」（国与付近中国之島）Names of countries & islands near China，「中国・日本その他諸外国の港」（中国日本与別処之港口）The sea & river ports in China, Japan & other countries，「諸外国首都名」（各国京都名）

Names of the capitals of different countries, 「外国人」(各国人) People of different countries, 「毛皮・皮製品」(皮貨類) Fur & skin goods, 「外国人の食物」(洋人伙食) Food for foreigners, 「花」(花) Flowers, などが, 再版であらたに加えられた項目である.

以下, 第2部から第5部までつづく.

5.3.2. 訳語の継承

1875年以前に出版された英華辞典のうち, ページ数の極端に少ないものを除く, つぎの諸辞典のどれかが, 『字典集成』再版(「其75」)の訳語の出典と考えられる. なおチャーマーズ (J. Chalmers) の英粤辞典が1859年と1862年に出版されているが, 再版の訳語とはほとんど一致しないので, 省くことにした.

モリ	1822	モリソン	『中国語字典』 第3部
ウィ	1844	ウィリアムズ	『英華韻府歴階』
メド	1847~48	メドハースト	『英華字典』
其68	1868	鄺其照	『字典集成』
ロプ	1866~69	ロプシャイト	『英華字典』
ド1	1872	ドーリトル	『英華萃林韻府』 第1部

5.3.2.1. 先行辞典と一致する訳語

[表3] は各部の最初の見出し語約100語について, 『字典集成』再版(「其75」)と一致する訳語の数を辞典ごとに集計したもので, 右端は再版の訳語数である.

[表3]

	モリ	ウィ	メド	其68	ロプ	ド1	其75
A 部	65	22	173	156	176	100	328
F 部	25	47	158	185	133	105	305
L 部	38	61	114	161	90	112	202
R 部	15	26	122	165	79	93	223
Y~Z 部	23	27	68	82	69	54	118
計	166	183	635	749	547	464	1176
%	14.1	15.6	54.0	63.7	46.5	39.5	100

[表4] はその具体例の一部を示す。

[表4]

		モリ	ウィ	メド	其68	ロプ	ド1
Abbey	庵堂			○	○	○	○
	寺					○	
Abbot	方丈	○	○	○	○	○	○
	寺首		○		○		○
	和尚頭						
Abbreviate,to	収短				○	○		○
	減省						
	整短						
Abbreviation	約言				○	○	○
	大要					○	○	○
	大畧					○	○	○
	整短之事						
	減筆	○	○		○	○	○
Landing-place	馬頭	○	○	○	○	○	○
	歩頭		○		○		○

English	中文	1	2	3	4	5	6
Land-measuring	土均之法			○	○		○
Landscape	山川景		○		○	○	○
	山水畫		○		○	○	○
Landsman	在岸上營生者						
Landtax	田税		○		○		○
	地税					○	
Land-waiter	海關查税者						
Language	言語	○	○	○	○		○
	話	○	○	○	○	○	○
	中國話			○	○		
	英話				○	○	
	話説得太重			○	○		
Yet	尚			○	○	○	○
	尚且		○	○	○	○	○
	到底	○		○			○
	猶				○		
	仍				○		
	曾						
	未曾	○	○	○	○	○	○
	還有麼		○		○		○
Yew-tree	白蜀癸			○	○		○
	扁柏	○		○	○		○

5.3.2.2. 商務印書館による過小評価

　なお『商務書館華英音韻字典集成』(1902)の序に,「鄺其照のしたことといえば, ロブシャイトから抽出して写すことだけだった」('The work of Mr. Kwong Ki-chiu was simply that of extracting and copying from the work of Dr. Lobscheid') とあるが, これがいささか穩当を欠くいいかたであることは

明らかで，[表3] の示す46.5%という両書の一致率は，「抽出して写すことだけ」にしては少なすぎる。『字典集成』再版（「其75」）とロプシャイト『英華字典』に共通の訳語は，〔A〕部でこそ多いが，以後漸減する。ロプシャイトは規模において「其75」をはるかに上回るので写すには不便なうえに，訳語の配列の順序も両書では異なる場合が多い。

「其75」の〔A〕部の冒頭に，'A, 亞, 阿, 一. A, the letter a, the broad and open sound of this letter is expressed by 亞 or 阿' 'A, considered as the article of unity' 云々とあるが，この部分はメドハーストから引いたものであって，ロプシャイトではない。またこの直後に 'a man 一個人', 'a dog 一隻狗' のように助数詞を含む訳語が続く。このあたりはみるからにロプシャイト風なのだが，これも体裁が似ているというだけのことである。

[表4] は，『字典集成』再版（「其75」）の訳語が先行辞書にどのように現れるかを，〔A〕〔L〕〔Y~Z〕の各部最初の見出し語約100語（〔Y~Z〕は50語）についてまとめたものだが，同じ調査範囲で，ロプシャイト『英華字典』にだけ現れる訳語を調べてみると，〔A〕部では訳語335語のうち31語（「一枝筆，一套書，棄妻，舍正路，上船，革除，致瀉之藥，言語輕重之號」など），〔L〕部では訳語303語のうち6語（「譏刺，地主，地税，榾，貯埋，打」），〔Y~Z〕では訳語119語のうち5語（「仰慕，西風，熱帶，温帶，寒帶」）を占めるにすぎない。とはいっても英華辞典のなかでは初めて現れる語も含まれているので[8]，『字典集成』再版（「其75」）がロプシャイトを参考にしたことは確かとみてよさそうである。しかし，「抽出して写す」だけではなかったことも，やはり確かなのであり，主な出典はといえば，やはり自身の著作『字典集成』初版（「其68」）とみるのが自然でもある。

5.4. 『華英字典集成』

5.4.1. 社会環境の激変

　1868年初版の刊行についで，1875年には再版と，鄺其照『字典集成』は版を重ねる。中国人の手になる初の英華辞典ということで国内外での評価が高まった結果とみられる。1882年には英米両国での版権を得，1887年には『華英字典集成』と書名を改めて発行された。1899年には循環日報が参入，1900年代には，あらたに創業した商務印書館が加わって，鄺其照の辞典は一系列を形成していく。

　アヘン戦争の終結にともなって，条約港の開港，香港割譲といった社会環境の激変が沿岸部に与えた影響はすさまじいものがあった。鄺其照の辞典はこうした変化の推移を如実に反映しているという点に大きな特徴がある。

5.4.2. 国内の諸本

　1887年以降に出版された鄺其照の辞典にはすべて「光緒十三年重鐫　華英字典集成　許應鑅題」という漢文の扉がつく。奥付はないのがふつうで，初版がいつ出版されたかは，英文のはしがきの内容からさぐるしかない。実際の刊年は英文の扉に記されていることが多いが，これとてもズレがある。刊年が同じだから内容も同じとは必ずしもいえない。書名じたいにもばらつきがあるが，ここでは混乱を避けて，漢文扉の示す書名にしたがう。

　まず日本国内の諸本をみることにする。「十九世紀英華・華英辞典目録」（宮田1997a）作成の準備として踏査した結果をもとにして，最新情報を書き加えたものなので，所蔵図書館の名称が変わっているケースもあり，その意味で現在の状況の正確な反映とはいえないかもしれないが，

1887年本と1899年本とのあいだにどんな関係があるのか，おおよそのメドはつく，と考えて挿入してみる。

1887年本は，国会図書館，筑波大学付属図書館，東京外国語大学付属図書館，慶応義塾図書館，日本大学法学部図書館に，1899年本は東洋文庫，鹿児島県立図書館，天理大学付属天理図書館，東京大学東洋文化研究所，同志社大学言語文化教育センターに，所蔵されている。

1887年本は，扉（漢・英），図書館長認可，はしがき，序，本文（pp.1-454），主要語句分類リスト，書式・里数一覧・中国輸出入税・通商条約改正・中国王朝年表，正誤表，からなる。

○［東外］は，出版社・出版地が他（Kelly & Walsh など）と異なり，K.W. Hiersemann, Leipzig となる。［筑波］は，扉，認可，正誤表を欠き，はしがきの前に「増訂華英字典集成」と墨書してある。［日大法］は扉と序の一部を欠くが，その他の点では［国会］と変わらない。

○［慶応］は，扉から序までは［国会］と同じだが，本文はやや異なる。扉の前に后備陸軍歩兵一等軍曹恩田五策氏より慶応義塾に寄贈する旨を記した墨書があるので，中国ででた別刷ではないかと思う。扉にしたがえば1887年にでたことになるが，活字のちがいとごくわずかな訳語の変更を除けば，ほぼ完全に［東洋］と一致する。[10]

○1899年本は，扉から正誤表まで，1887年本と同じ諸項目からなる。［天理］は，扉，認可，はしがきの全部と序の一部を欠いているが，本文以下は［東洋］とほぼ同じなので，1899年に刊行されたものと推定できる。また，［東大］［東洋］の正誤表は（a）(b)（5.4.3. 参照）いずれとも大幅に異なり，［同志言語教育］は正誤表を欠いている。

5.4.3. 1887年本と1899年本の比較

1887年本と1899年本を比較すると，扉，認可，序は同じだが，はしがきの改行位置に異同がある。本文，主要語句分類リスト，書式，正誤表にはわずかながら変更がある。扉の刊年は両者変わらないが，1899年

本には、はしがきのあとに"PRINTED BY 'TSUN WAN YAP PO.' NO.39, GOUGH STREET, HONGKONG, /循環日報承印/──/1899."とあり、扉の刊年よりおくれて、循環日報が印刷したものであることを示す。

　1887年本と1899年本には共通点が多いので、とりあえず［国会］の1887年本を（a）、［東洋］の1899年本（循環日報）を（b）として、異同をみていく。

　あ）扉（漢・英）は、（a）（b）全同。漢文扉の「光緒十三年」は1887年にあたる。

光緒十三年重鐫／華英字典集成／許應鑅題
AN/ ENGLISH AND CHINESE/ DICTIONARY./ COMPILED FROM/ THE LATEST AND BEST AUTHORITIES, AND CONTAIN-/ ING ALL WORDS IN COMMON USE. WITH/ MANY EXAMPLES OF THEIR USE./ NEW EDITION, THOROUGHLY REVISED, AND GREATLY ENLARGED/ AND IMPROVED BY THE ADDITION OF A CLASSI-/ FIED LIST OF/ MISCELLANEOUS TERMS, A NUMBER OF MISCEL-/ LANEOUS/ SENTENCES, SOME FORMS OF LETTERS, NOTES, AND/ PETITIONS. A TABLE OF DISTANCES, THE TARIFF/ OF IMPORTS AND EXPORTS OF CHINA, THE/ LATEST IMPROVEMENT OF THE COM-/ MERCIAL TREATY BETWEEN CHINA &/ FOREIGN COUNTRIES, & A HISTORICAL/ SKETCH OF THE CHINESE DYNAS-/ TIES, IN WHICH THE DATES/ ARE HARMONIZED WITH/ THE CHRISTIAN/ CHRONOLOGY. BY KWONG KI CHIU./ LATE MEMBER OF THE CHINESE EDUCATIONAL COMMISSION IN THE UNITED STATES, AND/ AUTHOR OF "DICTIONARY OF ENGLISH PHRASES";/ "SERIES OF CONVERSATION/ BOOKS"; "MANUAL OF CORRESPONDENCE AND SOCIAL USAGES";/ "COMPREHENSIVE GEOGRAPHY", ETC./──/ SHANGHAI; WAH CHEUNG, 316 HONAN ROAD, KELLY & WALSH,/ LONDON; TRUBNER & Co.

57, AND 59, LUDGATE HILL, HONGKONG; / KELLY & WALSH. SAN FRANCISCO：WING FUNG, / 746, SACRAMENTO STREET./ 1887.

　英文の扉の記述は異様に長いが，要するに本書は「あらゆる日用語を網羅し，多くの用例を掲げて，徹底的に改訂増補した新版」であって，「各種用語の分類リスト，文章例，覚書，申請書，距離一覧，輸出入税，通商条約の改正，中国王朝年表」などを追加収録したと述べ，自著の宣伝もかねている。

い) 図書館長認可：(a)(b) 全同

う) はしがき　PREFACE：3, 4　改行位置は異なるが，内容は (a)(b) 全同。(b) には「はしがき」のあとに，循環日報の発行を示す記載がある（前述）。

え) 序：①許應鏘による（光緒丙戌＝1886）　②五順徳・胡福英による（光緒丁亥＝1887）　③英文自序（＝PREFACE 1882）　3者いずれも (a)(b) 全同。

お) 本文 ENGLISH AND CHINESE DICTIONARY 1-454：　発音表記はなく，適宜簡単な用例を示す。(a) と (b) のページ数は変わらないが，(b) による見出し語と訳語の追補，削除，変更がいくらかある。再版の本文は 1-344，(a)(b) はいずれも 1-454 となり，かなりの変動がある。

　めだつのは，『字典集成』の広東語表現が姿を消したことである。消えた広東語表現は，以後交易上の必要から香港発の辞典で復活する。以下の付帯情報は『字典集成』再版（「其 75」）の形式を踏襲している。

5.4.3.1. 付帯情報の内容

か) 主要語句分類リスト（雑字撮要）THE CLASSIFIED LIST OF MIS-CELLANEOUS IMPORTANT TERMS 455-609：社会全般にわたる雑

多な諸項目にわけ，それぞれ関連のある単語や用例をあげて説明する。数字の有無，漢字の倒置といったわずかな相違はあるものの，ページ数にもページ表記にも変化はなく，(a)(b)ほぼ同じとみてよい。再版にあった英語の音訳は姿を消す。

き）諸用例，書式，里数一覧，中国輸出入税，通商条約の改正，中国王朝の歴史（語言文字合璧）MISCELLANEOUS SENTENCES, FORMS OF LETTERS 615-819：つぎに示す諸項目からなる。数字の有無，改行位置などにわずかな相違はあるものの，(a)(b)ほぼ同じ。再版の該当ページ数と比べると，(a)(b)とも65ページ分もの大幅な伸びを示している。特に①の伸びが顕著で，通商の拡大をうかがわせる。

① 諸用例，書式（英語撮要）MISCELLANEOUS SENTENCES 615-761：日常の挨拶や簡単ないいまわしを記し，商業文，辞職願，就職依頼，乗船予約，借金依頼，盗難通知，捜査依頼，家屋貸借契約，店舗貸借契約，領収書などの書式をしめす。

② 数（数目語）FIGURES &c. 762-764：基数，序数，助数詞をともなう数を記す。

③ 主要都市間里数一覧（各城市相隔里数）THE DISTANCES 765-775：北京から中国各地の主要都市までの距離，中国主要都市間の距離，欧米・アジア諸国の主要都市との距離と到達までに要する日時を，水路と陸路にわけて記す。

④ 中国輸出入税（中国出入口税制）THE TARIFF OF IMPORTS AND EXPORTS OF CHINA 776-789：香辛料，薬剤，木材，乾肉，羽毛など，品目別に税額を示す。

⑤ 通商条約改正（通商章程善後条約）THE LATEST IMPROVEMENT ON THE COMMERCIAL TREATY BETWEEN CHINA AND FOREIGN COUNTRIES 790-794：天津条約について述べる。

⑥ 中国王朝の歴史（中外年表）HISTORICAL SKETCH OF THE CHINESE DYNASTIES 795-819：古代からの中国の歴史の概略を述べ，

おもな王朝の創立年を西暦に換算して，治世の期間を説明する。

く）正誤表（華字錯漏更補）CORRECTIONS　(a) 820-827, (b) 1-4

5.4.4. 『字典集成』再版との比較

1887, 1899年本は，前述のように内容が似ているので，ここでは［東洋］を例としてとりあげ，本文に焦点をしぼる。ドーリトルの『英華萃林韻府』(1872) からも訳語が入っているが多くはなく，なによりも英語の用例の共通点はゼロに近い。そこで，調査対象を『字典集成』初版（「其68」），再版（「其75」），ロプシャイト『英華字典』（「ロプ」）の3書にかぎり，〔A〕部の最初の見出し語100語に属する訳語を比較してみた。その一部をあげると，つぎのようになる。

		其68	其75	ロプ
Abbess	尼姑之長			
	師太		○	○
Abbey	寺	○	○	○
	庵堂		○	○
Abbot	方丈	○	○	○
	寺首	○	○	
	和尚之長			
Abdicate, to	讓		○	○
	辭	○		
	諉			
	捨		○	
	休致			○
	讓位	○	○	○
Abdomen	腹	○	○	
	肚	○	○	

	小腹	○	○	○
	丹田	○	○	○
Abduce, to	引去			○
	拐去	○		○
Abed	床上	○	○	
	在床		○	
Abject	小人	○	○	○
	下流之人		○	
Abjection	小器			
	下賤之貌		○	
Abscess	瘡	○	○	○
	惡瘡	○	○	○

これらの訳語の出所を調べたところ，[東洋] と一致する訳語数と一致率は，つぎのようになった。

其 68	其 75	ロプ	東洋
111	237	206	362
30.7 %	65.5 %	56.9 %	100 %

「其 68」と「其 75」は重なるものが大半で，「其 68」にしかない訳語は 111 語のうち 9 語にすぎない。なによりも「其 75」の英語の用例が，[東洋] とことごとく一致することがきめてとなる。したがって，[東洋]（1899）の主な底本は『字典集成』再版（「其 75」），ついでロプシャイト『英華字典』を参考にしたとみてよい。ロプシャイトにしかない訳語もかなりとられているからである。

他に端本のようだが，1896 年に『増広華英字典』が出版されている。光緒 22 年（1896）に上海申昌書局が 2 度めの石版印刷をして（「上海申昌書局第二次付石印」）出版したもので，1887，1899 年刊本のような付帯情

報はなく，漢文の序と本文だけで，正誤表もない．本文は［慶応］とほとんど一致する．

5.4.5. 1900年代初期の香港版の特徴

1900年代初期の香港版は，いずれも漢文扉に「光緒十三年重鐫／華英字典集成／許應鏘題」（1887，1899年本と同じ）とあって，循環日報が出版した［内田］1902年本，利昌隆が出した同じく［内田］1905年本，新広興が出した架蔵の1913年本では，交易上の必要から，主要語句分類リスト The Classified List of Miscellaneous Important Terms（雑字撮要）の広東語の音訳を復活させている．

扉（漢，英），認可，はしがき，までは3書共通だが，本文以下で使用する活字がちがう部分はページ表記も異なる．本文のページ数は1902年本で454ページ，1905年本で460ページ，1913年本で393ページであり，3書いずれも多くはないが異同がある．

主要語句分類リスト，書式というおおまかな構成に変わりはないが，主要語句分類リストのなかに一致しない項目がいくつかある．めだつのはリストの最後の度量衡の部分で，1905年本が「中国権衡類」（Chinese weights）だけをあげているのに対して，1913年本では「華英権衡類」（English and Chinese weights）を追補している．こういうことからも，貿易の拡大状況を察することができる．

鄺其照の辞典には奥付がないのがふつうで，調査中の辞典が何の何版にあたるかを判定することはむずかしい．しかしどこかに継承関係をさぐる糸口がないものかと目を凝らしているうちに，奇妙なことに気がついた．［A］の部 'Am' の用例である．1875年本（再版）の '*I am 37 years old*'（「我今年三十七歳」）から始まって，1887年本では「49歳」，1899年本では「52歳」とふえていく．刊年の差と年齢の差が一致する，ということは，この年齢はおそらく著者鄺其照自身の年齢で，逆算すれば従来不明とされてきた鄺其照の生年にたどりつけるのではないか．

第5章　鄺其照『字典集成』の系譜　203

この推察にまちがいがなければ，鄺其照は1838年に生まれたことになる。（[関大 CSAC] に扉と奥付を欠き，したがって書名も刊年も不明だが，Am の項に'I am 49 years old'と書かれているものがある。これはおそらく1887年本であろう。）

5.5. 商務印書館の参入

5.5.1. 『商務書館華英字典』

○[内田] の『商務書館華英字典』は 19.4cm × 12.7cm × 1.5cm, 和装, 扉がなく，上海商務印書館による序が巻末にあって，鄺其照の辞典に言及している。「鄺其照の原著に大量の増補，改訂を施して発行したのが本書である」というのがその趣旨である。

『商務書館華英字典』という書名は背表紙, 本文冒頭とマージンの部分に書かれており，奥付はおそらく欠落したものと思われる。序は「光緒二十有八年歳次壬寅仲春」に書かれ，光緒28年（= 1902）以降に出版されたことがわかる。

本文冒頭の英文書名は *Commercial Press' English and Chinese Dictionary—Revised and Enlarged* となっている。本文（pp.1-389），付録 Appendix (pp.390-394)，序，広告からなり，付録には文書・印刷に通常使われる略称 Common Abbreviations Used in Writing and Printing に中文で簡単な注釈をつけたものを，ABC順に載せている（たとえば，'E.& O.E. Errors and Omissions Excepted 如有錯失請除去'；'H.R.H. His (or Her) Royal Highness 殿下, 親王之称'など）。

○同志社大学総合情報センター所蔵のB823-S6は漢文扉と本文冒頭の書名にしたがえば『商務書館華英字典』，英文書名は英文扉によれば，*Commercial Press English and Chinese Dictionary Comprising 40,000 Words and Phrases also a Copious Appendix* であり，本文冒頭には'Commercial

Press/ English and Chinese Dictionary/ Revised and Enlarged' とある。

　和装帙入りで 20.0cm × 13.4cm × 1.9cm, 「重訂商務書館華英字典」とタテ書きの題簽がつく。本文のマージンには題簽と同じく「重訂商務書館華英字典」とページごとに記され，奥付の書名には「重訂商務印書館華英字典』と「印」の字が加わる。英文扉には 1908 と刊年が記されているが，版数は不記載。奥付にしたがえば光緒 34 年（1908）に出た第 9 版ということになる。

　漢文扉，英文扉，序（上海商務印書館による），品詞など文法用語の略語表，本文（pp.1-393），付録（文書作成に用いる略語 pp.395-404，文書・印刷に用いる記号——数学・商用・文法），奥付からなる。顔恵慶と王佐廷の訂正・増補によるものだが，［内田］との関連はあきらかでない。

5.5.2. 『商務書館華英音韻字典集成』

　各種の商務書館バージョンをみて奇異に思うのは，扉と奥付に書かれた刊年と版数が，なぜかズレていることである。『商務書館華英音韻字典集成』もその例にもれない。初版の刊年を光緒 27 年とするものと，28 年とするものがあるのは，編集者の個々の判断によるものなのか。商務印書館の目録に初版だけしかあげていないものがあるが，初版の刊年の判定はどんな資料に基づいてなされたのか。異版はともかく，商務印書館の名を冠した海賊版がまじっているのかもしれない。

5.5.2.1. 版歴のユレ

扉		奥付
1st ed.	1902	光緒 27 年 6 月版権所有，光緒 28 年正月首次出版
2nd ed.	1903	光緒 27 年 6 月版権所有，光緒 28 年正月首次出版
3rd ed.	1903	光緒 27 年 6 月版権所有，光緒 28 年正月首次出版，光緒 29 年 10 月弐次重印
5th ed.	1903	光緒 27 年正月首版，光緒 28 年 8 月再版，光緒 29 年

第 5 章　鄺其照『字典集成』の系譜　205

		6 月 3 版，光緒 30 年 10 月 4 版
5th ed. (?)	−	光緒 27 年正月首版，光緒 28 年 8 月再版，光緒 29 年 6 月 3 版，光緒 30 年 10 月 4 版，光緒 31 年 5 月 5 版
6th ed.	1903	光緒 27 年正月首版，光緒 28 年 8 月再版，光緒 29 年 6 月 3 版，光緒 30 年 10 月 4 版，光緒 31 年 5 月 5 版
7th ed. (?)	−	光緒 28 年歲次壬寅孟春初版，光緒 33 年歲次丁未季春 7 版
9th ed. (?)	1903	光緒 28 年歲次壬寅孟春初版，宣統 2 年歲次庚戌孟夏 9 版

　(?) は扉が欠落，あるいは扉はあっても版数の記載がないために，奥付の記述から推定したものである。

○奥付も一部を欠くものがあるうえに，英文扉には 1st ed., 2nd ed. といったぐあいに版数が明記されているケースがほとんどなので，本書の版数の判定は英文扉の記載に基づくものとする。ただし関西大学 CSAC (No. 49) 1903 刊には奥付はなく，英文扉に版数の記載もない。

○初版本は荒川本のほかに，同志社大学総合情報センター (B823-S5)，神戸市立図書館 (旧 Q290＝6＝51)，東京大学東洋文化研究所 (CZ3H：K030) に，再版は関西外国語大学穂谷図書館 (823/R11)，九州大学付属図書館六本松分館 (821/R 12/1) に，第 3 版は山口大学図書館 (923/c655) に所蔵されている。第 5 版は内田本 2 点のほか，拓殖大学八王子図書館 (C823-109)，東京芸術大学付属図書館 (833-Sh96)，同志社大学総合情報センター (B823-S5)，国立国会図書館 (KS12-65) にあり，第 6 版は愛知大学豊橋図書館 (833：L77) に所蔵されている。第 7 版は塩山本 (奥付による。扉は欠落) がある。第 9 版は架蔵。[同志総合] の初版と第 5 版は同番号で，いずれも荒木文庫に保管されている。[関西外大] には奥付がなく，かわりに「原著人，増訂者，校閲者，印刷者，発行者」を記した部分を切り取って，漢文扉の裏側に貼付している。[内田 1] の扉は欠落，[内田 2] の付録は 19 ページで終わる。

○[同志総合] [神戸市立] [東大東洋] の初版本は，Preface, General Introduction, Introductory Note, Introduction on the Importance of the English Language の改行位置が他と異なり，荒川本とも一線を画する。荒川本の改行位置は再版以下の諸本と一致するので，初版本とひとくちに言っても，出版時期は同じではなかったようである。

○版が変わっても構成内容にさしたる変化はない。本文の内容は一貫して変わらず，変わるのは，扉と奥付を除けば，付録に含まれる急送公文書用略語一覧 Alphabetical List of Abbreviations Used for Despatch in Writing（減筆字解）の部分だけとみてよさそうである。

　1例をあげれば，'A.M. or M.A. (Artium Magister)-Master of Arts'に「文藝碩士、文學士」と「技藝學士」という2種類の訳語が使われているので，あるいはなんらかの教育制度の変化を反映しているのかとも思うのだが，照合してみると，刊年の推移とは無関係で，やはり編集者の恣意的な選択という線におちついてしまう。

○鄺其照の辞典にみられた交易がらみの情報は，商務印書館の登場ですっかり影をひそめ，方言を避けて官話によるまともな辞典をつくろうという商務印書館の意図が前面にでてくる。

5.5.2.2. 構成

扉（漢，英），はしがき（発行者　商務印書館による），序（厳復による），序（リチャード（Timothy Richard, 李提摩太 1845~1919）による），覚書（Ku Fung Ming による），英語の重要性について（シルスビー（J.A. Silsby）による），例言（編者による），品詞の略語とその説明，本文（pp.1-1835），付録（pp.1-22 英語文献にあらわれる一般的な表現，ことわざ，箴言，引用などを，拉，仏，伊，希，独といった外国語から抽出して，中国語の説明を加えたもの）；急送公文書用略語一覧；文書・印刷用の記号（数学・商用・文法などの分野別に説明）；地名録（pp.1-19 世界各地の地名を ABC 順にならべて説明），奥付，広告からなる。

　第9版（奥付による）には，*The Commercial Press English and Chinese*

第5章　鄺其照『字典集成』の系譜　207

Standard Dictionary 英華大辞典の広告があり，*The North-China Daily News* の紹介記事と，*The Shanghai Times, The Shanghai Mercury* の賛辞が載っている。

> 'It will surprise Europeans to find that this excellent Dictionary has been compiled by solely Chinese scholars and printed and published by a Chinese Printing House, the Commercial Press, Limited. The Dictionary forms a striking example of how China has been developing the past decade.'
> (「このすぐれた辞典がもっぱら現地中国人の学者の手によって編纂され，現地の印刷施設，商務印書館によって印刷，出版されたという事実を知ったら，欧米人は驚嘆するだろう。この辞典こそこの10年間に中国がいかに発展してきたかを示す顕著な例である。」)　――*The Shanghai Mercury*

　商務印書館に勤務していた逸材，陸費逵が辛亥革命の成功を見越して，秘密裡に行動を起こした。ベテラン編集者を引き抜いて，中華書局を創設，教科書革命と銘打って，申報紙上で商務印書館を相手に教科書戦争を展開する。商務印書館は中華書局の「中華教科書」に対抗して「共和国教科書」をうちだすが，後手にまわって精彩を欠く。しかし「抗争の内幕は謎に包まれたままだ」という（樽本 2000：237-273）。

5.5.2.3. 典拠と周縁
　漢文書名に「音韻」の2字が含まれているが，これは「西士納韜爾氏」(ウェブスター系の小型辞書をつくって，日本の英和辞典に大きな影響をあたえたナットール (Peter Austin Nuttall) を指す) のやりかたを採用したものだという (「例言」参照)。本文はイラスト入りである。
　イラストは1864年の大改訂以降のウェブスター辞書の特徴で（イラストを最初に載せたのはオーグルヴィー (J. Ogilvie 1797~?)），本書がウェブスター辞書を下敷きにしていることは，一目瞭然である。厳復の序にも「納韜爾，羅存徳，韋柏士特」の名がみえる。それぞれ「ナットール，ロ

プシャイト，ウェブスター」の音訳である。「羅存徳」もしくは「羅布存徳」はいずれも「ロプシャイト」を指す。

ロプシャイト（W. Lobscheid）『英華字典』(1866~69) を原著とする井上哲次郎『訂増英華字典』も，『商務書館華英音韻字典集成』の編集におおいに関わっている。その奥付けに「原著者　英國羅布存徳氏」とあるのがその証拠で，ドイツ人であるロプシャイトを英国人とした井上のあやまり（「ロブスチード」と念入りに英語読みにまでしている）を踏襲したとみられる。

『商務書館華英音韻字典集成』の覚書では'Dr. T.Inoue many years ago republished the work in Japan, where, I believe, it has helped in no considerable degree the present "Renaissance" of the Japanese nation'（「井上博士はかなり前に原著を復刻した。これが日本の現在のルネッサンスにどれほど貢献したか，その功績ははかり知れない」）と賛辞を呈しているが，まさにその通りで，本書の本文には『訂増英華字典』の増補訳語が数多くつかわれてる。

また本書の覚書は，'Here in China, the "Commercial Press", an enterprise owned and conducted by Chinese in Shanghai, have spared neither labour nor expense to enlarge and correct the work of Dr. Lobscheid and to make the most complete and reliable dictionary hitherto offered to the public.'（ここ中国では上海の中国人が所有，経営する企業である商務印書館が，労力と費用を惜しみなく投入して，ロプシャイトの辞典に増補改訂をほどこし，類例をみないほど完全な，信頼性のある辞典をつくりあげた。）としたうえで，このしごとは中国の英語学習者のニーズを満たすという点で，鄺其照にまさること数等，と自画自賛しているが，ロプシャイトの辞典に改訂はともかく（広東語表現を訂正した），増補に貢献したのは井上の『訂増英華字典』であって，井上の増補訳語はロプシャイトの1割にも及ぶのである（第4章に詳述）。さらにわずかな訂正はあるものの，商務印書館は品詞表記もほぼそのまま『訂増英華字典』を踏襲している。

『商務書館華英音韻字典集成』が採用した発音表記は，たとえばLadle

(la'dl), Yeoman (yo'-man) のように，見出し語のあとに発音を区分けして記すウェブスター式発音表記である．早川 2001：358-371 はこの表記の誕生と発展の歴史を詳述している．

なお，国立公文書館にナットールの辞書が数冊保管されている．いずれも刊年不載だが，扉の朱印から明治9年（1876）に購入したことがわかる．書名は同じで *The Standard Pronouncing Dictionary of the English Language, Based on the Labours of Worcester, Richardson, Webster, Goodrich, Johnson, Walker, Craig, Ogilvie, Trench and Other Eminent Lexicographers, Comprising Many Thousand New Words, Which Modern Literature, Science, Art and Fashion Have Called into Existence and Usage* といい，Frederick Warne & Co が発行した．

早川 2001：201 によれば 1864，1867，1869 年に増刷された，という．タテ 18.2cm，ヨコ 12.7cm とたしかに小型だが，本文 887 ページにはイラストもなく，こまかい字がびっしりと敷きつめられており，かなりの情報量である．これが当時便利で実用的な辞書としてもてはやされていたという．当時のイギリスの識字率はどの程度のものであったのか？

むすび

1868 年に出版された鄺其照『字典集成』（「其68」）は，中国人の手になる初の英華辞典で，メドハーストの『英華字典』を主たる底本としている．中国では散逸してしまったらしく，東京の図書館にわずか1冊の所蔵が確認されているだけである．

『字典集成』初版に先んじて出版された，中国人の手になる語彙集（意味分類体）がいくつかある．その主なものは『華英通語』（1855—第6章〔15〕に詳述）と『英語集全』（1862）（内田 1997：8-15，2001a：290）だが，両者とも華→英であり，『字典集成』初版が中国人の手になる初の英→華辞典であることに変わりはない．

後続辞典への影響は『字典集成』再版のほうがはるかに大きく，交易の拡大を反映する付帯情報の存在も無視できない。『華英字典集成』は1887年に登場する。1887年版にもとづいて，1899年と1902年に循環日報，[13] 1905年に利昌隆，1913年に新広興が同じ書名のものを出版している。形式は『字典集成』再版をほぼ踏襲しているものの，それぞれ使用する活字も異なるうえに，社会的背景の変化を反映して，少なからぬ異同がある。1896 (光緒22) 年には上海申昌書局発行の『増広華英字典』がある。

　1900年代には商務印書館が参入して一連の商務書館バージョンを提供，『商務書館華英音韻字典集成』では，ロプシャイト『英華字典』の広東語表現をしりぞけ，井上哲次郎『訂増英華字典』の増補訳語や品詞表記，ウェブスター辞書の情報もとりこんで，中級の英語学習者を対象にした新分野の発掘にのりだす。

　ひんぱんに広告に登場するのは，教科書，参考書の類，ついで簡便，安価な学習者向けの外国語辞典である。中華書局との教科書分野でのすさまじい主導権争い（樽本 2000 : 237-272）が背景にある。

注
1) 1812年，キリスト教関係の文書を中国語で印刷するものは死刑に処するとの勅令がだされ，恐怖に駆られた印刷工が活字をこわす，あるいは現地人助手が逃亡するといった事件があとを絶たなかった (E.Morrison 1839 vol.1 473, 474)。迫害のなりゆきを懸念したモリソンは，ヨーロッパ人に役立つと思われる第2部と第3部をまず終えてから，第1部を完成させるという方法をとったのである。
　　第3部のはしがきに，つぎのようにある。'This Dictionary has unavoidably been protracted till most of those who were immediately interested in the Author and his work "have sunk into the grave;" and the ardour of mind which hitherto urged him onward, through the wearisome task of verbal translation and compilation, no longer fills his breast. He has hurried this Part to a close; and he

must do the same with what yet remains unwritten of the First'（この辞典の完成が延びたのには，やむにやまれぬ事情があった。身近にあって私のしごとに直接関わった人びとも，おおかたは鬼籍に入ってしまった。逐語訳と編纂という退屈な課業を通じて，これまで私を前へと駆りつづけた情熱も，もはや尽きた。第3部ははやめに切りをつけた。第1部の残された部分についても，同じように始末しなければならない。）

　　はしがきの日付は1821年7月10日になっている。その1年後労苦を分かちあった同僚ミルン（W.Milne, 米憐 1785~1822）が病死し，モリソンは失意にあえぎながら孤独な作業をつづけていく。しかし，第1部の用例は親字の画数がふえるにつれてまばらになり，意符による通常の配列のあと，音符（湛，諶，黮における「甚」のごとき）によって配列しなおすという当初のプランも挫折した。

2) 「山中樹葉盡落」を「樹葉盡落」，「他大積聚了財帛」を「積聚」とするなど。
3) 鄺其照の著作には，*A Dictionary of English Phrases*（1881年出版後まもなく日本語に訳され，その後伍光健が中訳したものを，『英漢双解英文成語辞典』として1917年商務印書館が出版した（汪家熔1993:137））のほかに，*Series of Conversation Books, Comprehensive Geography, Manual of Correspondence and Social Usages, First Reading Book Illustrated with Cuts*など，教育関係のものが多い。

　　なお，百瀬・坂野1969:207-222には容閎1915（中訳）の訂正と，詳細な解説がある。

4) 岩崎克己1935:49に「其序（宮田注―『字典集成』再版の序）によれば，余曩刻有華英字典集成一書経已通行中外，とあるから此年以前の版本があるらしい」との記載がある。ともあれ，1935年という早い時期に，すでに『字典集成』初版の存在に気づいていた英学史学者がいたという事実は驚嘆に値する。しかし，この書が中国初の英華辞典であるという認識を，当時岩崎氏がもっていたかどうかという点は，やはり疑わしい。

5) 背表紙に『華英字典』とある端本がある。著者名不載，奥付もないが，点石斎の押印があり，末尾に「光緒十年歳次甲申陽月　点石斎主人謹識」とあるところから，光緒10年（1884）に刊行されたものらしい。1886年本は申報館申昌書画室発兌で，両書とも本文は344ページ，点石斎編『華英字典』（1879）と同じものである。

　　なお点石斎は，光緒3年（1877）英国の商人メジャー（E.Major）が上海土山湾印刷所の邱子昂を石版印刷技師として招いて，開設した印書局であ

る。手動の石版印刷機を購入し,『聖論詳解』『康熙字典』などを印刷した。

　旬刊『点石斎画報』は 1884 年創刊, 1898 年には停刊になるが, 文字よりも画を重視して, 工芸の新知識や諸国の風俗民情を紹介した結果, 最盛期には 2 万部を超える売り上げとなり, 一般大衆に対する知識の伝播に貢献した。19 世紀末の中国に出現した通俗的な新聞や図書の印刷には, 欧米の印刷技術が少なからぬ影響を与えている (蘇精 2000：290, 291)。

6) 見出し語と用例の扱いかた, 名詞と動詞を分けずに一括して収録している点, 広東語を採録している点, など『字典集成』再版(「其75」)との共通点が多い。〔A〕の部の見出し語については, 追補 5 例 (Aback, Adjective in Grammar, Alike-minded, Almug tree, Analysis, Ancestress), 削除 0, 変更 0, 〔L〕の部では追補 8 例 (Lathy, Lazar, Leaf-fan など) 削除 0, 変更 0。訳語と用例には若干の増補・変更があるが, 少数にとどまる。

7)「近来舶載スル所ノ華英字典一冊英語漢訳相対比シ簡ニシテ要ヲ得タリ(中略) 其ノ漢訳字義相類スルモノハ数語ヲ一訳ニ約メ其ノ数語ヲ含蓄スルノ原語ニシテ其ノ要義ヲ漢訳ニ欠クモノ及ヒ訳語穏当ナラスト認ムルモノ或ハ意義同シキモ我日用語ヲ施ストキハ更ニ明亮ヲ致スモノハ訳者の意ヲ以テ○ヲ加ヘ其下ニ付記ス」云々と識語にあり, 点石斎編『華英字典』(1879)の序文を転載している。

　「○ヲ加ヘ」とあるのは, たとえば 'Alchymy ○冶金術カネヲキタエルハウ; Ally ○同盟ドウメイ' のように, 説明を加えたものである。見出し語の削除が〔A〕の部 2 例 (Amount, Applause の名詞形), 〔L〕の部 5 例 (Layer, Lead, Light-fingered, Light-hearted, Lilac), 追補・変更ともに 0 となっている。

　永峰秀樹訓訳『華英字典』(「永峰」) は明治 14 年 (1881) に初版, 24 年に再版がでた。再版は初版とまったく同じ正誤表を巻末に載せており, 訂正の跡はみられない。

8)「熱帯, 温帯, 寒帯」の 3 語の成立と変遷については, 荒川 1997：38-76, 沈国威・内田 2002：91-108 に詳しい。

9)『華英字典集成』(1887) のはしがきから, 少し長いが引用する。

'In presenting the book to the public, a few words concerning the author's previous efforts in the same direction may not be inappropriate. In 1868 he published a small English and Chinese Lexicon, containing about eight thousand words, … with an added list （中略）The unexpectedly large circulation of that book was most gratifying, as showing the public need and appreciation of such a work. (後

第5章　鄺其照『字典集成』の系譜　213

略)'(本書を刊行するにあたって，辞書の分野での私のこれまでの努力について，いささか述べることを諒とされたい。1868年私は約8,000語を採録した，付帯情報つきの，小型の英華辞典を世に問うた。売り上げは予想以上に伸び，こうしたしごとに対する社会の要請と評価を示す結果になったのは，まことにうれしいことだった。)

　以下 'A revised edition of that work , enlarged by the addition of four thousand words, was published in 1875.'（4,000語を追加した改訂版を1875年に出版した）とつづくが，事実は削除や変更もかなりあることは，5.3.1.で述べた。

10) 慶応義塾本と国会図書館本はいずれも1887年にでているが，かなり開きがある。〔国会〕を基準にして〔A〕の部を照合すると，〔慶応〕で追補した見出し語は38例（Aback, Abusive, Abduce, Accompanying, Accouchement, Accurse.....Algebra, Algiers, Allopathy.....Annexation, Announcement, Arcade, Atlantic, Authoritiesなど），削除23例（Abused of mankind, Accipient, Accompt, Accomptant.....Acorus, Adder's tongue, Agar-agar, Astermarinus, Auriculaなど）で，削除のうち植物名が7例を占める。

　なお〔慶応〕と〔東洋〕は，扉（漢，英，認可，はしがき　まで全同。本文以下は活字が変わって，内容にもわずかな変動があるものの，ページ数とページ表記は一致する（1-454）。〔慶応〕で追補した見出し語38例は1例を除いて同じであり，主要語句分類リスト（雑字撮要）の諸項目の順序も，広東語の音訳をはぶいた点でも一致している。書式，里数一覧，中国輸出入税，通商条約の改正，中国王朝の歴史（語言文字合璧）も一致するので，両書ほぼ同じものとみて差し支えない。

　ただ，巻末の正誤表は両書まったく異なる。〔慶応〕の正誤表は〔国会〕のものと同じで，すでに訂正ずみの語句をあげており，確証はないが他から挿入したもののようである。

11) つぎは『華英字典集成』「雑字撮要」の内訳である。
　　大気，排気ポンプ，晴雨計，温度計，軽量ガス，熱と光，日光，天文・気象用語，地理用語，領地・道路，中国・日本・高麗・越南などの主要港，中国沿岸と揚子江周辺（開港地名，府・県），季節・月，支配者と高官，中国の文武官職，欧米諸国の官吏，英国海軍官職，英国陸軍官職，英国の官庁，外交官・領事，法と犯罪，刑罰，人倫，人道・社会，人種的特徴・宗教，知的職業，商人階級，各種の商売・取引・組織，船舶関係者，工芸，労働者，非行・犯罪，身体外部，身体内部，食品各種，料理各種，香辛料・調味料，酒，茶，アヘン，蝋・ガラス，什器・家具，店

舗，容器類，家庭用品・刃物，皿などの卓上用品，湯のみ・コップ類，時計・めがね類，玩具，楽器，装身具，裁縫用具，ランプと点灯用品，調理用品，化粧用品，礼拝用品，農機具，工作用具と製品，家屋，建築材料，戸・窓，官庁用語，商売，教育施設，公共施設，建築物と境界，絹製品，反物・布，衣類，皮革類，傘・帽子，履物，通貨，外国貨幣の価値，金属，商品・金融用語，宝石，顔料，色，燃料，花，中国産の果物，野菜類，鳥類，猛禽類，獣類，魚介類，昆虫類，筆記用具，書籍，証書・許可証など，壁の装飾・絵画など，武器，中国の船，洋船各種，馬車と馬具，鉄道用品・鉄道用語，宗教・信仰，内部疾患，外部疾患，外科手術，薬品，薬品の特性，調剤，度量衡

「雑字撮要」だけを独立させたものが2点ある（[[内田 i ,ii]]）。本文冒頭の書名はいずれも「増広英語撮要」（'The Classified List of Miscellaneous Important Terms'）となっていて，奥付によれば，[内田i] は民国10年（1921）に第30版，[内田ii] は民国21年（1932）国難後第1版を，民国22年（1933）国難後第3版をだしている。いずれも同内容である。

12)『英語集全』の原著は，和とじ帙入りの6冊本で，同治元年（1862）唐樞廷により広東で出版された。意味分類体の語彙集で，英文書名は *The Chinese and English Instructor* となっている。これが英→華ではなく，華→英であることは，英文書名もさることながら，翰林→Member of the Imperial Academy，状元→ Chief of the literati，榜眼→ Second of the literati といった例からあきらかであろう。英語にはもとの中国語に対応する語がないために，フレーズで説明するよりほかなかったのである。

13) 19世紀中葉以降，ヨーロッパの印刷技術が導入され，中国古来の木版印刷は凋落の一途をたどった。ロンドン宣教会は1843年香港に英華書院を設立したが，1850年代にかけての出版図書数は上海の墨海書館におよばず，1860年代には同じく上海の美華印書館にもおくれをとる。しかし英華書院が鋳造した活字は各地の出版機構に利用され，ついには北京政府も金属活字使用の列にくわわった。こうした風潮は1860年代には中国の知識層に広がり，伝統的な印刷方法は改変を迫られた。1866年墨海書館が閉館して，英華書院の活字部門は最重要の長期顧客を失う。

　ロンドン本部は英華書院の鋳印機器設備の売却を決定，1873年中華印務総局がこれを引き継ぎ，翌1874年2月4日循環日報が創刊される。主筆の王韜は金属活字鋳造の優位性を熟知しており，英華書院の鋳字部門の主管をつとめる黄勝ともよい交友関係にあった（蘇精2000：260-271）。

第6章　日本国内にある英華・華英辞典と語彙集

　第6章では，モリソン（Robert Morrison, 馬礼遜 1782~1834）『五車韻府』(1865)を上限とする英華・華英辞典と語彙集をとりあげ，国立国会図書館と東洋文庫に保管されているものを中心に，書誌的解説を加え，つぎの11項目にわけて述べる。下限は，初版が1900年までに発行されたものとする。

　「十九世紀の英華・華英辞典目録」『国語論究6　近代語の研究』1997（以下宮田1997aと略称）作成当時国内の所蔵を確認しえたものを中心に記述していく。各項の冒頭〔　〕に示す番号は，宮田1997aのそれと一致する。

　なお，モリソン『中国語字典』(仮称)(1815~23)は，諸本の異同があまりに複雑で，カテゴリー化は不可能であるとの判断から，第1章で詳細に記述し，本章でくりかえすことは避けた。また，商務印書館の参入とその影響については，第5章で触れた。

① 漢文書名：扉に記されたものを採録する。
② 英文書名：文字・記号ともに扉に記されたものを採録する。
③ 著者：改訂者，訳者を含む。
④ 出版社(者)・出版地：清政府の禁教政策のあおりで，初期の英華・華英辞典は中国国内では印刷できず，マカオや上海で印刷にあたったミッションプレスが出版業務を兼ねていた，という事情がある。そこで，「出版社(者)・出版地」が記載されていないものは，印刷社(者)・印刷地　を載せた。
⑤ 刊年：扉あるいは奥付の記述による。両者が一致しない場合は，で

きるだけ実際の刊年に近いと，内容から判断できるものを選ぶ。
⑥ 冊数・寸法：所蔵先ごとに冊数と寸法を記す。
⑦ 対訳・配列：「対訳」は英華・華英の別を記し，「配列」は部首順，ABC順，意味分類体の3種にわけ，下位配列のあるものはその旨を付記する。
⑧ 使用言語：おおむね著者自身の判定にしたがう。しかしインフォーマントの影響で，著者自身が誤認していることも充分に考えられる。著者の判定があきらかでないものには（－），疑問のあるものには（?）を付す。なお，英語は対象外とする。
⑨ 所蔵機関・所蔵者：所蔵先の蔵書番号を記す。
⑩ 成立：書名，はしがき，序文などからわかる成立の事情を記す。
⑪ 備考：構成の概略，本文の内容，版歴などを記す。周辺の事情は注記に入れる。

〔1'〕
漢文書名：五車韻府
英文書名：*A Dictionary of the Chinese Language*
著者：Robert Morrison
出版社・出版地：London Mission Press・London; Trubner & Co.・London（2冊-1865）
　　London Mission Press・Shanghae; Trubner & Co.・London（4冊-1865）
　　点石斎書局・上海（1907）
刊年：1865, 1907, 1913
冊数・寸法：

1冊	21.8cm × 15.2cm	（1865- 国会図書館）
2冊	23.2cm × 16.0cm	（1865- 天理大学）
4冊	14.4cm × 8.8cm	（1865- 愛知大学）
4冊	14.7cm × 8.5cm	（1907- 東京外国語大学）

第6章　日本国内にある英華・華英辞典と語彙集　217

対訳・配列：華英・ABC 順
使用言語：南京語
所蔵機関・所蔵者：

1865 刊　　　　　　　　　　　　　　　　　　　　　　（冊数）

国立国会図書館	495.1-M881d	（洋装合冊本）	1
国立国語研究所	413=951=2/D72/~2	（洋改装）	2
東洋文庫	Ⅲ-12-D-a-30	（洋装）	2
長崎県立長崎図書館	823-Mo/65-1, 823-Mo/65-2	（洋装）	2
東京大学総合図書館	D100-128	（洋装）	2
京都大学付属図書館	4-87 小別（169309）	（和装）	4
京都大学文学部図書室	中文/洋/823/M11（177802）	（洋装合冊本）	1
九州大学文学部図書室	倫理 G/269	（洋装）	2
早稲田大学図書室	文庫 8/c794/1~4	（和装）	4
愛知大学豊橋図書館	823-Mo78-1/4	（和装）	4
天理大学付属天理図書館	823-10	（洋装）	2
内田慶市		（和装）	4

1907 刊

| 東京外国語大学付属図書館 | 諸岡文庫Ⅰ-62-1~4 | （和装） | 4 |

1913 刊

| 内田慶市 | | （洋装）上冊のみ | 1 |

成立：（第1章に詳述）

備考：第2部「五車韻府」から，広東語による単語検索のための一覧表，ローマカトリック教会の辞典の発音表記，音節一覧表，星座，検字表，英語語彙索引，書体対照表などを省いた縮約版である。1865刊には，中型本（洋装）と小型本（和装―洋改装を含む）の2種がある。

1．1865刊（中型本）
　　○第1巻は，扉，広告，原著はしがき，変則的な発音表記と修正表，本文（pp.1-762 A~LWAN），第2巻は，扉，本文（pp.1-724 MA~YUNG），部首一覧表，部首別索引からなる。
　　○［長県］は部首一覧表と部首別索引を欠く。また［国会］の部首別索引は第1巻本文の前にあるなど，順序は諸本により異なる。本文の内容は諸本全同である。ただし，［国会］［長県］［九文］［東総］［天理］には第1巻の本文 pp. 593-597 に乱丁があり，第2巻の本文 pp.72-80 のページ表記は諸本により異なる。
　　○初版と1865刊中型本の本文を比べると，中型本の見出し字に，増補，削除，変更がみられ，全体的に削除が多い。また，中型本では有気音を含む音節を別項として立てている。
2．1865刊（小型本）
　　○いずれも和装本で（［国語研］は洋改装），「五車韻府」の題簽をもつ。
　　○［内田］，［愛知］は「五車韻府」に加えて，各冊ごとに「元」「亨」「利」「貞」と表記する。
　　○第1冊は，扉，広告，原著はしがき，変則的な発音表記と修正表，部首一覧表，部首別索引，本文（pp. 1-350 A~HEUNG），
　　　第2冊は，本文（pp. 351-762 HEUNG~LWAN），
　　　第3冊は，本文（pp. 1-350 MA~T'A），
　　　第4冊は，本文（pp. 351-724 TAE~YUNG）からなる。
　　○本文の内容は中型本と同じである。
3．1907刊（小型本）
　　［東外］がこれに属する。奥付に「6版」とある。扉と本文は1865刊と変わらない。
4．1913刊
　　［内田］にはさらに1913年に上海で復刻された，上下2冊本のうち上冊のみの洋装本があり，和装本の2冊めまでを収録している。

第6章 日本国内にある英華・華英辞典と語彙集　219

〔1"〕

漢文書名：五車韻府　華文譯英文字典

英文書名：*A Dictionary of the Chinese Language*

著者：Robert Morrison

出版社・出版地：点石斎・上海（申報館申昌画室発兌）

刊年：1879

冊数・寸法：1冊・20.4cm × 14.0cm（大阪女子大学）

対訳・配列：華英・ABC 順

使用言語：南京語

所蔵機関・所蔵者：

（冊数）

東洋文庫		Ⅲ -12-D-a-28	洋改装	1
国立公文書館内閣文庫	内閣1	内 E1854	和装	1
	内閣2	内 E1855	和装	1
	内閣3	内 E1856	和装	1
東北大学付属図書館		狩 4/27898/1	和装	1
東京大学総合図書館		D100-588	和装	1
一橋大学付属図書館		Ab12-2	和装	1
大阪女子大学付属図書館		英 300	和装	1
早稲田大学図書館		P/1047	和装	1

成立：（第1章に詳述）

備考：扉，序，本文（1-186丁），部首一覧表，アルファベット，部首別索引からなる。

　○和装本はいずれも「華文譯英文字典」の題簽をもつ。ただし，［内閣1，2］は題簽の一部が破損している。また，［早］のみは「五車韻府華文譯英文字典全」（手書き）とある。

　○本文は「五車韻府」(1865)（〔1'〕）と同じであり，1865刊の8ページ分を1丁に収める。［一橋］は，扉，序，本文最終丁を欠く。ま

た，1865刊の広告，はしがき，変則的な発音表記と修正表は，本書1879刊にはない。

〔2〕

漢文書名：——
英文書名：*English and Chinese Vocabulary*（?）
著者：John Francis Davis（?）
出版社・出版地：——
刊年：1823（?）
冊数・寸法：1冊・29.5cm × 21.0cm（東洋文庫）
対訳・配列：英華・ABC順
使用言語：——
所蔵機関・所蔵者：東洋文庫 MS-84
成立：手書きの影印版で，原本は和とじであったらしい。
備考：表紙のうらに'Davis J.F'と署名がある。つぎのページは，'English Chinese Vocabulary-1823'と読めるが，字がひどく震えている。署名は震えていないので，別人の筆のようでもある。英単語をABC順に配して中国語に訳しているが，本文の漢字はすこぶる稚拙で，Davis自身によるのものかどうか判定できない。本文は冠水による（?）しみがひろがり，判読しにくい。

〔3〕

漢文書名：——
英文書名：*Vocabulary, Containing Chinese Words and Phrases Peculiar to Canton and Macao; and to the Trade of Those Places; Together with the Titles and Address of All the Officers of Government, Hong Merchants &c. &c. Alphabetically Arranged, and Intended as an Aid to Correspondence and Conversation in the Native Language*

著者：John Francis Davis[1)]

出版社・出版地：East India Company's Press・Macao

刊年：1824

冊数・寸法：1冊・15.5cm × 11.5cm（国会図書館）

対訳・配列：英華・ABC順

使用言語：官話

所蔵機関・所蔵者：

| 国立国会図書館 | 495.1-V872 |
| 東洋文庫 | 0-3-D-7 |

成立：マカオの東インド会社印刷所で印刷，発行された。印刷責任者はトムズ（P.P.Thoms），書名の示すように，広東，マカオを中心とする交易にかかわることばを集めたもので，担当官吏の肩書きと住所，「行商」（Hong Merchants——担当官吏と外国商人の仲介をする中国商人）の名などを載せた実用的な語彙集である。覚書によれば「現地の発音は一定していないうえに，広東とマカオでは非常に差があるので，官話の表記を採用することとし，モリソンの正書法にしたがった」という。

備考：扉，覚書，本文（pp.1-77）からなる。諸本全同。

〔4〕

漢文書名：廣東省土話字彙

英文書名：*Vocabulary of the Canton Dialect.*

著者：Robert Morrison

出版社・出版地：East India Company's Press・Macao

刊年：1828

冊数・寸法：1冊・21.3cm × 13.5cm（東洋文庫）

対訳・配列：英華・ABC順（第1部），華英・ABC順（第2部），華英・意味分類体（第3部）

使用言語：広東語
所蔵機関・所蔵者：

国立国会図書館	107-216
東洋文庫	Ⅲ-12-G-68
大阪外国語大学付属図書館	380/334

成立：本書はヨーロッパ人の広東語の口語学習者を対象にしている。「当初は漢字抜きの辞典をつくろうと考えたが，その場合アルファベットと現地語の両方に通じた教師がいないかぎり，習得はむずかしい。期待通りにいかないことがわかったので，やむなく小規模なものにとどめた。広東であつかう外国商品の名称は，売り手，買い手によってまちまちであり，絹や皮の製品の区別は関係者しか知らないので，ヨーロッパの商人からも満足な情報は得られなかった」と序文にある。

　広東には当時欧州各国の商館（梁1937にその起源，沿革，事績についての詳細な論述がある）があり，政府の認可を得た現地商人（行商）を通じてのとりひきによって，莫大な利益をあげていた。広東語の学習者がふえる背景にはこうした事情があった。

備考：第1部は扉，序文，ローマ字表記の発音，本文（ページ表記なし　英→華），第2部は扉と本文（ページ表記なし　華→英），第3部は扉と本文（24章[2]）からなる。ただし［国会］は第1部を欠き，第3部の扉が欠落し，第3部が第2部に先行する。東洋文庫には，別にカルカッタで1840年に発行された *English and Chinese Vocabulary, the Latter in the Canton Dialect*（〔7〕）がある。やはりモリソンが著したもので，本文には漢字をまったく使用していない[3]。

〔5〕
漢文書名：――
英文書名：*A Dictionary of the Hok-Keen Dialect of the Chinese Language,*

According to the Reading and Colloquial Idioms: Containing about 12,000 Characters, the Sounds and Tones of Which are Accurately Marked;—— and Various Examples of Their Use, Taken Generally from Approved Chinese Authors. Accompanied by a Short Historical and Statistical Account of Hokkeen; a Treatise on the Orthography of the Hokeen Dialect; the Necessary Indexes, &c.

著者：Walter Henry Medhurst
出版社・出版地：East India Company's Press・Macao
刊年：1832
冊数・寸法：1冊・26.5cm×21.9cm（東洋文庫）
対訳・配列：華英・ABC順
使用言語：福建語
所蔵機関・所蔵者：

国立国会図書館	KK45-1
東洋文庫	Ⅲ-12-G-30
東京学芸大学付属図書館	823/Me14

成立：扉には1832刊とあるが，実際は中断されて1837年に出版された。本書の印刷は東インド会社の印刷所で1831年に始まったが，1834年チャーターが切れたため320ページで中断，1835年12月著者みずから出版資金を確保するため予約者を募集，広東のオリファント社が資金提供を申しでて，印刷は再開された（公告（Advertisement）による）。さらに詳しい成立の経緯については，2.3. を参照。

備考：扉，献辞，公告（ウィリアムズ（Samuel Wells Williams, 衛三畏 1812?~1884）による），はしがき，福建省の歴史と統計，福建語の発音表記，本文（pp.1-758），部首一覧表，部首別索引からなる。諸本全同。ただし［国会］は虫くいが多い。

〔6〕

漢文書名：──

英文書名：*A Vocabulary of the Hokkeen Dialect as Spoken in the County of Tsheang Tshew, to Which is Prefixed a Treatise on the Hokkeen Tones*

著者：John Francis Davis（?）

出版社・出版地：Anglo-Chinese College Press・──

刊年：1838

冊数・寸法：1冊・20.1cm × 13.0cm（国会図書館）

対訳・配列：華英・ABC順

使用言語：福建語（漳州）

所蔵機関・所蔵者：

| 国立国会図書館 | 107-213 |

成立：1838年刊行の本書の扉には著者名がなく，序文も無署名である。一方後半の箴言集（*Chinese Maxims*『賢文書』）はデイヴィス（John Francis Davis, 戴維斯 1795~1890）が編集し，1823年[4]にマカオで印刷したのち，ロンドンで刊行された。したがって本書は，デイヴィスの著作を後人がまとめて合本とし，1838年に出版したものと推定される。

　　ヨーロッパの中国語学習者には一切漢字を用いず，ローマ字で通すのが効果的だ，という考えにもとづいて編まれたもので，本書前半の語彙集はその実験的なこころみである。「語彙集であつかうのは，福建方言のひとつの漳州方言で，正書法と声調記号はメドハーストにしたがった」（序文による）。

　　「箴言集はヨーロッパ人の中国語学習者を対象とし，箴言200を収める。1818年作成後英本国に送られたが，活字不足のため中国にもどされ，東インド会社理事会の承認をえて，同社の印刷所で印刷された」（公告による）。

備考：扉，序文，福建語の声調に関する論文，語彙集（pp.1-96），索引，

箴言集（扉，献辞，公告，本文 pp.1-199）からなる。

〔7〕
漢文書名：──
英文書名：*English and Chinese Vocabulary, the Latter in the Canton Dialect*
著者：Robert Morrison
出版社・出版地：──・Calcutta
刊年：1840
冊数・寸法：1 冊・17.5cm × 10.5cm（東洋文庫）
対訳・配列：英華・ABC 順
使用言語：広東語
所蔵機関・所蔵者：東洋文庫　Ⅲ-12-G-99
成立：本書の本文は，同著者による *Vocabulary of the Canton Dialect*『広東省土話字彙』(1828)（〔4〕）の漢字を機械的にとりさったものである。
備考：扉に 'SECOND EDITION' とあるが，初版は『広東省土話字彙』(1828)なのか，あるいは別に漢字を除いて編集した初版があるのか，あきらかでない。

〔8〕
漢文書名：──
英文書名：*Chinese and English Dictionary; Containing All the Words in the Chinese Imperial Dictionary, Arranged According to the Radicals*
著者：Walter Henry Medhurst
出版社・出版地：──・Parapattan, Batavia
刊年：1842~43
冊数・寸法：2 冊　21.4cm × 13.0cm（東洋文庫）
対訳・配列：華英・部首別；下位配列（同部首，同画数）は ABC 順

使用言語：官話
所蔵機関・所蔵者：

東洋文庫	Ⅲ-12-D-a-23
静岡県立中央図書館	A0/9/1~2
東京大学文学部国語学研究室	011B/10
奈良女子大学付属図書館	E152/45
山口大学付属図書館	923/M213/1~2
九州大学付属図書館	629/M/3
国際基督教大学図書館	823/Me14c/v.1, v.2
立教大学図書館	495.13/M48
鶴見大学図書館	823-M
愛知大学豊橋図書館	823/Me14/(1), (2)
関西大学総合図書館	R2（和）823.13/M1/1-1, 1-2

成立： 「『康熙字典』に記載されている漢字をすべてとりあげながら，なおかつ使用頻度の多いものの用例をも含んだ華英辞典を提供したいと考えていた。中国の鎖国政策は急速に崩れつつあり，中国語を学ぼうとする学生の急増が予想される。完全な英華辞典をつくることが長年の夢だったが，手持ちのデータでは不充分とわかったので，まず中国語の意味を英語で把握したうえで，全体を逆転させ，『康熙字典』にない新しい表現をおぎなうことにした。」
「モリソン『中国語字典』その他からも用例をひろった。正書法はモリソンにしたがい，有気音とアクセントを加えた。モリソンの正書法が最適と考えたからではなく，これが一般によく使われているので，混乱を避けるためにこの方法をとったのである」（はしがきより）。詳しくは第2章を参照。

備考： 第1巻は扉，はしがき，本文 pp.1-648, 廃字・略字・俗字表（第1巻本文に採録されなかったもの），第2巻は扉，本文 pp.649-1486,

第6章　日本国内にある英華・華英辞典と語彙集　227

廃字・略字・俗字表（第2巻本文に採録されなかったもの）からなる。諸本全同。ただし［静県］は第1巻の扉を欠き，［九付］は第1巻のはしがきに乱丁があり，pp.1-8 が欠けている。

〔9〕
漢文書名：英華韻府歴階
英文書名：*An English and Chinese Vocabulary, in the Court Dialect*
著者：S. Wells Williams
出版社・出版地：香山書院・────; Office of the Chinese Repository・Macao
刊年：1844
冊数・寸法：1冊・20.5cm × 13.7cm（東洋文庫）
対訳・配列：英華・ABC 順
使用言語：官話
所蔵機関・所蔵者：

東洋文庫	Ⅲ-12-D-b-5
筑波大学付属図書館	E100-w81
長崎大学付属図書館経済学部分館	706-187
早稲田大学図書館	P2277
立教大学図書館	495.1/W72

成立：「本書はモリソン『広東省土話字彙』(1828)（〔4〕）を継ぐものとして企画されたが，内陸部との交渉が行われるようになったので，方針を変更して，官話を対象とすることにした。モリソン『中国語字典』(1815~23)，ゴンツァルヴェス（J.A.Goncalves）『洋漢合字彙』*Diccionario Portuguez-China*(1831)，ブリッジマン（Elijah Coleman Bridgman, 裨治文 1801~1861）*Chinese Chrestomathy in the Canton Dialect* (1841)，さらに現地人教師の意見などを参考にして編集した」（はしがきより）。

「本文は官話だけだが，巻末に部首別索引を付して文字ごとに官話・広東語・福建語（ここではアモイ方言）の発音を記し，3者を比較対照できるように配慮した」（序説より）。「見出し語数14,146語，索引には5,109字を収める」（訂正と追補より）。

備考：扉（漢，英），はしがき，中国語関係文献一覧，中国語文献主要翻訳書一覧，序説，本文（pp.1-335），部首別索引（pp.337-433），訂正と追補からなる。

　○本文につぎのような異同がある（pp.2,3,8）。p.9以降は諸本全同。
　　(a) Acclivity 懸崖，Acorn 橡子，Aptly 以合，Arrogant 驕傲，とあるもの：［東洋］［筑波］［長崎経］
　　(b) Acclivity 戀崖，Acorn 摖子，Aptly 悟性，Arrogant 驕傲，とあるもの：［早］［立教］
　○明治2年に柳沢信大が翻刻，出版した『英華字彙』は，本書に訓点を施したものである。

［10］

漢文書名：──

英文書名：*A Chinese and English Vocabulary, in the Tie Chiu Dialect*

著者：Josiah Goddard[5)]

出版社・出版地：Mission Press・Bangkok

刊年：1847

冊数・寸法：1冊・19.4cm × 12.2cm（東洋文庫）

対訳・配列：華英・ABC順

使用言語：広東語（潮州）

所蔵機関・所蔵者：東洋文庫 III -12-G-44

成立：本書は宣教師を対象とした潮州方言語彙集である。「日用語を数多く収録し，現地の音と声調を示し，簡単な意味を加えて，学習者の一般的なニーズにこたえるようにした。宣教師にとって必要な

のは，研究を目的とする書物をよむための音ではなく，話すための音である。」
　「本書は，音や声調によって意味の異なるものは，それぞれ別個に扱い，よむための音は，部首一覧表と本書で使用した漢字のリストで参照できるように配慮した。潮州方言の声調は官話とははなはだしく異なるが，本書はそれらをことごとく表記した」（序文による）。

備考：扉，序文，本文（pp.1-186)），部首一覧表（pp.189-192)，本書で使用した漢字のリスト（pp.193-248）からなる。

〔11〕
漢文書名：──
英文書名：*The Beginner's First Book in the Chinese Language (Canton Vernacular.) Prepared for the Use of the Housekeeper, Merchant, Physician and Missionary*
著者：Thomas T. Devan[6]
出版社・出版地：China Mail Office・Hongkong
刊年：1847
冊数・寸法：1冊・21.2 cm × 13.2 cm　（東洋文庫）
対訳・配列：英華・意味分類体
使用言語：広東語
所蔵機関・所蔵者：東洋文庫 Ⅲ-12-G-57
成立：主婦，商人，医師，宣教師の初心者を対象につくられた広東語のテキストで，東西共通のものの少ない薬のリストも加えている。
備考：扉，目次，はしがき，正書法，本文（pp.1-161)[7]，追補からなる。*The Beginner's First Book or Vocabulary of the Canton Dialect*（〔17〕）は，本書の再版（1858刊）と第3版（1861刊）にあたる。

〔12〕
漢文書名：――
英文書名：*English and Chinese Dictionary, in Two Volumes*
著者：Walter Henry Medhurst
出版社・出版地：Mission Press・Shanghae
刊年：1847~48
冊数・寸法：2冊・21.0cm×13.5cm（東洋文庫）
対訳・配列：英華・ABC順
使用言語：官話
所蔵機関・所蔵者：

国立国会図書館		KK-12-3; 495.1-M488e
国立国語研究所		413=2=951/Me14
東洋文庫		Ⅲ-12-D-b-27
国立公文書館内閣文庫	内閣 1	左 E421
	内閣 2	蔵 E7405
九州大学文学部図書室		英文筑紫文庫 243/40 or 33 （所在不明）
大阪女子大学付属図書館		英 324
国際基督教大学図書館		823ME14E/v.1, v.2
早稲田大学図書館		文庫 8/C-1277/(1)~(2)
関西大学総合図書館		R2/823.13/M1/2-1A, 2-2A

成立：「同著者の『華英字典』(仮称)(〔8〕)の華と英を逆転させてつくりあげた。詩の用語や特定の作家がまれにしか使わないことばも採用して，上級者の使用に耐えるものにし，使用頻度の高いものから順に配列した」(はしがきより)。

備考：第1巻は扉，はしがき，正書法，本文(pp.1-766　A~KOR)，第2巻は扉，本文(pp.767-1436　LAB~ZON)からなる。
　　　第1巻：[早]と[内閣1]は，扉の書体，はしがき，正書法のペー

ジ表記と改行位置が他と異なる。[内閣1]は劣化がはなはだしく，落丁が多い。本文pp.1-8はペン書きで補充してある。[早]と[内閣1]を除く諸本は全同である。

第2巻：[内閣1]は扉を欠き，劣化がはなはだしい。[内閣2]の扉は後人が作成したものである。[内閣2]はpp.767,768に落丁，[早]はpp.799-806に乱丁がある。[内閣1,2]と[早]を除く諸本は全同である。

〔13〕

漢文書名：飜譯英華厦腔語彙

英文書名：*Anglo-Chinese Manual with Romanized Colloquial in the Amoy Dialect*

著者：Elihu Doty[8)]

出版社・出版地：鷺門・──

刊年：1853

冊数・寸法：1冊・21.5cm×13.5cm（東洋文庫）

対訳・配列：英華・意味分類体

使用言語：アモイ語

所蔵機関・所蔵者：

| 東洋文庫 | Ⅲ-12-G-37 |
| 立教大学図書館 | 495.1-D72 |

成立：本書は日常生活においてアモイの中国人と接触する外国人を対象としている。「ポールマン（William John Pohlman, ?~1849）が自身のために作成したものをもとに，語句や声調記号を訂正してアレンジしなおし，セクションXIX（商業用語リスト）と，セクションXX（商品）を，あらたに加えた。正書法はアモイの宣教師が当時用いていたものを，できるだけ簡単にしてとりいれた」（序文による。序文は1853年3月31日に書かれているが無署名で，おそらくウィリアム

ズ（S.W. Williams（扉に 'Canton, S.W. Williams.....1853' とある）が書いたものと思われる）。

備考：扉（漢, 英）, 序文, 目次, 本文 (pp.1-214) からなる。

○本文は, つぎの項目にかかわる単語を, 英語と中国語, ローマ字によるアモイ語の発音表記の順に併記する。セクションⅠ宇宙から順に, Ⅱ自然界の構成要素, Ⅲ人間（身体外部, 身体内部, 霊魂と情念, 感覚, 分泌, 障害と病気, 背徳, 美徳と資性）, Ⅳ生活（一般, 父系, 母系, 家族関係, 姻戚関係）, Ⅴ職業（知識階級, 農民, 職人, 商人, 賎業）, Ⅵ建築, Ⅶ調度・備品, Ⅷ衣服, Ⅸ食事と食品, Ⅹ動物, ⅩⅠ道具, ⅩⅡ農耕と管理, ⅩⅢ船舶と航行, ⅩⅣ文献, ⅩⅤ科挙, ⅩⅥ国の上層部, ⅩⅦ武官と軍事, ⅩⅧ薬剤, ⅩⅨ商業用語リスト, ⅩⅩ商品, ⅩⅩⅠ数, ⅩⅩⅡ類別詞, ⅩⅩⅢ時と季節, ⅩⅩⅣ度量衡, ⅩⅩⅤ宗教, ⅩⅩⅥ品詞をあつかう。

○本文は英→華の形をとっているが, 実際は中国語を英訳して並べかえたものと思われる。中国語が一貫してワード型であるのに対し, 英語はフレーズ型のもの（例：Inferior objects of worships 神明）が散見されるからである。

〔14〕
漢文書名：──
英文書名：*A Vocabulary with Colloquial Phrases, of the Canton Dialect*
著者：S.W. Bonney[9]
出版社・出版地：Office of the Chinese Repository・Canton
刊年：1854
冊数・寸法：1冊・21.2cm × 13.5cm（東洋文庫）
対訳・配列：英華・ABC順
使用言語：広東語
所蔵機関・所蔵者：東洋文庫　Ⅲ-12-G-69

第6章　日本国内にある英華・華英辞典と語彙集　233

成立：本書は広東語の口語の語彙と用例をあつかう。[東洋] には，はしがきも序文もなく，扉にも書名以外は，'Printed at the Office of the Chinese Repository' と印刷場所を示す記述があるだけで，成立の事情を伝えるてがかりはない。

備考：扉，漢字の発音のポイント，本文 (pp.1-213)，正誤表からなる。本文は，英語の見出し語を ABC 順に配列し，英文の用例，その中訳と広東語のローマ字表記を掲げる。

〔15〕
漢文書名：華英通語
英文書名：──
著者：子卿
出版社・出版地：(協徳堂蔵板)・──
刊年：1855（咸豊5）
冊数・寸法：2 冊・21.9cm × 13.1cm（東北大学）
対訳・配列：華英・意味分類体
使用言語：──
所蔵機関・所蔵者：東北大学付属図書館 狩 /4-10073-1
成立：子卿と何紫庭については未詳で，成立の事情はあきらかでない。
備考：上巻は，扉，序（何紫庭による），目次，凡例，アルファベットの表（印刷体と筆記体），本文 (5-93 丁)，下巻は，本文 (94-168 丁) からなる。

　○本文はつぎの諸項目からなり，このスタイルは鄺其照に受け継がれている。

　　天文類，地理類，職分類，人倫類（原著目録では脱落），国宝類，五金類，玉石類，数目類，時節類，刑法類，紬緞類，布疋類，首飾類（帽子，布，靴，眼鏡など），顔色類，瓜菜類，薬材類，疾病類，茶葉類，通商類，食物類，酒名類，飛禽類，走獣類，魚蝦類，器

用類，房屋類，百工類，菓子類，身体類，草木類，各埠類，船隻類，炮製類，写字房什物類，粧扮類，工器類，房内用物類，単字類，二字類，三字類，四字類，五字類，六字類，七字類，長句式，単式類

○福沢範（諭吉）訳『増訂華英通語』（万延1=1860）は，本書にカタカナによる英語の発音表記と和訳を加えたものである。凡例に「サンフランシスコに寄港した際，清人子卿著『華英通語』を入手した」とある。

○先行研究論考のほぼ全部が，本書を英→華と誤認している（ただし，いずれも英→華か華→英かを主要なテーマとして論じたものではない）。福沢自身の誤認がもとになって踏襲されたもののようだが[10]，正しくは華→英である。その理由は，中国語はワード型が圧倒的なのに対し，英語は対応するワードがないために，大夫→ Great person, 護衛→ Imperial guard, 問斬→ To be beheaded, 聴訴→ To listen to the complaint, 状元→ Chief of the Literati のように，フレーズを用いて説明しようとしている例が多数あるからである。

○本書に関連するものに，さらにつぎの4種がある。
①『増訂華英通語』万延庚申元年（1860）快堂蔵板（関西大学総合図書館増田文庫蔵），②『華英通語』咸豊庚申（1860）西営盤恒茂蔵板（ハーバード大学燕京図書館蔵），③『華英通語集全』光緒己卯（1879）蔵文堂印（エール大学蔵），④『新増華英通語』（増補再版したのが光緒丙申（1896）。初版は，文裕堂主人黄永発の序によれば，光緒癸巳（1893）に発行された。19世紀中国の英語学習の視点から，さらなる考察が必要である（内田 2002a:141-150, 2005a:96-99）。本文の形式は鄺其照の「雑字撮要」を模したものと思われる。）[11]

〔16〕
漢文書名：英華分韻撮要

第6章　日本国内にある英華・華英辞典と語彙集　235

英文書名：*Tonic Dictionary of the Chinese Language in the Canton Dialect*[12)]
著者：S. Wells Williams
出版社・出版地：中和行・広東：Office of the Chinese Repository・Canton
刊年：1856
冊数・寸法：1冊・21.0cm×14.0cm（国会図書館）
対訳・配列：華英・ABC順
使用言語：広東語
所蔵機関・所蔵者：

国立国会図書館	495.1-W727t
東洋文庫	Ⅲ-12-D-a-18
筑波大学付属図書館	E100-w80
天理大学付属天理図書館	823-38

成立：本書は宗教と科学の面で現地人の啓蒙活動に従事する人びとを対象とし，かれらの広東語の口語習得を助ける目的で編集した声調辞典である。「そのため，収録字数を7,850字におさえる一方で，法律・薬品・占星・詩などの用語は，先行辞典よりも多く収録した。つぎの諸辞典と併用することが望ましい」（はしがきより）。

モリソン（R. Morrison）*Vocabulary of the Canton Dialect*（1828）

ブリッジマン（E.C. Bridgman）*A Chinese Chrestomathy in the Canton Dialect*（1841）

ウィリアムズ（S.W. Williams）*Easy Lessons in Chinese, Specially Adapted to the Canton Dialect*（1842）

デヴァン（T.T. Devan）*The Beginner's First Book in the Chinese Language（Canton Vernacular）*（1847）

ボニー（S.W. Bonney）*A Vocabulary with Colloquial Phrases of the Canton Dialect*（1854）

「本文をできるだけ圧縮して，旅行にも携帯できるようにし，用例

はすべてローマ字だけにして，声調と有気音の表記を重視した。広東語の発音の基準としたのは，現地で作られた『江湖尺牘分韻撮要合集』（略して「分韻」）だが，これは俗語の音をほぼ全部はぶいてあるうえに，漢字のあてはめかたも恣意的で，外国人の学習には適当でない。そこで本書では現実に使われている 707 音節をとりあげ，『分韻』にはない韻母と声母の表を付した。正書法は，一部すでに中国でも使われているジョーンズ（W. Jones）のものを採用し，広東語の母音・二重母音・子音のすべてを含むリストを作り，官話だけがもつ特殊な音を加えて，双方とも理解できるように配慮した」（序説より）。

備考：扉（漢，英），はしがき，序説（pp.ix-xxxvi，長文の序説でつぎの諸項目からなる──①広東語：広東語と官話の比較，広東語と潮州語の比較，分韻・モリソン・デヴァン・ボニーの正書法の比較，声母表，本書の正書法　②声調：8声調と有気音　③本書の計画：音節ごとに声調によって配列，索引を用いて漢字を検出，部首のみつけかた，画数のかぞえかた），本文（pp. 1~712, 音節を ABC 順に配し，各音節を声調別にわけ，有気音をもつものは別項をたてる。漢字は見出し字のみで，用例には使われていない），追補と正誤，一般姓（「陳，周，張，朱，何」のごとく1字の姓）一覧，双姓（「欧陽，諸葛，公孫，司馬」のごとく2字の姓）一覧，部首一覧表，『分韻』収録漢字索引（pp. 738-832）からなる。諸本全同。

〔17〕

漢文書名：──

英文書名：*The Beginner's First Book, or Vocabulary of the Canton Dialect*

著者：Thomas T. Devan　改訂者：Wilhelm Lobscheid

出版社・出版地：China Mail Office・Hongkong（1858）:
　　　　　　　　A. Shortrede & Co.・Hongkong（1861）

刊年：1858, 1861

冊数・寸法：

| 1冊 | 21.9cm × 13.6cm | （1858- 東洋文庫） |
| 1冊 | 16.4cm × 10.2cm | （1861- 国会図書館） |

対訳・配列：英華・意味分類体

使用言語：広東語

所蔵機関・所蔵者：

| 1858 刊 | 東洋文庫 | Ⅲ-12-G-58 |
| 1861 刊 | 国立国会図書館 | 128- 洋 -420 |

成立：1847刊（[11]）が初版，1858刊が再版，1861刊が第3版である。初版をロプシャイトが改訂増補し，詳しい発音表記を加えて，くだけた表現にも対処できるようにしてある。

備考：再版は扉，初版のはしがき，再版のはしがき，正書法，本文（pp.1-123）からなる。第3版は再版の諸項目に第3版のはしがきと目次が加わる。初版と再版とを比較すると，正書法に増補と変更がある。また，再版のはしがきによれば，「本文は初版のほぼ3分の1にあたる語数を増補した」という。第3版にも増補と変更がみられる。

[18]

漢文書名：英粵字典

英文書名：*An English and Cantonese Pocket-Dictionary, for the Use of Those Who Wish to Learn the Spoken Language of Canton Province*

著者：John Chalmers[13]

出版社・出版地：London Missionary Society's Press・Hongkong

刊年：1859, 1862, 1870, 1872, 1873

冊数・寸法：

1冊	16.0cm × 9.7cm	(1859- 東洋文庫)
1冊	16.7cm × 10.7cm	(1862- 天理大学)
1冊	18.7cm × 12.0cm	(1870- 内田慶市)

対訳・配列：英華・ABC 順
使用言語：広東語
所蔵機関・所蔵者：

1859 刊	東洋文庫	Ⅲ-12-G-46
1862 刊	国立国会図書館	495.1-C438e
	天理大学付属天理図書館	823-68
1870 刊	内田慶市	
1872 刊	(所在不明)	
1873 刊	(所在不明)	

成立：初版，再版とも序がないが，書名から広東省の話しことばを学ぼうとする人のための小型辞典であることがわかる。

備考：1859刊（初版）は扉，中国語の発音の規則，本文 (pp.1-159)，1862刊（再版）は扉，中国語の発音の規則，正誤表，表題，本文 (pp.1-163) からなる。1870刊（第3版）は扉，中国語の発音の規則，本文 (pp.1-146) のみで以下欠丁。初版と再版を比較すると，「中国語の発音の規則」に増補があり，活字の種類と改行位置に異同があり，本文も増補されている。

　　国会図書館に西村茂樹による写本がある。初版を写したものである。1872刊 (S. Coupling *Encyclopaedia Sinica*, 1917 による。書名がやや異なるが，刊年からみて第3版とかんがえられる。未見) と 1873刊（アイテルErnst J.Eitel, 1838~1908 *Chinese Dictionary in the Cantonese Dialect* 1877-xi〔35〕) に第4版の紹介記事がある。未見) は所在不明。

　　なお同著者による『英粤字典』*An English and Cantonese Dictio-*

nary（〔36〕）が1878年と1891年に香港からでており，扉によればそれぞれ第5版と第6版である。第7版は1907年に出版されたディーリー（T.K. Dealy）による改訂版とされている。

〔19〕
漢文書名：英華行篋便覧
英文書名：*The Tourists' Guide and Merchants' Manual Being an English-Chinese Vocabulary of Articles of Commerce and of Domestic Use; Also, All the Known Names Connected with the Sciences of Natural History, Chemistry, Pharmacy, &c. &c. &c. in the Court and Punti Dialects Compiled from All Available Sources for the Publisher*
著者：Wilhelm Lobscheid
出版社・出版地：Office of the Daily Press・Hongkong
刊年：1864
冊数・寸法：1冊・27.0cm×9.7cm（国会図書館）
対訳・配列：英華・ABC順，一部に意味分類体
使用言語：官話　広東語
所蔵機関・所蔵者：

| 国立国会図書館 | 107-198 |
| 東洋文庫 | Ⅲ-12-D-b-40 |

成立：欧米人旅行者，商人，学生，内陸部から沿岸部にやってくる中国人などを想定した語彙集。扉にも序文にも著者名は記されていないが，A. Wylie 1967-187にロプシャイトの著作について書かれた部分があって，本書の書名があがっている。

備考：扉，はしがき，正書法，目次，本文（pp.1-148）からなり，諸本全同。商品，家庭用品をはじめ，化学，薬品関係の一般用語について，官話と広東語の発音を示す。獣，鳥，色彩，綿花，魚，花，食物，喬木，果物，紗，虫，薬，金属，鉱物，病気，植物，外科医

療,野菜,穀物など種々雑多な項目を収める。
○ 純粋の現地語は現地語のみで示し,純粋かどうか疑わしいものは括弧にいれる。本書の配列は変則的で,他の単語に混じって類語がまとめて挿入されていたりする。たとえば〔A〕では'Aniseed, Anklets, Ant'のあとに'Animals'がくるが,ここに〔A〕から〔Z〕ではじまる動物名を挟んで,つぎの見出し語'Apothecary'に続く。以下同様で,目次のページ表記に不連続の部分があるのは,そのためである。

〔20〕
漢文書名：英華字典
英文書名：*English and Chinese Dictionary with the Punti and Mandarin Pronunciation*
著者：Wilhelm Lobscheid
出版社・出版地："Daily Press" Office・Hongkong
刊年：1866~69
冊数・寸法：

4冊	33.3cm × 23.2cm（内閣文庫 交 E13158）
2冊	33.5cm × 23.5cm（内閣文庫 E1857）
1冊	32.5cm × 23.0cm（内閣文庫 蔵農 E8454）

対訳・配列：英華・ABC順
使用言語：官話　広東語
所蔵機関・所蔵者：

（冊数）

国立国会図書館	国会1	495.1-L786	4
	国会2	495.1-L797e	2
	国会3	495.1-L797e	2
	国会4	495.1-L786-c2（第1部のみ）	1

第 6 章　日本国内にある英華・華英辞典と語彙集　241

	国会 5	495.1-L786-2-c2（第 2 部のみ）	1
	国会 6	495.1-L786-v3（第 3 部のみ）	1
	国会 7	495.1-L786	2
国立国語研究所		413=2=N/Me14	4
東洋文庫		Ⅲ-12-D-b-62	4
国立公文書館内閣文庫	内閣 1	交 E13158	4
	内閣 2	蔵 E7321（第 1，第 2 部を欠く）	1
	内閣 3	E14970（第 1，第 2 部を欠く）	1
	内閣 4	蔵農 E8454	1
	内閣 5	蔵 E7269	2
	内閣 6	内 E11670	2
	内閣 7	蔵農 E6280	2
	内閣 8	E12073	2
	内閣 9	内 E1857	2
	内閣 10	博農 E986	2
	内閣 11	左 E334	2
	内閣 12	法 E1092	2
	内閣 13	内 E1858	2
	内閣 14	司 E4703	2
	内閣 15	蔵 E2515	2
	内閣 16	蔵 E2513	2
	内閣 17	司 E4705	2
	内閣 18	蔵 E5856	2
	内閣 19	内農 E9046	2
	内閣 20	教内 E10987	2
	内閣 21	内 E11669	2
	内閣 22	農 E3503（欠番）	―
	内閣 23	内 E11668	2

	内閣 24	内 E11056	2
	内閣 25	E135A; E135B	2
	内閣 26	E4559B	2
	内閣 27	工 E17913	2
	内閣 28	内 E13613	2
	内閣 29	農 E3505	2
	内閣 30	工砒 E17315	2
	内閣 31	E277	4
	内閣 32	外 E6741	4
	内閣 33	蔵 E2729(第3部, 第4部を欠く)	1
	内閣 34	司 E4559A	2
	内閣 35	蔵 E5541	2
	内閣 36	蔵 E7448	4
	内閣 37	蔵 E9693	4
東大文学部言語学研究室			2
静岡県立中央図書館		G823-11-1~4 特	4
大阪府立中央図書館		C-27	2
北海道大学付属図書館	北海 1	農学校文庫 423/L78	4
	北海 2	農学校文庫 423/L78	4
	北海 3	農学校文庫 423/L78	4
	北海 4	農学校文庫 423/L78	2
	北海 5	農学校文庫 423/L78	2
筑波大学付属図書館	筑波 1	E100-ℓ35	4
	筑波 2	E100-ℓ48	2
	筑波 3	823.23-ℓ77	2
群馬大学付属図書館		833/L77/1~2	2
東京大学総合図書館		D100-189	2
一橋大学付属図書館		Ab21-14C	2

第6章　日本国内にある英華・華英辞典と語彙集　243

金沢大学付属図書館		6-51-78	4
名古屋大学農学部図書館		823/L173828~9	2
滋賀大学付属図書館		123~125/830（第3部を欠く）	3
京都大学文学部図書室		中文/洋/823/L-11	2
大阪外国語大学付属図書館		C380/414	2
奈良女子大学付属図書館		153/46	2
山口大学付属図書館		立3/61	4
九州大学文学部図書室		英文筑紫文庫243/3	2
長崎大学付属図書館経済学部分館		706-123~126	4
慶応義塾図書館	慶応1	D1/22/2	4
	慶応2	D20/15/2	2
	慶応3	D20/16/2	2
拓殖大学図書館		823-6	2
日本大学法学部図書館		87-0908-0911	4
お茶の水図書館	お茶1	823-2（第1部，第2部のみ）	1
	お茶2	823-3（第3部，第4部のみ）	1
同志社大学図書館	同志1	892.3/L	4
	同志2	新島旧邸文庫	4
天理大学付属天理図書館		823-夕30	4
荒川清秀			2
飛田良文			2
宮田和子			2

　成立：「先行諸辞典の功績は認めなければならないが，すでに時代遅れの
　　　　感があることは否めない。中国をめぐる情勢は急激に変化し，20
　　　　年前とは比較にならない。外国との交流が拡大した結果，英語と
　　　　科学の知識を吸収すべく，現地人向けの施設がひらかれた。それ
　　　　にみあう表現を収めた総合辞典の発行が急務となった。見出しと

なる英語の取捨選択の基準としては,ウェブスター辞書を参考にした。ウェブスターに廃語とか使用頻度少とか注記してあるものは,極力はぶいた。日用的な表現の応用例を多くとりあげたのは,現地人それに教育水準の低い外国人との交流を通して,その必要を痛感したからである。」

「本書は中国語の学習者と同時に,商業界の人びとも対象としている。英語に対応する中国語を指さしてしめすことができれば,取引は容易になる。広東語の発音だけでなく,ウィリアムズの正書法による官話の発音もとりいれた」(はしがきによる)。

備考:第1部は,扉,序説,本文 (pp. 1-551 A~C), 第2部は,扉,本文 (pp. 553-980 D~H),補遺および正誤表,第3部は扉,本文 (pp.981-1418 I~Q),補遺,第4部は,扉,本文 (pp.1419-2013 R~Z),補遺および正誤表からなる([国語研]による)。なお,2巻本は第1部と第2部,第3部と第4部をそれぞれ合本したものである。

なお国立公文書内閣文庫に保管されているものには「交農」「蔵」「蔵農」のように購入当時の所轄省名が付されているが,これは旧目録にしたがったもので,現在は省いて閲覧を申請することができる。

那須1997は端本をふくめて76部の所在を確認し,うち74部の調査結果を,所蔵者,略称,図書番号,製本形態の4項目に分けて記録したうえで,個別に書誌学的解説を加えており,特に[内閣32](宮田1997aでは[内閣1])のみに献辞が付されていることに注目している。

さらに東京美華書院による復刻版 (1996) に,「《英華字典》初版の原姿について―その構成内容をめぐって―」と題する那須氏の解説が載っている。

A. 第1部～第4部に共通の異同:
  1. 扉

第6章　日本国内にある英華・華英辞典と語彙集　245

○刊年の表記につぎの5種がある。

	（第1部）	（第2部）	（第3部）	（第4部）
(a)	1866	1867	1868	1869
(b)	1866	1869	1869	1869
(c)	乾1866	——	坤1868	——
(d)	1866	1867	1867	1869
(e)	1866	1869	1868	1869

　　(b) は［阪外］のみ，(c) は［一橋］のみ，(d) は［内閣29］のみ，(e) は［宮田］のみ，その他はすべて (a) である。
○［内閣20］第4部，［内閣25］第1部と第2部，［滋賀］第1部は扉がない。
○［一橋］の第3部の扉は，'PART Ⅲ' の 'Ⅲ' の部分に 'Ⅱ' と貼付してある。

2. 序説（INTRODUCTION）
○諸本いずれも第1部にあり，全同。ただし［内閣25］はpp. 1,2,,［滋賀］はpp.1-8を欠く。

3. 本文
○全巻を通じて諸本全同。ただしつぎの個所に乱丁と落丁がある。

国会3	第3部	pp.1057-1064 が p.986 と p.987 の間にある。
内閣25	第2部	pp.553-560
北海3	第3部	pp.1407-1418
北海5	第4部	pp.1983-2013
筑波1	第3部	pp.983, 984, 1409-1418
滋賀	第1部	p.551 の下半分
滋賀	第2部	pp.969-980
滋賀	第4部	pp. 2001~2013

B. 各部別の異同：

第1部

  1. 発行通知（PUBLISHER'S NOTICE）①の有無

    (a) あるもの：［内閣1］［阪外］［山口］［日法］

    (b) ないもの：［国会1~4, 7］［国語研］［東洋］［内閣4~21, 23~37］［東大言］［静県］［阪中央］［北海1~5］［筑波1, 2, 3］［群馬］［東総］［一橋］［金沢］［名農］［滋賀］［京文］［阪文］［奈良］［九文］［長崎経］［慶応1~3］［拓殖］［同志1, 2］［天理］［お茶1, 2］［荒川］［飛田］［宮田］

  2. はしがきの有無②

    (a) あるもの：［国会7］［東洋］［内閣1, 11, 17, 27］［北海1］［東総］［阪外］［山口］［長崎経］［日法］［荒川］［宮田］

    (b) ないもの：［国会1~4］［国語研］［内閣4~10, 12~16, 18~21, 23~26, 28~37］［東大言］［静県］［阪中央］［北海2~5］［筑波1, 2, 3］［群馬］［一橋］［金沢］［名農］［滋賀］［京文］［阪文］［奈良］［九文］［慶応1~3］［拓殖］［同志1, 2］［天理］［お茶1, 2］［飛田］

  3. ［内閣1］のみにレプシウス（C.R. von Lepsius），シェルツェル（Chevalier Karl von Scherzer），オーフェルベック（G. Overbeek）にあてた献辞がある。

第2部と第3部

  1. 1）補遺および正誤表（ADDENDA & CORRIGENDA）と 2）補遺（ADDENDA）についての異同：1) 2) いずれも諸本全同。

    (a) 1) が第2部の本文の，2) が第3部の本文のつぎにあるもの：

---

① ：本書成立の事情と価格を述べる。全巻一括購入すれば＄30，各巻別なら$7.50とある。香港 Daily Press Office 発行，1866年10月15日の日付になっている。諸本全同。

② ：英漢2様のはしがきがある。諸本全同。1) 英文はしがき（REFACE）は，成立の事情を述べる。April 28, 1866 の日付になっている。2) 序（漢文）は，張玉堂による本書推奨の辞である。

　　　　［国会 2, 3, 7］［国語研］［東洋］［内閣 1, 4, 5, 7, 10, 12~18, 23, 26~37］
　　　　［北海 1, 2, 4, 5］［筑波 2, 3］［東総］［金沢］［名農］［京文］［阪文］［阪外］［奈良］［山口］［九文］［長崎経］［慶応 1~3］［拓殖］［日法］［お茶 1, 2］［荒川］［飛田］［宮田］
　　(b)　2) が第 2 部の本文の, 1) が第 3 部の本文のつぎにあるもの：
　　　　［国会 1］［内閣 3, 6, 8, 9, 19, 21, 24］［東大言］［静県］［阪中央］［群馬］［同志 1, 2］［天理］
　　(c)　1) がないもの：［滋賀］
　　(d)　2) がないもの：［内閣 11, 20, 25］［北海 3］［筑波 1］［一橋］
2. ［北海 3］は，「英華字典」と, 後人の墨書と思われるものが, 第 3 部の扉の前に挿入されている。

第 4 部
1. ［内閣 20］は扉を欠く。
2. はしがき（PREFACE）の有無[③]
　　(a)　あるもの：［東洋］［内閣 1, 11, 17, 27］［東総］［阪外］［荒川］
　　(b)　ないもの：［国会 1~3, 7］［国語研］［内閣 2~10, 12~16, 18~21, 23~26, 28~32, 34~37］［東大言］［静県］［阪中央］［北海 1~5］［筑波 1, 2, 3］［群馬］［一橋］［金沢］［名農］［阪文］［奈良］［山口］［九文］［長崎経］［慶応 1~3］［拓殖］［日法］［同志 1, 2］［天理］［お茶 1, 2］［飛田］［宮田］
3. 補遺（ADDITIONS AND OMISSIONS），正誤表（CORRECTIONS）の有無：
　　(a)　あるもの：［国会 1~3, 7］［国語研］［東洋］［内閣 1~21, 23~32, 34~37］［東大言］［静県］［阪中央］［北海 1~4］［筑波 1, 2, 3］［群馬］［東総］［一橋］［金沢］［名農］［京文］［阪文］［阪外］［奈良］

---

③ チャーマーズ（John Chalmers, 湛約翰 1825~1900）やメドハースト（Walter Henry Medhurst, 麦都思 1796~1857）の辞典と本書の収録字数を比較し, 中国語の名詞と形容詞の識別, 元素記号を表す漢字の造字法を説明する。Feb.1869 の日付になっている。諸本全同。

　　　　［山口］［九文］［長崎経］［慶応 1~3］［拓殖］［日法］［同志 1, 2］
　　　　［天理］［お茶 1, 2］［荒川］［飛田］［宮田］
　(b) ないもの：［北海 5］［滋賀］
　○大阪大学文学部国文科研究室所蔵823/LOB/1~4は本書の縮刷版である。
　○本書と柴田昌吉・子安峻編『英和字彙』の訳語における関連については，森岡 1969 および永嶋 1970 に詳しい。
　○本書にもとづく和刻本に，中村敬宇校正『英華和訳字典』(1879)，井上哲次郎訂増『訂増英華字典』(1883~85) があり，いずれもウェブスター辞書の影響が顕著である。また，後者の増補訳語は主として先行英華辞典群の訳語からとられている（第 4 章で詳述）。
　○のちにキングセル (Fung Kingsell, 馮鏡如 1844?~1913) による改訂版 *A Dictionary of the English and Chinese Language with the Merchant and Mandarin Pronunciation* （1897）（〔50〕）が出版されている（第 4 章で詳述）。

［21］
漢文書名：字典集成
英文書名：*An English and Chinese Lexicon Compiled in Part from Those of Morrison, Medhurst and Williams*
著者：鄺全福（鄺其照）
出版社・出版地：De Souza & Co.・Hongkong
刊年：1868
冊数・寸法：1 冊・20.5cm × 13.6cm　（お茶の水図書館）
対訳・配列：英華・ABC 順；華英・意味分類体
使用言語：広東語（を含む）
所蔵機関・所蔵者：お茶の水図書館　823-1
成立：本書は中国人の手になる初の英華辞典で，メドハースト『英華字

典』(仮称, 1847~48)([12]) を底本としている。詳しくは第5章を参照。

備考：扉 (漢, 英), 本文 (pp.1-326), 部門別主要語句, 俗語注解, 問答各種, 正誤表からなる。

○鄺其照『華英字典集成』(1887) ([42]) のはしがきに, 1868年鄺其照が小型の英華辞典 ('a small English and Chinese Lexicon') を刊行した旨の記述がある。

○本書の本文に4,000語を加え (1887刊のはしがきによる), 主要語句を増補し, あらたに第2部～第5部 (書式, 輸出入税など) を加えたものが, 同著者による『字典集成』(1875) ([32]) である。

○鄺其照の略歴, 著作については, 第5章で触れた。

[22]
漢文書名：――
英文書名：*A Vocabulary of the Shanghai Dialect*
著者：Joseph Edkins[14)]
出版社・出版地：Presbyterian Mission Press・Shanghai
刊年：1869
冊数・寸法：1冊・21.2cm × 14.0cm （東洋文庫）
対訳・配列：英華・ABC 順
使用言語：上海語
所蔵機関・所蔵者：

国立国会図書館	495.1-E23v
東洋文庫	Ⅲ-12-G-4
京都大学文学部図書室	E5/25 （340496）
長崎大学付属図書館経済学部分館	706-M5
内田慶市	

成立：1853年に上海で出版，1868年に再版されたエドキンズ（Joseph Edkins, 艾約瑟 1823~1905）の文法書に，*A Grammar of Colloquial Chinese as Exhibited in the Shanghai Dialect* がある。本書はそれに付随するマニュアルとして企画され，上海で出版された。本来一括して出版すべきものだったが，出版社の意向にしたがって別々に発行された（はしがきによる）。なお，エドキンズの中国語研究については，何群雄 2000：115-127 に詳しい。

備考：扉，はしがき，正書法について，本文（pp.1-151）からなり，諸本全同。

〔23〕

漢文書名：――

英文書名：*An Alphabetic Dictionary of the Chinese Language in the Foochow Dialect*

著者：Robert Samuel Maclay, Caleb Cook Baldwin [15]

出版社・出版地：Methodist Episcopal Mission Press・Foochow; Trubner & Co.・London

刊年：1870, 1898

冊数・寸法：

| 1冊 | 22.2cm × 14.5cm | （1870- 岡山大学） |
| 1冊 | 26.5cm × 19.8cm | （1898- 東洋文庫） |

対訳・配列：華英・ABC 順

使用言語：福建語（福州）

所蔵機関・所蔵者：

1870 刊

東洋文庫	Ⅲ-12-G-21
国立公文書館内閣文庫	内農 E-9021
岡山大学付属図書館	O/319
青山学院資料センター	F11/4

天理大学付属天理図書館	828-22
関西大学総合図書館	R828-M1-1

1898 刊

東洋文庫	Ⅲ-12-G-22
横浜市立大学図書館	823/5

成立：本書の初版は，福州語の文語と口語を同時に修得させることを目標にしたもので，略字，異体字を含めて9,390字を収録し，928音節をあつかう。用例数30,000~35,000のうち，古典以外の一般表現が3分の2から4分の3を占める。「資料収集に12年を費やし，『康熙字典』と現地の声調字典『戚林八音合訂』，さらにモリソン，メドハースト，ウィリアムズの辞典を参考にした。出版費はアメリカのMethodist Episcopal Churchに属する福州のミッションプレスが負担した。」

「本文1010ページのうち，pp.1-631はマックレイ（Robert Samuel Maclay, 麦利加 1824~1907）が準備したものをボールドウィン（Caleb Cook Baldwin, 摩憐）が校閲，訂正した。特にpp.403-631は完全にボールドウィンが書き直し，pp.632-1010はボールドウィンひとりが担当した」（序文とはしがきより）。

「初版が品切れになったため，福州宣教会（Foochow Missionary Union）は，ボールドウィン，スチュワート（R.W. Stewart），レイシー（W.H. Lacy）の3人に，改訂を加えた再版の発行を命じた。ボールドウィンは帰米直前に改訂を終え，レイシーが出版業務を，スチュワートが資金繰りを担当した。この改訂版では，当時使われていたスチュワートのローマ字化方式をあらたに採用したため，校正にてまどり，出版が遅れた（再版のはしがきより）。

備考：初版：扉，はしがき（マックレイによる），序文（無署名だがおそらくボールドウィンによる。正書法，声調，反切，部首について），本文

(pp.1-1010——'COM'は文語と口語に共通(common)の表現,'COLL'は口語(colloquial)表現をあらわす。また,脚注の形で漢字の用例を載せている),追補,部首一覧表,索引,正誤からなり,諸本全同。
再版:扉,初版のはしがき,再版のはしがき,序,本文(pp.1-704 親字,字義,用例は初版とほぼ同じだが,発音表記は異なる),部首一覧表,索引からなる。ただし,[横市]は扉と本文のみ。

〔24〕
漢文書名:——
英文書名:*A Vocabulary of Proper Names, in Chinese and English, of Places, Persons, Tribes and Sects, in China, Japan, Corea, Annan, Siam, Burmah, the Straits and Adjacent Countries*
著者:Frederick Porter Smith[16)]
出版社・出版地:Presbyterian Mission Press・Shanghai
刊年:1870
冊数・寸法:1冊・26.2cm × 16.7cm (東洋文庫)
対訳・配列:華英・ABC順
使用言語:官話
所蔵機関・所蔵者:

国立国会図書館		69-95
東洋文庫	東洋1	Ⅲ-12-D-c-8
	東洋2	Ⅲ-12-D-c-8
東京大学東洋文化研究所付属東洋学文献センター		E2/24

成立:本書は書名の示すように,清国を主として日本,朝鮮,安南,ビルマ,シャム,海峡周辺諸国の地名,人名,王朝,氏族などの固有名詞を集め,中国語習得の補助手段として利用することを目標にしている。マルコ・ポーロの著作にあらわれた清国の主要な地名の

ほか，著者の職業を反映して，薬品関係の語も収められている。
　「すでに1844年に刊行されたウィリアムズの *Chinese Topography* があるが，スミス（Frederick Porter Smith, 師惟善）はこの著作の存在を知らずに，本書の編纂にとりかかった」といい（はしがきによる），献辞はウィリアムズに捧げられている。当時ウィリアムズは駐支米国公使館書記官であった。

備考：扉，献辞，はしがき，本文（pp.1-68），索引からなる。諸本全同。［東洋1］と［東洋2］は同番号で同内容，寸法がやや異なる。

〔25〕
漢文書名：漢英字典
英文書名：*A Chinese and English Dictionary*
著者：Wilhelm Lobscheid
出版社・出版地：Noronha & Sons・Hongkong
刊年：1871
冊数・寸法：1冊・25.3cm × 16.7 cm （東洋文庫）
対訳・配列：華英・部首順
使用言語：──
所蔵機関・所蔵者：

東洋文庫	Ⅲ-12-D-a-37
国立公文書館内閣文庫	文 E13176
筑波大学付属図書館	E100-ℓ43
立松瑞子	

成立：本書の目的は，学習者の中国語およびキリスト教関係の文献の研究に役立てることであり，従来の辞典でとりあげなかったごく普通の表現を多数とりあげている。他方，「化学」のように，実際に使われていながら，本書でははぶいてしまった語もある。「錬金術師の活躍した暗黒時代ならともかく，科学の時代に「化学」とい

うことばはふさわしくない」というのがその理由である（はしがきによる)。[17]

備考：扉，献辞，はしがき（部首一覧表と正書表を含む），本文（pp.1-592）からなる。本文は親字を部首別に配列し，同一部首内では画数順にならべる。親字の発音，意味を述べて短い用例を付している。本文のあとに正誤と追補（Errata and Additions）があるものと，ないものがある。［東洋］と［立松］にはないので，初刷と思われる。

[26]
漢文書名：漢英合璧相連字彙
英文書名：*A Chinese and English Vocabulary in the Pekinese Dialect*
著者：George Carter Stent（1871, 1877, 1887, 1898）[18]；改訂者：Donald MacGillivray（1898）
出版社・出版地：Customs Press・Shanghai（1871）: American Presbyterian Mission Press・Shanghai（1877, 1887, 1898）
刊年：1871, 1877, 1887, 1898
冊数・寸法：

1 冊	21.2cm × 13.9cm	（1871- 東洋文庫）
1 冊	1.0cm × 14.7cm	（1877- 国会図書館）
1 冊	21.0cm × 14.2cm	（1887- 国会図書館）
1 冊	21.0cm × 13.8cm	（1898- 東京外国語大学）

対訳・配列：華英・ABC 順
使用言語：北京語
所蔵機関・所蔵者：

1871 刊

東洋文庫	Ⅲ-12-D-a-21
東京大学総合図書館	D100/450
天理大学付属天理図書館	823-2 ③

第6章　日本国内にある英華・華英辞典と語彙集　255

1877 刊

国立国会図書館	国会 1	495.1-S826c
	国会 2	75 洋 42
国立公文書館内閣文庫		E2409
東京都立中央図書館		諸 824/M/2
立教大学図書館		495.132-S82

1887 刊

| 国立国会図書館 | 495.1-S826c |

1898 刊

東洋文庫	Ⅲ-12-D-a-22
秋田県立図書館	C-66-468
東京大学総合図書館	D70/854
東京外国語大学付属図書館	C/I/589
奈良女子大学付属図書館	E152/44
長崎大学付属図書館経済学部分館	706-6（所在不明）
慶応義塾図書館	D5/11/1
拓殖大学図書館	823-2
天理大学付属天理図書館	823-2（所在不明）

　成立：先行諸辞典を参考にしたのはもちろんだが，本書（初版）編纂の基礎となったのは小説類であった。「中国の小説にあらわれる奇妙な習慣，日常生活，漢字の組み合わせ，イディオムなど，先行著作にないものに焦点をあてて収集した語彙がかなりの数になったので，シノロジストでもある税務官マクファーソン（Macpherson）の勧めにより，税務長官ロバート・ハート（Robert Hart, 赫徳 1835~1911）の承認を得て刊行した。初版の収録字数は約 4,200，初心者に役立つと思われる語句約 20,000 を集めた。」

　「英語の辞典の方式をまねて，漢字の文字列を音節に分解し，漢字がどう組み合わされて文字列を形成しているかが，すぐわかる

ようにした。正書法と声調は『語言自邇集』の著者ウエード (Thomas Francis Wade, 威妥瑪 1818?~1895) にしたがい，助数詞は「一」の項にまとめた。俗字も複数の現地人教師がみとめたものは収録した。中国語全般についてはウエード，実務的な知識は上海の潮流調査官ジャンセン (De W.C. Jansen) から得た」(初版のはしがきによる)。

「初版の売れゆきは好調で，絶版になってからも要望が相ついだので，再版を企画した。初版の本文に日常の語句約 3,000 を加え，初版の ABC 順索引を削除して，あらたに部首索引 2 種 (部首を画数順に配し，同じ画数の部首を ABC 順にならべたものと，部首だけを画数順にしたもの) をつけた」(再版のはしがきによる)。

「第 3 版はマックギリヴレイ (D. MacGillivray) による改訂版で，ジャイルズ (Herbert Allen Giles, 翟理斯 1845~1935) やウィリアムズの辞典を照合できるように配慮した。正書法はウエードにしたがい，声調はグッドリッチ (Chauncey Goodrich, 富 1836~1925—中国名「富」は A.Wylie1967：274 による。生没年は温雲水 2007：177 による。なお温雲水氏はグッドリッチの中国名を「富善」とし，その事績をはじめて明らかにした。) やジャイルズに沿って訂正した。本文の大半は官話の語句で，初版と再版にないものを，約 5,000 例収録した」(第 3 版「本書を使用する人々へ」より)。

備考： 初版 (1871) は，扉，献辞 (税務長官ロバート・ハートに捧げる)，はしがき，本文 (pp.1-572)，ABC 順漢字索引，部首索引，注釈 (pp.659-673)，正誤表からなり，諸本全同。ただし [天理] は扉を欠く。

　　再版 (1877, 1887) は，刊年と発行所名は異なるが，いずれも扉に 'SECOND EDITION' とあり，扉，献辞，初版のはしがき，再版のはしがき，本文 (pp.1-643)，部首索引，注釈，正誤表からなる。扉を除き諸本全同。

　　第 3 版 (1898) は，扉，本書を使用する人々へ，略号説明，本

文 (pp.1-740)，部首索引，注釈からなる．［東洋］の扉に改訂者の肩書きと所属ミッション名がない点を除けば，諸本全同．再版と *A Chinese and English Pocket Dictionary*（1874）（〔30〕）に増補改訂を加えたものである．[19]

〔27〕

漢文書名：英華萃林韻府

英文書名：*A Vocabulary and Hand-Book of the Chinese Language, Romanized in the Mandarin Dialect in Two Volumes Comprised in Three Parts*

著者：Justus Doolittle

出版社・出版地：Rozario Marcal & Co.・Foochow; Trubner & Co.・London; Anson D.F. Randolph & Co.・New York; A.L. Bancroft & Co.・San Francisco

刊年：1872

冊数・寸法：2冊・22.5cm×17.7cm（東洋文庫）

対訳・配列：

英華・ABC順（ローマ字化された中国語の発音表記あり――第1部（第1巻））

英華・ABC順（ローマ字化された中国語の発音表記なし――第2部（第2巻））

英華，華英・華仏英・華独英・華拉英：意味分類体――第3部（第2巻）

使用言語：北京語

所蔵機関・所蔵者：

（冊数）

国立国会図書館	国会1	495.1-D691v	(第2, 第3部を欠く)	1
	国会2	495.1-D691v-v1,v2		2
東洋文庫		Ⅲ-12-D-b-28		2
国立公文書館内閣文庫	内閣1	司E4702		2

	内閣 2	文 E12499	(第2, 第3部を欠く)	1
	内閣 3	E27115		2
	内閣 4	農 E6220		2
	内閣 5	警 E7878		2
	内閣 6	E6745	(第1部を欠く)	1
東京都立中央図書館	東都 1	F8240/D69/v1-1,2		2
	東都 2	諸 /824/M/3		1
筑波大学付属図書館		E100-d14		2
東京大学総合図書館		D530/67	(第2, 第3部を欠く)	1
東京外国語大学付属図書館		特 476	(第2, 第3部を欠く)	1
京都大学文学部図書室		中文/洋/823/D-01		2
大阪外国語大学付属図書館		C/380/167	(第1部を欠く)	1
長崎大学付属図書館経済学部分館		706-M48		2
早稲田大学図書館		P2276		2
慶応義塾図書館		HD22/1	(第2, 第3部を欠く)	1
天理大学付属天理図書館		823-46	(第2, 第3部を欠く)	1
関西大学 CSAC		No.41		2
内田慶市				2

成立：(4.7.1.2. 参照)

備考：2巻本の第1巻は第1部，第2巻は第2部と第3部を収める。

　　○第1巻は，扉，はしがき，発音，本書で使用する北京官話の漢字の発音一覧表，第1部の本文 (pp.1-548)，正誤表からなる。

　　○第2巻は，扉，第2巻のはしがき，第3部の目次，第2部の本文 (pp.1-174)，第3部の本文 (pp.175-688)，正誤表からなる。

　　○第1部と第2部の本文はいずれも英華であるが，ローマ字化された中国語の発音表記の有無，見出し語，用例に相違がある。

　　○第1巻の扉の書名の一部が，①弧を描くもの，②直線状に書かれ

第6章　日本国内にある英華・華英辞典と語彙集　259

ているもの，の2種がある。
① に属するもの：［国会1］［内閣2］［東総］［京文］［慶応］［関大 CSAC］
② に属するもの：［国会2］［東洋］［内閣1，3，4，5］［東都1，2］［筑波］［東外］［長崎経］［早］［天理］［内田］
○第1巻の扉以外は諸本全同。ただし［内閣5］は，第1巻のはしがきの一部，発音，北京官話の漢字一覧表と，第3部のp.695を欠き，［内閣6］は第2巻の扉を欠く。［関大 CSAC］は第2巻の扉の一部が切りとられている。
○本書は，矢田堀鴻挿訳『英華学芸詞林』(1880)（〔59〕），『英華学芸辞書』(1881)（〔60〕），『英華学術辞書』(1884)（〔61〕）の3書の底本である。書名は異なるが3書の内容は変わらない。

〔28〕
漢文書名：──
英文書名：*Chinese-English Dictionary of the Vernacular or Spoken Language of Amoy, with the Principal Variations of the Chang-Chew and Chin-Chew Dialects*
著者：Carstairs Douglas[20]
出版社・出版地：Trubner & Co.・London（1873）: Publishing Office of the Presbyterian Church of England・London（1899）
刊年：1873, 1899
冊数・寸法：

| 1冊 | 27.0cm × 18.3cm | （1873- 東洋文庫） |
| 1冊 | 26.9cm × 18.7cm | （1899- 国会図書館） |

対訳・配列：華英・ABC 順
使用言語：アモイ語（漳州，泉州）
所蔵機関・所蔵者：

1873 刊

東洋文庫	III-12-G-31

1899 刊

国立国会図書館	495.1-D745
東京大学言語学研究室	言語-W-G5
大阪外国語大学付属図書館	C/380/279
慶応義塾図書館	D24/46/1

成立：本書の対象は，アモイ方面の宣教師，商人，旅行者，海員，通訳，アモイ語（漳州，泉州，同安，アモイの4方言からなる）の学習者である。「本書は Presbyterian Church 所属のロイド（John Lloyd, 盧壹 1813~1848）が作成した手書きの語彙集を基礎として，ドティ（Elihu Doty 羅啻）の Anglo-Chinese Manual with Romanized Colloquial in the Amoy Dialect の単語を加え，ロンドン宣教会のストロナック（Alexander Stronach, 施敦力亜力山大 1800~?）がつくった手書き辞書（未詳），現地漳州と泉州の辞書（未詳），アモイ語の語句に官話を当てはめた現地の辞書（未詳）を参考にした。最も多く使ったのは，メドハーストが『福建語辞典』（〔5〕）の編集に利用した『雅俗通十五音』（The Chinese Recorder vol.5:51）である。」

「動植物と薬品については，Fuh-chau Recorder, Notes and Queries on China and Japan, The Phoenix, スミス（F. P. Smith）の Book on Medicines（未詳）を使用した」（以上初版のはしがきより）。

再版のはしがきに添えた覚書によれば，「再版の訂正と追補は 200 項目以上に及ぶ」という。

備考：初版は，前扉，本扉，印刷場所，献辞（レッグ（James Legge, 理雅各 1815~1897）に捧げる），はしがき（「官話，客家語，広東語，アモイ語を，いずれも下位方言（dialect）をもつ同族語である」とする），序文（正書法と発音，アモイ語の声調，アクセントなどを説く），省略記号と特殊記号の説明，正誤，本文（pp.1-605），付録（Appendix）からな

る。再版には正誤はない。「本文のページ数は同じだが，再版による訂正と追補は200項目以上に及ぶ」という（前述）。なお，初版，再版とも本文に漢字は一切使われていないが，［国会］と［慶応］の本文には後人による漢字の書き込みがある。

○付録のあとに，バークレイ（Thomas Barclay, 1849~1935—Presbyterian Church of England に所属し，台南に派遣された宣教師）の手になる補遺（Supplement）をつけた『厦英大辞典』（1923）を，上海の商務印書館が発行した。この補遺は見出しに漢字を使っており，271ページにおよぶ長大なもので，ほかに使用頻度の高い地名の一覧表（Place Names Frequently Met With）がついている。台湾の出版社が続版を出した。

〔29〕
漢文書名：語學舉隅
英文書名：*A Dictionary of Colloquial Idioms in the Mandarin Dialect*
著者：Herbert Allen Giles[21]
出版社・出版地：A.H. de Carvalho・Shanghai
刊年：1873
冊数・寸法：1冊・25.3cm × 20.0cm （東洋文庫）
対訳・配列：英華・ABC順
使用言語：官話
所蔵機関・所蔵者：

| 東洋文庫 | Ⅲ-12-D-b-41 |
| 東北大学付属図書館 | Ⅳ A-5-G6 |

成立：本書の目的は，中国人知識層と共通の基盤を，中国在住の英国人に与えることである。「そのため日用表現ではあるが，用例を厳密に官話に限定した。当初の計画は2,000例だったが，半数に減らして，学習者自身の体験を書き加えるための余白を取った」（はし

がきより)。
備考：扉，献辞，はしがき，本文 (pp.1-61)，モノグラフ，注からなる。
　　○本文は，各ページの左半分に，動詞に焦点をあてた用例を掲げ
　　　('Bite after the ninth moon, Mosquitoes don't' のごとく)，その官話訳と
　　　発音を示す。ページの右半分は学習者の練習用に空白のまま残す。
　　○モノグラフは，「揢」の用法を説く。
　　○注は「連一隻船我都搭不上」を例にして，上海の南と北で意味が
　　　異なることを示す。

〔30〕

漢文書名：──

英文書名：*A Chinese and English Pocket Dictionary*

著者：George Carter Stent

出版社・出版地：Kelly & Co.・Shanghai; Lane, Crawford & Co.・Hongkong

刊年：1874

冊数・寸法：1冊・16.5cm × 10.7cm　（国会図書館）

対訳・配列：華英・部首順（同部首に属するものは ABC 順）

使用言語：──

所蔵機関・所蔵者：国立国会図書館 495.1-S826c

成立：同著者の *A Chinese and English Vocabulary in the Pekinese Dialect*
　　　(1871)（〔26〕）の売れゆきがよく，友人にもすすめられたので，本
　　　書を出版することになった（はしがきによる）。

備考：扉，はしがき，本文 (pp.1-236)，部首 (pp.237-250)，印刷場所から
　　　なる。本文は字釈のみで，漢字で書かれた用例はない。

〔31〕

漢文書名：漢英韻府

英文書名：*A Syllabic Dictionary of the Chinese Language; Arranged Accord-*

ing to the Wu-Fang Yuen Yin, with the Pronunciation of the Characters as Heard in Peking, Canton, Amoy and Shanghai [22]

著者：S.Wells Williams

出版社・出版地：美華書院・上海；American Presbyterian Mission Press・Shanghai

刊年：1874, 1889, 1896, 1903

冊数・寸法：

1冊	27.5cm × 22.0cm	（1874- 国会図書館）
1冊	26.2cm × 21.0cm	（1889- 東洋文庫）
1冊	26.3cm × 21.3cm	（1896- 天理大学）
1冊	26.8cm × 21.3cm	（1903- 東洋文庫）

対訳・配列：華英・ABC順

使用言語：北京語

所蔵機関・所蔵者：

1874 刊

国立国会図書館		495.1-W727s
国立公文書館内閣文庫	内閣1	E446
	内閣2	内農 E9041
東洋文庫		Ⅲ-12-D-a-33
東京女子大学図書館		比 A823/W/b
立教大学図書館		495.13-W72（7398）

1889 刊

東洋文庫		Ⅲ-12-D-a-34
筑波大学付属図書館		岡倉文庫 E100-w85
広島大学付属図書館		平和文庫 /H823/W

1896 刊

東京大学総合図書館		D100/162
京都大学付属図書館	京付1	3-8/W/2（8545）
	京付2	3-8/W/4（17223）

	関西大学 CSAC	No. 53
	天理大学付属天理図書館	823-タ 16
1903 刊	東洋文庫	Ⅲ-12-D-a-35
	岡山大学付属図書館	sf823/W
	天理大学付属天理図書館	823-タ 16 ②

成立：(3.3. に詳述)

備考：1874 刊は，扉（漢，英），はしがき，序説，本文 (pp.1-1150)，部首一覧表，本書で使用した漢字，難字一覧表，姓氏一覧表，正誤表からなる。本文と正誤表につぎの 2 種がある。本文のページ数は同じだが，改行位置，用例の順序などにかなりの異同がある。

(a) 本文「挨」の項の最初の用例が「挨不進去」で，正誤表 (ERRATA pp.1251,52) をもつもの：[国会] [東洋 (本文が欠落)] [内閣 2] [立教]

(b) 本文「挨」の項の最初の用例が「相挨」で，正誤表 (ERRATA AND CORRECTIONS pp.1251-54) をもつもの：[内閣 1] [東女]

○ 1889 刊 [筑波] は扉（漢，英），はしがき，序説，本文 (pp.1-1150)，部首一覧表，本書で使用した漢字，難字一覧表，姓氏一覧表，正誤表からなり，扉の刊年をのぞいて姓氏一覧表まで1874刊 (b) と同じである。[東洋] は部首一覧表以下を欠き，[広島] ははしがきの一部と部首一覧表以下を欠く。

○ 1896 刊と 1903 刊は，扉の刊年をのぞいて，諸本いずれも 1889 刊 [筑波] と同じである。

○ 1889 刊，1896 刊，1903 刊の本文は，いずれも 1874刊(b)と同じである。

○ 書名の一部が異なるが，North China Mission of the American Board が出版した，本書の改訂版とみられるものがあり，ウエード式のローマ字表記を採用している。[関大 CSAC] は別刷である。

1909 刊

東洋文庫	Ⅲ-12-D-a-36
東京外国語大学付属図書館	C/I/309
大阪女子大学付属図書館	823/W
東京女子大学図書館	比 A823/W
関西大学 CSAC	No.53

〔32〕
漢文書名：字典集成
英文書名：*An English and Chinese Dictionary Compiled from Different Authors, and Enlarged by the Addition of the Last Four Parts*
著者：Kwong Ki Chiu（鄺其照）
出版社・出版地：Chinese Printing and Publishing Company・Hongkong
刊年：1875
冊数・寸法：1 冊・21.7cm × 14.8cm（東京大学総合図書館）
対訳・配列：英華・ABC 順；華英・意味分類体
使用言語：広東語，官話（？）
所蔵機関・所蔵者：

国立国会図書館	495.1-K98e
東洋文庫	Ⅲ-12-D-b-23
東京大学総合図書館	D100/610
内田慶市	

成立：（第 5 章で詳述）
備考：扉（漢，英），自序，本文 (pp.1-344)，第 1 部：部門別主要語句 (pp.1-152)，第 2 部：語・文・書式各種，第 3 部：中国と諸外国主要港間の距離（水路・陸路），第 4 部：中国の年表と西暦の比較，第 5 部：中国の輸出税と輸入税，広東俗語注解，切音，追補・正誤表からなる。諸本全同。ただし［東洋］は第 2 部 pp.33-40, 51-56 を

欠き，［内田］は巻末の切音，追補・正誤表を欠く。
○点石斎が印刷した『華英字典』(1879)（〔38〕）は，本書の本文を石版刷りにしたものである。
○『華英字典集成』(1887)（〔42〕）は本書の増補改訂版である。

〔33〕
漢文書名：華英字典彙集
英文書名：*An English and Chinese Dictionary with English Meaning or Expression for Every English Word*
著者：Tam Tat Hin（譚達軒 -1875, 1884, 1897）；改訂者：Kwok Lo-Kwai（郭灑貴 -1884, 1897）
出版社・出版地：申盛印字館，文裕堂書局・香港（1884）；文裕堂書局・香港（1897）
刊年：1875, 1884, 1897
冊数・寸法：

| 1 冊 | 21.5cm × 14.0cm | （1884- 国会図書館） |
| 1 冊 | 21.8cm × 14.5cm | （1897- 東洋文庫） |

対訳・配列：英華・ABC 順
使用言語：――
所蔵機関・所蔵者：

1875 刊	（所在不明）	
1884 刊	国立国会図書館	495.1-T153e
1897 刊	東洋文庫	Ⅲ-12-D-b-25
	内田慶市	

成立：中国人の英語学習者の便を図って，学校用に編集したもので，「ウェブスター（Noah Webster, 1758~1843），ウースター（Joseph Emerson Worcester），ウォーカー（John Walker），ジョンソン（Samuel Johnson, 1709~1784）などの辞書にもとづき，著者自身が翻訳した。

第6章　日本国内にある英華・華英辞典と語彙集　267

　　　　一般につかわれている英語をもれなく集めた」(はしがきによる)。
備考：1875 刊 (初版) は未見。1884 刊 (再版) は扉 (漢), 序 (王韜による), 改訂者序, 自序, 扉 (英), はしがき, 本文 (pp.1-862), 刊行図書目録からなる。
○ 1897 刊 (第 3 版) は, 扉 (漢), 序, 改訂者序, 自序, 扉 (英), はしがき, 本文 (pp.1-917) からなる。
○ 再版と第 3 版の序, 自序, はしがきは, 初版からの転載とみられる。
○ 再版と第 3 版の本文のページ数は異なるが, 内容に実質的な差はない。

〔34〕
漢文書名：字語彙解
英文書名：*An Anglo-Chinese Vocabulary of the Ningpo Dialect*
著者：W.T. Morrison[23)]
出版社・出版地：American Presbyterian Mission Press・Shanghai
刊年：1876
冊数・寸法：1 冊・20.2 cm × 14.3cm（東洋文庫）
対訳・配列：英華・ABC 順
使用言語：寧波語・官話
所蔵機関・所蔵者：

| 東洋文庫 | Ⅲ-12-G-19 |
| 東京大学理学部人類学教室 | 松村文庫 221 |

成立：本書は, 1860 年の寧波着任以来, 著者が収集してきた寧波方言の語彙をまとめたものである。「現地人教師 5 名の協力をえて, ロプシャイト, メドハーストの辞典, ウィリアムズ, エドキンズの語彙集を検討しなおし, ノールトン (Miles Justus Knowlton, 那爾敦) 博士が校閲, 追補した。発音をどう表記するかに迷い, 結局「文理

(veng-li)」とローマ字を併用して，中国の英語学習者の便を図った。「嬭歡，嬭喚，嬭花」と書けば「嬰児（infant）」の意味をもつ現地語の発音を表すことはできるが，意味は「嬰児」とはまったく無縁のものになってしまう。「文理」では'infant'を「嬰孩」というので，ここは「文理」を採用した。「文理」に適当なことばがみつからない場合は官話を使った。これには寧波だけでなく官話のわかる上海の中国人教師の協力を必要とした。」

「アクセントを示して，声調記号をあえてはぶいたのは，声調は現地で直接聞いて学ぶしかない，と考えたからである。寧波方言音節表と地名一覧表の資料を提供したのは，ルイェンバーガー（Joseph Anderson Leyenberger, 雷音百）師である」(はしがきによる)。

備考：序，扉（英，漢），はしがき，寧波方言音節表，発音の説明，本文（pp.3-538），地名一覧表からなる。諸本全同だが，［東洋］は序を欠く。

〔35〕
漢文書名：──
英文書名：*A Chinese Dictionary in the Cantonese Dialect*
著者：Ernest John Eitel[24]
出版社・出版地：Trubner & Co.・London；Lane Crawford & Co.・Hongkong
　（1877）
　　　　　　Books for Libraries Press・New York　（1973）
刊年：1877, 1973[25]
冊数・寸法：

| 1冊 | 24.3cm × 15.9cm | (1877- 東洋文庫) |
| 2冊 | 22.7cm × 14.8cm | (1973- 近畿大学) |

対訳・配列：華英・ABC順
使用言語：広東語　官話

第6章　日本国内にある英華・華英辞典と語彙集　269

所蔵機関・所蔵者：
1877 刊	東洋文庫	Ⅲ-12-G-66
	天理大学付属天理図書館	823-4

成立：文語は『康煕字典』とレッグ (J. Legge) の *Chinese Classics* の語彙，口語は主としてウィリアムズの *Tonic Dictionary of the Chinese Language in the Canton Dialect* (1856) (〔16〕) による。「*Tonic Dictionary* はすでに絶版となっており，当初はその改訂版をだすつもりだったが，着手後2年めに書き直す必要のあることに気づいて，計画を変更した。」

「*Tonic Dictionary* は，その正書法が過去20年に及ぶ使用に耐えたこと，広東人の口語をほぼ完全に近い形で表記したことなど，後の広東語の辞書編集に安全な基礎を提供したが，欠陥もないわけではなかった。資金獲得に追われて充分な校正をする余裕がなかったうえに，商人を対象にしただけの現地の辞典『分韻撮要』を信頼しすぎて，文語がおろそかになった。用例に文語と最下級の俗語がいりまじって，初心者が識別するのはむずかしかった。携帯に便利なようにと用例の漢字をはぶいたことも災いした。」

「そこで本書は『分韻撮要』の文字を多数復活させ，さらに『康煕字典』による説明をふやした。『康煕字典』で複数の発音をもつ文字については，発音の差が意味に影響を及ぼすもの，あるいは往時の多様な方言の差や，時の経過によって生ずる意味の変化を説明するに足ると思われるものを，特にえらんで採録した。」

「用例は主としてレッグの *Chinese Classics* から採ったが，そこであつかわれていない『礼記』と『易経』の用例は『康煕字典』から引用した。ウィリアムズ *A Syllabic Dictionary of the Chinese Language* (1874)，ウエード (T.F. Wade)『語言自邇集』(1867)，メイヤーズ (W.F. Mayers) *The Chinese Reader's Manual* (1874)，シュレーゲル (Schlegel) *Uranographie*，ブレトシュナイダー (Bretschneider) の

Notices of the Mediaeval Geography and History of Central and Western Asia, Journal N.C.B. Royal Asiatic Society, New Series No.X(1876) をはじめとして，数学関係はワイリー（Alexander Wylie），植物はバウラ（Bowra），道教用語はチャーマーズ，仏教用語はエドキンズの作成したリストから新しい用例を採った。純粋に口語的なものは主として*Tonic Dictionary*から採って，あたらしい表現をこれに加えた。チャーマーズの『英粵字典』*English and Cantonese Pocket Dictionary* の第4版（1873）（〔18〕）は，特に多く利用した。（以上，はしがきと序文より）。

　ゲナール（Immanuel Gottlieb Genahr） *A Chinese-English Dictionary in the Cantonese Dialect* （1911, 1912）は，本書の増補改訂版（本文 pp.1-1417）である。

備考： 1877年本は，扉（英），はしがき，序文（Ⅰ編集方針，Ⅱ広東方言の特徴・正書法と発音・音節・声調について，Ⅲ引用文献，Ⅳ略号）[26]，本文（pp.1-1018），付録（Ⅰ部首一覧表，Ⅱ発音と声調に関する部首一覧表，Ⅲ姓—ウィリアムズ*Syllabic Dictionary*のリストに修正を加えたもので，単姓，複姓，三姓 trisyllabic clan names の3種に分け，字ごとに官話と広東語の発音を示す）からなる。［天理］は付録を欠く。

〔36〕
漢文書名：英粵字典
英文書名：*An English and Cantonese Dictionary, for the Use of Those Who Wish to Learn the Spoken Language of Canton Province*
著者：John Chalmers　　　改訂者：T.K. Dealy（1907）
出版社・出版地：De Souza & Co.・Hongkong（1878）：
　　Kelly & Walsh・Hongkong（1891, 1907）
刊年：1878, 1891, 1907

冊数・寸法：

1冊	16.5cm × 12.0cm	（1878- 東洋文庫）
1冊	19.0cm × 12.0cm	（1891- 国会図書館）
1冊	22.4cm × 14.3cm	（1907- 東洋文庫）

対訳・配列：英華・ABC順
使用言語：広東語
所蔵機関・所蔵者：

1878刊

東洋文庫	Ⅲ-12-G-47
天理大学付属天理図書館	828-40

1891刊

国立国会図書館	495.1-C438e
東洋文庫	Ⅲ-12-G-48

1907刊

東洋文庫	Ⅲ-12-G-67

成立：扉によれば，1878刊は第5版，1891刊は第6版，1907刊は第7版である。第4版は未見だが，第4版のための覚書によれば，「第4版は第3版を大幅に改訂して，全体のほぼ3分の1にあたる語数を増補した」といい，第5版のための覚書によれば，「第5版はあやまりを訂正したほかは第4版とほぼ同じである」という。

○第5版と第6版の〔A〕の部に共通の見出し語460語を比較すると，第6版で訳語を増補したもの10例，削除したもの0，変更したもの15例，第6版で増補した見出し語は22語である。

○第7版は，第6版にさらに大幅な改訂増補を加えている。「植物用語も増補したが，改訂者ディーリー（T.K. Dealy）の手稿 Words and Phrase Books（未詳）に加え，23年に及ぶ広東人との接触から得た情報の蓄積が本書に結実した。Queen's Collegeの中国人教員，故 Tsang Chung が校正を助けた」（第7版のはしがきより）。

備考：
　　○1878刊は，前扉，本扉，第5版のための覚書，第4版のための覚書，中国語の発音の規則，本文（pp.1-258）からなり，諸本全同。
　　○1891刊は，扉（漢），前扉，本扉（英），登録，本書の使用法，正誤表，本文（pp.1-296）からなり，諸本全同。広東語特有の変化音を表記する。
　　○1907刊は，本扉，前扉，本扉，第7版のはしがき，第4版のための覚書，第5版のための覚書，中国語の発音の規則，本書の使用法，本文（pp.1-822），中国語学習書リストからなる。なお前扉をはさむ2葉の本扉は同内容で紙質が異なる。
　　○チャーマーズは *An English and Cantonese Pocket Dictionary*（1859, 1862）（〔18〕）をすでに著しており，これが本書の初版と再版である可能性がつよいと推定していたが，最近になって1870年に刊行された第3版が大英図書館と内田個研にあることがわかって，版数にズレが生じた。〔18〕を参照。

〔37〕
漢文書名：華英字彙
英文書名：*An English and Chinese Dictionary, in the Court Dialect*
著者：梁述之
出版社・出版地：Wan Yih・Canton
刊年：1878
冊数・寸法：1冊・21.7cm×13.8cm（東洋文庫）
対訳・配列：英華・ABC順
使用言語：官話
所蔵機関・所蔵者：東洋文庫 Ⅲ-12-D-b-26
成立：自序と跋にモリソン，メドハースト，ウィリアムズの名があがっているが，際立った影響はみられない。3者それぞれ第1章，第

第 6 章　日本国内にある英華・華英辞典と語彙集　273

　　2 章，第 3 章であつかう。
備考：扉（漢），跋（蔡錫勇による），自序，凡例 10 条，序（漢），追補，扉
　　　（英），はしがき，本文（pp.1-844）からなる。（凡例 10 条では，発音，
　　　品詞，英語の接尾辞，接頭辞，単複を説明する。）

〔38〕
漢文書名：華英字典
英文書名：*English and Chinese Dictionary from W.H. Medhurst and Other Authors and Photo-Lithographed from Kwong Ki Chiu's Edition*
著者：鄺其照
出版社・出版地：点石斎・上海
刊年：1879
冊数・寸法：

1 冊	15.0cm × 10.1cm	（和装―山口県立山口）
1 冊	14.7cm × 9.9cm	（洋装―金沢大学）

対訳・配列：英華・ABC 順
使用言語：官話
所蔵機関・所蔵者：

国立国会図書館	国会 1	495.1-M488e	洋装
	国会 2	495.1-M488e-c.2	洋装
東洋文庫	東洋 1	Ⅲ-12-D-b-1	和装
	東洋 2	Ⅲ-12-D-b-1（東洋1と同番号）	和装
国立公文書館内閣文庫	内閣 1	薬内 E8861	和装
	内閣 2	内 E16874	和装
	内閣 3	文 E13142	洋装
	内閣 4	内 E14172	和装
	内閣 5	内農 E13516	和装

山口県立山口図書館		R823-A	和装
長崎大学付属図書館経済学部分館		700-M18（劣化）	
東北大学付属図書館	東北1	狩ⅣA-489	和装
	東北2	狩4-10071-1	和装
一橋大学付属図書館		Ab21/43	洋装
金沢大学付属図書館		6-51-73	洋装
京都大学付属図書館		4-84/カ/1（所在不明）	
内田慶市			洋装
飛田良文			和装

成立：本書は鄺其照『字典集成』(1875)（〔32〕）の石版刷りであり，したがって両書の本文は完全に一致する。5.3.を参照。

備考：扉（漢，英），序，本文（pp.1-344）からなり，諸本全同。ただし［内閣5］は，序の一部と扉（漢，英）を欠き，［長崎経］は劣化がはなはだしく，本文pp.331-344を欠く。

〔39〕

漢文書名：華英字録

英文書名：*Analytic Index of Chinese Characters; a List of Chinese Words with the Concise Meaning in English*

著者：P. Poletti[27)]

出版社・出版地：新海関書信館・天津[28)]

刊年：1881

冊数・寸法：1冊・26.8cm × 15.7cm（宮田）

対訳・配列：華英・部首別

使用言語：――

所蔵機関・所蔵者：宮田和子

成立：――

備考：扉，部首目録（総目），本文（1-53丁），検字表，異体字表からなる。

第6章　日本国内にある英華・華英辞典と語彙集　275

　成立の事情は不明。
○本書の本文と同著者による『袖珍華英字典』(1889)（〔43〕）の本文は，ごく一部に変更があるだけで，ほぼ同じである。

〔40〕

漢文書名：──

英文書名：*English-Chinese Vocabulary of the Vernacular or Spoken Language of Swatow*[29]

著者：William Duffus

出版社・出版地：English Presbyterian Mission Press・Swatow

刊年：1883

冊数・寸法：1冊・24.4cm × 18.0cm（東京大学文学部）

対訳・配列：英華・ABC順

使用言語：スワトウ語

所蔵機関・所蔵者：東京大学文学部言語学研究室　言語-W-G5-2059

成立：「香港に拠点をもつ Basel Mission のレヒラー（Rudolph Lechler, 黎力基）師が私用に控えておいた手稿（ウィリアムズの記録（未詳）に基づく）を一般の使用に供するため，補筆訂正してミッションプレスで印刷に付した」（はしがきによる）。

備考：扉，はしがき，備考（母音，二重母音，子音，鼻音，アクセントなどをあつかう），正誤表，本文（pp.1-302）からなり，漢字は使われていない。

〔41〕

漢文書名：──

英文書名：*English and Chinese Dictionary of the Amoy Dialect*

著者：John MacGowan[30]

出版社・出版地：A.A. Marcal・Amoy; Trubner & Co.・London（1883）：

南天書局・台北（1978）

刊年：1883, 1978

冊数・寸法：

| 1冊 | 23.5cm × 16.5cm | （1883- 東洋文庫） |
| 1冊 | 21.0cm × 14.7cm | （1978- 京都外国語大学） |

対訳・配列：英華・ABC 順

使用言語：アモイ語

所蔵機関・所蔵者：

1883 刊

国立国会図書館	495.1-M146e
東洋文庫	Ⅲ-12-G-33
長崎大学付属図書館経済学部分館	706-248（所在不明）
東京大学文学部言語学研究室	言語 -W-G5
天理大学付属天理図書館	828-54

1978 刊

| 京都外国語大学付属図書館 | 495.132-Mac |

成立：本書は現地民との交流の近道として，ヨーロッパ人の学習者を対象に編まれたもので，アモイを中心として，北，西，南に約100マイルにわたって広がる地域の4方言をあつかう。「泉州・漳州方言，同安方言，アモイ方言のうち，アモイ方言を話す人の数はもっとも少ないが，音が単純，明晰なので，理解度は4方言を通じてもっとも高い。そこで，学習者にまずアモイ方言の概略を理解させたうえで，他の3方言と比較して相違点をみいだす方法をとった」（序文より）。

備考：1883 刊は扉，序文，本文（pp.1-598），付録，正誤からなり，諸本全同。1978 刊は扉，序文，本文（pp.1-598），付録からなる。1883刊のあやまりを訂正したもので，増補はない。

　○序文では，正書法，二重母音，鼻音，声調をあつかう。「アモイ方

言は7声調からなる」とされる。

○本文では，干支，花，薬，軍制，元の歴代皇帝，数の表記，助数詞，省名，度量衡といった中国特有の事柄について，特にページをさいて詳しい説明を載せる。

○付録はさまざまの病気に関する質問を列挙して，医療関係者の参考に供する。

○なお著者は本書の編纂にあたって参考にしたものとして，先行辞典や語彙集の略称をいくつかあげている。本書の刊年から推測して該当すると思われるものの書名と刊年をあげておく。

ダグラス（C. Douglas） *Chinese and English Dictionary of the Vernacular or Spoken Language of Amoy* 1873（〔28〕を参照）；

ウィリアムズ（S.W. Williams） *Tonic Dictionary of the Chinese Language* 1856（〔16〕を参照）；

ウィリアムズ（S.W. Williams） *A Syllabic Dictionary of the Chinese Language* 1874（〔31〕を参照）；

ウィリアムズ（S.W. Williams） *An English and Chinese Vocabulary in the Court Dialect* 1844（〔9〕を参照）；

ドーリトル（J. Doolittle） *A Vocabulary and Handbook of the Chinese Language* 1872（『英華萃林韻府』（〔27〕）を参照）；

譚達軒（Tam Tat Hin） *An English and Chinese Dictionary with English Meaning or Expression for Every English Word. 1st ed.* 1875（『華英字典彙集』（〔33〕）を参照）

〔42〕
漢文書名：華英字典集成
英文書名：*An English and Chinese Dictionary, Compiled from the Latest and Best Authorities, and Containing All Words in Common Use, with Many Examples of Their Use. New Edition, Thoroughly Revised, and Greatly*

Enlarged and Improved by the Addition of a Classified List of Miscellaneous Terms, a Number of Miscellaneous Sentences, Some Forms of Letters, Notes, and Petitions, a Table of Distances, the Tariff of Imports and Exports of China, the Latest Improvement of the Commercial Treaty between China & Foreign Countries, & Historical Sketch of the Chinese Dynasties, in Which the Dates are Harmonized with the Christian Chronology

著者：Kwong Ki Chiu（鄺其照）

出版社・出版地：Wah Cheung, Kelly & Walsh・Shanghai; Trubner & Co.・London; Kelly & Walsh・Hongkong; Wing Fung・San Francisco（1887）: 循環日報，香港（1899）

刊年：1887, 1899

冊数・寸法：

1冊	22.1cm × 14.6cm （1887- 東京外国語大学）
1冊	22.5cm × 14.5cm （1899- 東洋文庫）

対訳・配列：英華・ABC順；華英・意味分類体

使用言語：――

所蔵機関・所蔵者：

1887刊

国立国会図書館	495.1-C543e
筑波大学付属図書館	E100-K86
東京外国語大学付属図書館	特566
慶応義塾図書館	D5/10/1

1899刊

東洋文庫	Ⅲ-12-D-b-24
鹿児島県立図書館	2931-17
東京大学東洋文化研究所	CZ3K051
天理大学付属天理図書館	823-84

成立：同著者による『字典集成』(1875)（〔32〕）に増補改訂を加えたものだが，相互に少なからぬ異同がある。5.4. を参照。

備考：(同じく 5.4. に詳述したので，参照されたい。)

〔43〕

漢文書名：袖珍華英字典

英文書名：*The Pocket Chinese and English Vocabulary*

著者：P. Poletti

出版社・出版地：American Presbyterian Mission Press・Shanghai

刊年：1889

冊数・寸法：1 冊・14.8cm × 10.2cm（東洋文庫）

対訳・配列：華英・部首別

使用言語：――

所蔵機関・所蔵者：東洋文庫　Ⅲ-12-D-a-7

成立：本書の目的は学習者が漢字の意味をさがすのに費やすむだな時間と労力を減らすことにある。「そのため従来の配列と異なり，部首(radicals)と従属部首(sub-radicals)から求める漢字を検出できるように工夫した」(はしがきより)。[31]

備考：

○扉，はしがき，*North China Daily News*, 30 July, 1889 に載った書評（「画期的な漢字検出法を編み出した」と賞賛），覚書，部首，本文(pp.1-349)，広告，部首と従属部首，発音表記の変化からなる。

○本書の本文は同著者による『華英字録』(1881)（〔39〕）のごく一部に変更を加えたものである。

○同著者による『華英萬字典』が 1896 年にでている（〔48〕）。「英文書名を*A Chinese and English Dictionary, Arranged According to Radicals and Sub-Radicals. New and Enlarged Edition, Containing 12,650 Chinese Characters with the Pronunciation in the Peking Dialect Ac-*

cording to Sir Thomas Wade's System, and the Pronunciation in the General Language of China in Dr. Williams' Spelling, Compiled from the Best Authorities といい, 北京語の発音表記はウエード, 官話のそれはウィリアムズを参考にした」という.

〔44〕
漢文書名：──
英文書名：*An English-Chinese Dictionary of the Foochow Dialect*
著者：T.B. Adam
出版社・出版地：Methodist Episcopal Mission Press・Foochow (1891);Lacy & Wilson, Methodist Publishing House・Shanghai & Foochow (1905)
刊年：1891, 1905
冊数・寸法：

1 冊	17.4cm × 11.7cm	(1891- 東洋文庫)
1 冊	18.1cm × 12.3cm	(1905- 天理大学)

対訳・配列：英華・ABC 順
使用言語：福建語（福州）
所蔵機関・所蔵者：

1891 刊

東洋文庫	Ⅲ-12-G-23
長崎大学付属図書館経済学部分館	706-24（所在不明）

1905 刊

東洋文庫	Ⅲ-12-G-24
天理大学付属天理図書館	833-114

成立：「本書はボールドウィン (C.C. Baldwin) 著 *A Manual of the Foochow Dialect* (1871) の第7部に増補改訂を加えたうえで, ローマナイズした発音表記を残し, 漢字をすべて取り去って編集した.」（初版はしがきより).

「再版では，初版で使用したローマ字化システムを，当時行なわれていたマックレイとボールドウィン（Maclay and Baldwin）の *Alphabetic Dictionary and the Foochow Handbook* のものに変更した」（再版のお知らせより）。

備考：1891 刊（初版）は，扉，はしがき，本文（pp.1-384）からなる。〔A〕部の見出し語数は，ボールドウィンの第7部のほぼ5倍にふえている。

○1905 刊（再版）は，扉，お知らせ，初版のはしがき，本文（pp.1-344）からなり，諸本全同。ただし［東洋］は扉を欠き，お知らせは初版のはしがきのあとにくる。

○初版と再版の本文は，ローマ字化された中国語の発音表記の部分を除いて全同である。

〔45〕
漢文書名：──
英文書名：*A Chinese-English Dictionary*
著者：Herbert Allen Giles
出版社・出版地：Kelly & Walsh, Ltd.・Shanghai, Hongkong, Singapore, Yokohama; Bernard Quaritch・London
刊年：1892, 1912
冊数・寸法：

1 冊	31.0cm × 24.6cm （1892- 筑波 2）
1 冊	32.0cm × 25.5cm （1912- 京都大学）
3 冊	32.4cm × 26.1cm （1912- 東洋文庫）

対訳・配列：華英・ABC 順
使用言語：北京語
所蔵機関・所蔵者：

1892 刊 (冊数)

国立国会図書館		495.1-G472c	1
東洋文庫		Ⅲ-12-D-a-53	3
国立公文書館内閣文庫	内閣1	E22876	1
	内閣2	E23186	1
東京都立中央図書館		DRF8232/G47/C1-1,2	2
筑波大学付属図書館	筑波1	E100-g4	1
	筑波2	E100-g5	1
岡山大学付属図書館		s f823/G	1
長崎大学付属図書館経済学部分館		706-79	1
慶応義塾図書館	慶応1	D1/23/1	1
	慶応2	D2/8/1	1
拓殖大学図書館		823-〔3-2〕	1
明治大学図書館		099-93	1
南山大学図書館		R/823/115	1
竜谷大学図書館		823.1-3-1	1

1912 刊

東洋文庫	東洋1	Ⅲ-12-D-a-54	3
	東洋2	Ⅲ-12-D-a-54	1
	東洋3	Ⅲ-12-D-a-54	2
	東洋4	Ⅲ-12-D-a-55	1
	東洋5	Ⅲ-12-D-a-55	
大阪府立中央図書館		C-26	1
長崎県立長崎図書館		823-G44-1,2	2
東京外国語大学付属図書館		C/I/1659	2
関西大学総合図書館		R1/823.3/G1/1(2)	1
京都大学付属図書館		3-8g 別	1
天理大学付属天理図書館		823-タ4	1
長崎大学付属図書館経済学部分館		706-79	1

第6章　日本国内にある英華・華英辞典と語彙集　283

成立：初版：本書の対象は主として駐支領事館員である。「まず10,859字をえらび，略字や崩し字，さらに姓にあらわれる異体字を加えて，計13,848字を収録し，それぞれ文字番号を付して，参照の便をはかった。親字は一応『康熙字典』にしたがったが，できるだけ実際にもちいられているものを収録した。編集当時書かれていたままの形で，誤字とわかっていても意図的に収録したものもある。また，用例にはことわざ，わらべうたの類，家庭用語もとりあげた。同じ発音グループに属する文字を，音符（phonetics）にしたがって下位分類し，一括して示した。」

「本書の対象とする領事館員はウエードの『語言自邇集』の発音表記になれているので，本書も官話の発音についてはウエード式を採用して，混乱を避けた。官話を代表する北京方言は北京在住の現地人から採録し，5声調を採用した。領事館員ホプキンス（L.C.Hopkins）が注を加え，グッドリッチ（C. Goodrich）の著作（温雲水2007と宮田2009b参照）を参考にして正確を期し，現地人助手に校正を依頼した。」

「主たる参考文献はレッグ（J. Legge）の著作，年表はシャヴァンヌ（E. Chavannes），動植物の名称はメレンドルフ（von Moellendorff），ブレトシュナイダー（Bretschneider），ヘンリー（Augustine Henry）の著作から採った。『康熙字典』から採った用例は多いが，出典をいちいち明示することは避けた。語源はあつかわず，文語と口語を特に区別することもしなかった。」

「本書に着手したのは1874年末で，以後準備は間欠的に1899年4月までつづいた。領事館員ホプキンス（L.C. Hopkins）が10年かけて収集した語句を提供，領事館員パーカー（E.H. Parker）が9方言と，日，韓，安南語の発音のローマ字化を担当，上海副領事プレイヤー（G.M.H. Player）が各種の表を作成した。また寧波および上海領事館の程暁山，金苔生が中国語部分を担当した」（初版は

しがきより)。」

　「初版刊行と同時に再版の準備にとりかかった。収録字数10,926。ジャイルズの長男が収集した最近の語彙を多くとりあげて用例をふやし,『初学検韻』を参照して，韻を再点検した。本文の追補には，オーストリー・ハンガリー総領事ツアッハ (E. von Zach) をはじめ，ホッグ (C.F.Hogg)，モウル (H.W.Moule) の協力をえた。校正は現地人学者の協力をまたずに，ジャイルズ自身，妻，長男 (Bertram Giles, 領事として中国各地に赴任) の3人で行なった」(再版のはしがきより)。

備考：初版：扉，献辞，ジャイルズの著作，序文 (pp. v-xiii)，言語学論説 (pp. xiv-xlvi 領事館員パーカーによる)，本文 (pp.1-1354)，表 (pp. 1355-1385)，部首一覧表，部首索引，難字表，目次，正誤表からなる。諸本全同。

○序文は，収録字数，漢字，文字番号，2通り以上の音を持つ漢字，音符による配列，正書法，声調，方言，文法などについて述べ，本書成立の経緯に触れる。ジャイルズはさらに序文で，「『説文』の説く語源の多くは荒唐無稽であり，ゴンツァルヴェス，メドハーストなど西欧の学者による中国語文法の解説は，誰が感じたわけでもない欲求を満たそうとした (to supply a want that nobody had ever felt) ものである」と非難し，「模倣と多読以外に中国語の文章力を高める道はない」と説いている。ただしこの非難の部分は，再版本からは省かれている。

○言語学論説を書いたパーカーの意図は，「すでに消滅したかつての確固たる中国語を再構築し，あらゆる方言がここから派生したことを証明すること (to reconstruct a firmly-set extinct Chinese language, and prove that all dialects started from it)」にあった。パーカーによれば，「広東語のきわだった特徴のひとつは，古代の韻母をほぼ完全に保持していることであり，広東語から朝鮮語，安南語，日本語

○本文は，ABC順に親字を配し，声調を示す数字または記号（入声は（*））を親字の右上，文字番号を親字の下に記す。親字と同欄につぎの方言（頭文字で示す）の発音をローマナイズして記す。ローマ字化はパーカーによる。

R　（Rhyme）佩文韻府による韻
C　（Cantonese）広東方言
H　（Hakka）客家方言
F　（Foochow）福州方言
W　（Wenchow）温州方言
N　（Ningpo）寧波方言
P　（Peking）北京方言
M　（Mid-China）中支方言
Y　（Yangchow）揚州方言
S　（Sechuan）四川方言
K　（Korean）朝鮮語
J　（Japanese）日本語
A　（Annamese）安南語

○表は，役職の記章（Insignia of official rank），姓，王朝，地名と部族名，暦，雑の諸項目からなる。

再版：第1部の扉，ジャイルズの著作，（再版の）扉，献辞，目次，はしがき（「説，山，生，打」など使用頻度の多い文字を取り上げ，モリソンから本書に至るまでの用例数の推移をしめす），初版の序文の抜粋，方言，本文（pp.1-1710 ― 増補が多く，初版と比べてクロスレファレンスのための文字番号の増加がめだつ），正誤表，表（初版と同じ項目をあつかうが，内容には異同がある），部首一覧表，部首索引，難字表からなる。

○献辞以下は順序に異同がある点を除いて，諸本ほぼ同じ。ただし，［東洋3］と［長県］は第2巻の巻末に3葉の扉がある。うち1葉は第3巻の扉だが，第3巻そのものはない。また［東洋1］は「ジャイルズの著作」を欠き，表から難字表までは第3巻の巻末にくる。［東洋2］は「ジャイルズの著作」に2種あるうちの1種，および扉の色・紙質・活字が他の諸本と異なり，本文が欠落している。

○1964刊，1967刊，1972刊など各種の復刻版がでている。いずれ

も再版本を復刻したものである。

〔46〕

漢文書名：――

英文書名：*Anglo-Chinese Glossary of Terms Used in Shipbuilding, Marine Engineering, Rigging, etc., Illustrated*

著者：J.H.P. Parker

出版社・出版地：――

刊年：1894

冊数・寸法：1冊・24.5cm×16.2cm（東洋文庫）

対訳・配列：英華・意味分類体

使用言語：――

所蔵機関・所蔵者：

| 国立国会図書館 | 226-14 |
| 東洋文庫 | Ⅲ-12-D-c-10 |

成立：書名の示すとおり，造船，船舶機関，艤装関係の用語を図解した語彙集である。「船舶関係の業務に従事していた著者は，中国側の用語資料に多数の誤りがあるのに気づき，改善の必要性を感じた」という（はしがきによる）。

備考：前扉，はしがき，序（漢），目次，船舶図（pp.1-100）と用語からなり，諸本全同。刊年ははしがきによる。
　　　木造船に15図，鉄鋼船に25図，エンジン関係に23図，装具に9図，帆船に12図，汽船に4図，マスト・円材・静索に5図，帆その他に7図，と計100図を配し，中英双方の用語を細部にわたって記している。

〔47〕

漢文書名：字典彙選集成

英文書名：*An English and Chinese Dictionary Compiled from General Miscellaneous, Important Terms, Business Letters, Bills, Documents and the Tariff of Imports and Outports of China and Bills of Lading*

著者：Wong Su King （黄少瓊）

出版社・出版地：Man Yu Tong（文裕堂）・Hongkong

刊年：1895

冊数・寸法：1冊・21.5cm × 13.6cm （東洋文庫）

対訳・配列：英華・ABC順；華英・意味分類体

使用言語：官話（？）

所蔵機関・所蔵者：東洋文庫 Ⅲ-12-D-b-22

成立：先行辞典，マニュアルの類から得た情報をコンパクトにまとめ，商業文，輸出入税，船荷証券の書式などを載せた実用目的の辞典で，初心者や商人を対象としている（はしがきによる）。

備考：扉（漢，英），はしがき，自序，目次（英，漢），本文（pp.1-342），英語撮要（pp.1-295, 英語の書体，数，天文，時間，地理，官職，輸出入税，書簡の形式，商取引書式，米国輸入税則など）からなる。

○本書の本文は，点石斎の『華英字典』(1879)（〔38〕）に増補したものと思われる。〔A〕部の見出し語を比較すると，増補6語，削除0，変更0となる。なお，点石斎の『華英字典』(1879)は，鄺其照『字典集成』(1875)（〔32〕）の石版刷りで，両書の内容は完全に一致する。

○本書（『字典彙選集成』）の「英語撮要」の形式は，鄺其照『字典集成』(1875) 第2部の模倣とみられる。また時期的にみて，鄺其照『華英字典集成』(1887)（〔42〕）を参照した可能性もむろんある。『字典彙選集成』と『華英字典集成』(1887)は，本文の広東語表現を排除したという点でも一致する（第5章参照）。

○漢文扉に「新鐫」，英文扉に'NEW EDITION'とあるが，黄少瓊の手になる初版があるかどうかは明らかでない。

〔48〕

漢文書名：華英萬字典

英文書名：*A Chinese and English Dictionary, Arranged According to Radicals and Sub-Radicals. New and Enlarged Edition, Containing 12,650 Chinese Characters with the Pronunciation in the Peking Dialect According to Sir Thomas Wade's System, and the Pronunciation in the General Language of China in Dr. Williams' Spelling, Compiled from the Best Authorities*

著者：P. Poletti

出版社・出版地：American Presbyterian Mission Press・Shanghai

刊年：1896

冊数・寸法：1冊・24.2cm × 15.6cm（慶応義塾）

対訳・配列：華英・部首別

使用言語：北京語，官話

所蔵機関・所蔵者：

東洋文庫	Ⅲ-12-D-a-38
筑波大学付属図書館	岡倉文庫 E100-p14
慶応義塾図書館	D26/35/1
国学院大学図書館	823/P76/1
天理大学付属天理図書館	823-50
関西大学 CSAC	No. 54

成立：扉に'New and Enlarged Edition'とあり，本書は同著者による*The Pocket Chinese and English Vocabulary*『袖珍華英字典』(1889)（〔43〕）に大幅な増補を加え，12,650字を収録した北京語の辞典である。北京語の発音表記はウエード，共通語（官話）の表記はウィリアムズにしたがう。中国バージョンも刊行された。漢字を部首と従属部首で分類して配列する（扉による）点は，『袖珍華英字典』(1889) と同じである。本書のまえおき (Preparatory Note) は従属部

首について説明するだけで,成立事情には触れていない。

備考:扉,従属部首(漢字は1,2,ときにはそれ以上の部首からなり,それぞれ第1部首,第2部首,第3部首とよばれる。従属部首はつねに第2部首である。したがって「簡」の従属部首は「竹」のつぎの「門」である,とする),まえおき,索引,新刊広告,本文(pp.1-307),部首,難字からなる。[天理]が扉2葉をもつ点を除いて,諸本全同。ただし[東洋]は索引,新刊広告を欠き,[天理]は従属部首,新刊広告,難字を欠く。[慶応]は従属部首を欠き,巻末に『付録　清国便覧』を貼付してある。

○ [関大CSAC]は,別刷である。英文書名,漢文書名,著者,出版社,刊年,本文のページ数は同じだが,まえおき(Preparatory Note)とは異なるはしがき(Preface)がつく点,諸外国ことに日本の隆盛と比較して,「中国の劣勢を挽回するためにも,従属部首を採用し,漢字の習得を容易にして文化水準を高めよ」と説いている点が他と異なる。

[49]

漢文書名:英華字典

英文書名:*An English & Chinese Pocket Dictionary in the Mandarin Dialect*

著者:Mrs. Arnold Foster[32]

出版社・出版地:Kelly & Walsh, Ltd.・Shanghai, Hongkong, Yokohama, Singapore (1897, 1903 刊):

Edward Evans & Sons, Ltd.・Shanghai (1916 刊)

刊年:？(初版),1897, 1903, 1916

冊数・寸法:

1冊	17.0cm × 11.8cm	(1897- 東洋文庫)
1冊	13.5cm × 10.8cm	(1903- 東洋文庫)
1冊	15.2cm × 10.5cm	(1916- 内田)

対訳・配列：英華・ABC 順
使用言語：漢口語
所蔵機関・所蔵者：

1897 刊	国立国会図書館	495.1-F754e
	東洋文庫	Ⅲ-12-D-b-3
	東京女子大学図書館	比 823/F2
1903 刊	東洋文庫	Ⅲ-12-D-b-4
1916 刊	内田慶市	

成立：初版は 3,500 語，再版は 3,800 語，第 3 版と第 5 版は 4,000 語を収録している。初心者を対象としたポケット版で，主婦層が関心をもつコーヒー，パイといった家庭用品の類は，対応する中国語がないのではぶいてある（再版，第 3 版，第 5 版のはしがきによる）。

備考：1897 刊（扉に 'Second Edition' とある）は，扉，正誤表，はしがき，本文（pp.1-178）からなり，諸本全同。ただし［国会］と［東洋］は，正誤表を欠く。

　○1903 刊（扉に 'Third Edition' とある）は，扉，はしがき，正書法について，手紙の書きかたのヒント，本文（pp.1-184），正誤表からなる。正書法は，ウィリアムズのものを採用するが，漢口官話については発音がやや異なるとして，説明を加えている。まずウィリアムズの『漢英韻府』*Syllabic Dictionary*（1874）（〔31〕）の序説から，母音，二重母音，子音，声調について述べた部分を要約し，ついで漢口官話の発音の特徴を示す（はしがきによる）。

　○英文書名の示すように，著者は本書の漢口語を Mandarin dialect（官話）ととらえている。背景に 19 世紀の漢口には多くの高官や商人が住んでいたという事情があるが，漢口語を官話とすることの適否については意見が分かれる。

　○1916 刊（扉に 'Fifth Edition' とある）は，扉，同著者による著作の広告，はしがき，正書法について，手紙の書きかたのヒント，本

第6章　日本国内にある英華・華英辞典と語彙集　291

文（pp.1-184）からなり，正誤表はない。はしがきによれば，「正書法はウィリアムズに換えてジャイルズのものを採用した」という。「北京語ではききとれない入声が漢口語でははっきりきこえる」と注釈を入れている。

〔50〕
漢文書名：―――（1897）：　新増華英字典（1899）
英文書名：*A Dictionary of the English and Chinese Language, with the Merchant and Mandarin Pronunciation*
著者：Wilhelm Lobscheid　改訂者：F. Kingsell（1897）[33]；
　　　F. Kingsell（1899）
出版社・出版地：Kingsell & Co.・Yokohama
刊年：1897, 1899
冊数・寸法：

| 1冊 | 25.9cm × 18.5cm | （1897-国会図書館） |
| 1冊 | 26.0cm × 19.0cm | （1899-東洋文庫） |

対訳・配列：英華・ABC順
使用言語：官話
所蔵機関・所蔵者：

1897刊	国立国会図書館	495.1-L799d
1899刊	東洋文庫	Ⅲ-12-D-b-34
（刊年不明）	関西大学CSAC	No. 14

成立：メドハーストとロプシャイトをまねた鄺其照『華英字典集成』（1887）（〔42〕）と譚達軒『華英字典彙集』（1875）（〔33〕）が広く使用されているが，原著の半分にもならず，不満が残る。そこでキングセル（Fung Kingsell）は「ロプシャイトの原著に訂正を加え，末尾に付録として書式の用例を掲げた」（汪康年の序による）。

○「1899年版『新増華英字典』の広告が『清議報』第10, 11, 13号

などに掲載されている。……初版1,000部は完売したので，再出版することになった。価格は1冊実洋6元……」(馮・照山・林2001:98-103より抜粋)。

備考：1897刊は，扉(英)，自序，序(汪康年による)，本書で使用した略語，本文(pp.1-1066)，英語による書式の用例，奥付からなる。

○1899刊は，1897刊に扉(漢)と原装本を抱えた著者の写真が加わるが，奥付はなく，本文の内容と書式の用例は1897刊と変わらない([関大CSAC]は巻末の書式のpp.1,2と奥付を欠く)。本書はロプシャイト『英華字典』(1866~69)([20])の改訂版で，原著の広東語表現を排除している。4.8.を参照。

[51]

漢文書名：――

英文書名：*The "Tah Ts'z "達辭 Anglo-Chinese Dictionary, an English and Chinese Dictionary Containing Numerous Sentences Illustrating the Application of English Words and Phrases*

著者：Mok Man Cheung

出版社・出版地：Man Yu Tong・Hongkong

刊年：1898

冊数・寸法：2冊・22.2cm × 14.0cm （国会図書館）

対訳・配列：英華・ABC順

使用言語：――

所蔵機関・所蔵者：

国立国会図書館	495.1-M716t
内田慶市	(第1巻のみ)

成立：本書の目的は，中国人が英語を書いたり，話したりすることができるようにすることである。したがって，「ことわざ，成語，一般的な会話表現にとどまらず，さまざまな俗語を収録し，口語体で

訳した。ウェブスターやジョンソンの辞典をはじめ、クラッブ (Crabb) の *English Synonyms* を主な参考資料とした。イディオムの説明には、香港最高法院主席通訳官のボール (J.D. Ball) を煩わせ、香港の法務官ワイソン (Ho Wyson)、最高法院通訳官補佐 Li Hong Mi の助言を得、翻訳と校正については Lam Yun Tsoi と Lo Sing Lau の協力を得た」(はしがきによる)。

備考: 第1巻は、扉、献辞、はしがき、本書の計画と範囲、自序、要言7条、本文 (pp.1-1360 A~NUR)、第2巻は、扉、本文 (pp.1361-2717 NUT~ZYM) からなる。扉には「初版」とあるが、以後版を重ねたかどうかあきらかでない。[内田] は第1巻のみで、扉から本文まで全同。出版社の 'Man Yu Tong' は「文裕堂」である。

著者は本書成立の経緯から法院関係者であろうと推察され、'Mok Man Cheung' は「莫文暢」と読める。同一人物であるかどうかは未確認だが、莫文暢の著書『唐字音英語』が内田所蔵本にある。『唐字音英語』は本文 (pp.1-366) に数目門 Numerals and Figures、天地万物門 Objects of Nature、埠頭門 Seaports and Towns、時令門 Time and Seasons、鐘数門 Hours by the Clock、などの諸項目を収め、付録に荷役検数員の問答集 (「船務打厘人雑話」*The Tallyman's Vocabulary*) と手紙の書きかたを添えている。しかし奥付はなく、刊年不載で、著者の経歴をさぐるてがかりはない。

[52]
漢文書名:──
英文書名: *The Student's Four Thousand 字 and General Pocket Dictionary*
著者: W.E. Soothill[34]
出版社・出版地:

  Presbyterian Mission Press・Shanghai　(1899):

American Presbyterian Mission Press・Shanghai （1900）：
American Presbyterian Mission Press・Shanghai （1903 ）：
Kegan Paul, Trench, Trubner & Co.,Ltd.・London （1946）：
Routledge & Kegan Paul Ltd.・London （1952）

刊年：1899, 1900, 1903, 1946, 1952
冊数・寸法：

1 冊	15.1cm × 11.7cm （1899- 東洋文庫）
1 冊	13.6cm × 10.5cm （1900- 東洋文庫）
1 冊	13.8cm × 10.5cm （1903- 国会図書館）
1 冊	13.4cm × 10.8cm （1946- 上智大学）
1 冊	13.5cm × 10.5cm （1952- 国会図書館）

対訳・配列：華英・音符別（第1部）；華英・ABC順（第2部）
使用言語：――
所蔵機関・所蔵者：

1899 刊	東洋文庫	Ⅲ-12-D-a-2
1900 刊	東洋文庫	Ⅲ-12-D-a-3
1903 刊	国立国会図書館	495.1-S711s
1946 刊	上智大学中央図書館	D207-15/66-4559
1952 刊	国立国会図書館	495.132-S711s

成立：**初版** 1899 刊：本書は初心者より一段上の中国語学習者を対象とする。「どんな単語が学習者にもっとも役立つかを示すことが目的であり，そのため現地人向けの従来の方法によらず，親字を約890の音符（phonetics）にしたがって分類し，配列した[35)]。用例の大半はジャイルズの*A Chinese-English Dictionary*（1892）（〔45〕）による。」
　第1部は学習，第2部は中国に関するさまざまな情報を提供し，「第1部に4,300字，第2部とあわせて計10,200字を収録する。第

第6章　日本国内にある英華・華英辞典と語彙集　295

1部の4,300字はPresbyterian Pressの活字と申報[36]からとった。温州外務委員の郭，ミッションプレスのマッキントッシュ（McIntosh）の協力を得，グッドリッチ[37]（C. Goodrich）の先駆的著作 *Pocket Dictionary*（*A Pocket Dictionary (Chinese-English) and Pekinese Syllabary*（1891）か？）を参考にした。」（はしがきより）

再版 1900刊：「初版刊行後まもなく再版の要請があり，著者が中国を離れているあいだに，Presbyterian Mission Press のダグラス（C.W. Douglass）が指揮して，再版を実現させた。もちはこびに便利なように初版より薄い紙をもちい，不要な用例をけずった。1部から2部へ，あるいは2部から1部へ漢字を移動させたりはしたが，だいたいにおいて初版のままである。」（はしがきより）

第3版 1903刊：「第2版のあやまりを訂正し，わずかに変更をくわえたほかは，ほぼ再版のままである。」（はしがきより）

第18版 1946刊および**第20版** 1952刊：それぞれの扉に'Eighteenth Edition'，'Twentieth Edition'と明記されてはいるものの，実際に版を重ねたかどうかは疑わしい。両書ともはしがきは，初版，再版，第3版のものを転載しただけである。

備考：　**初版**：扉，はしがき，略号，部首一覧表，音符一覧表（LIST OF PHONETICS pp. vi-xxvii），本文[38]（第1部 pp. 1-254；第2部 pp. 255-358），一般情報（pp.xxvii-xxxiv—中国王朝，18省，暦，各月の雅称，干支，数，度量衡について述べる—），部首別索引，正誤表からなる。

　　　再版：扉，初版のはしがき，再版のはしがき，略号，部首一覧表，音符一覧表（pp.xii-xxxiii），本文（第1部 pp.1-254，第2部 pp.255-358），一般情報，部首別索引，正誤表からなる。

　　　第3版：扉，初版のはしがき，再版のはしがき，第3版のはしがき，略号，部首一覧表，音符一覧表（pp.xiv-xxxv），本文（第1部 pp.1-254，第2部 pp.255-358），一般情報，部首別索引からなる。

　　　第18版と第20版：扉，正誤表，初版のはしがき，再版のはしが

き，第3版のはしがき，略号，部首一覧表，音符一覧表，本文（第1部 pp. 1-254，第2部 pp.255-366），一般情報，部首別索引からなる。
○再版の本文では，用例の増補，削除，見出し字の移動などが行なわれてはいるものの，大体において初版のまま，第3版でもわずかに異同はあるが，ほぼ再版のままである。第18版と第20版も同様で，本文第1部の内容もページ数も第3版と変わらない。
○第18版と第20版の第2部は，従来のスペリングと新標準システムのそれとを併記しているため，ややページ数がふえ，声調記号にも異同がある。
○第4〜第17，第19版は未見。

〔53〕

漢文書名：──

英文書名：*An Analytical Chinese-English Dictionary Compiled for the China Inland Mission*

著者：F.W. Baller[39)]

出版社・出版地：China Inland Mission and American Presbyterian Mission Press・Shanghai

刊年：1900, 1915

冊数・寸法：

1冊	28.2cm × 21.3cm	（1900- 東洋文庫）
1冊	27.6cm × 21.3cm	（1915- 関大図書館）

対訳・配列：華英・ABC順

使用言語：官話

所蔵機関・所蔵者：

1900 刊	国立国会図書館	495.1-B191a
	東洋文庫	Ⅲ-12-D-a-32
	天理大学付属天理図書館	823-タ14
1915 刊	関西大学総合図書館	R823.3-B1-1

第 6 章　日本国内にある英華・華英辞典と語彙集　297

成立：本書は，携帯に便利，廉価で一般学生の需要を満たす範囲のことばを収録することを目的とする。まず『四書朱熹集注』『聖諭広訓』，新旧約聖書，『天路歴程』などを分析して 5,500 字をえらび，他のデータをくわえて 6,089 字，異体字をふくめれば 7,264 字を選択した。用例はモリソン，ウィリアムズ，レッグ，ジャイルズ，チャーマーズ，メイヤーズ，ヒート (Hirth)，マティア (Calvin Wilson Mateer, 狄考文 1836~1908) をはじめ上記の，あるいは現地の書籍からあつめて，約 40,000 例とした。」

「発音表記は，官話のほかに中国西部で行なわれているものを加え，中央部・西部・北部でつかわれている入声を‘h’であらわし，ウィリアムズ，ジャイルズと本書の正書法を一覧表で対比させた。また，キリスト教の教義をしめす語句を随所に挿入して，現地民の啓蒙をはかった。中国西部の音については，雲南のポラード (S. Pollard) と四川のイェール (Yale) の協力をえた。親字には通し番号をつけ，クロスレファレンスによって，書名の示すように分析的 (analytical) に，字の構造にさかのぼって詳細な情報が得られるよう配慮した。」(はしがきより)

備考：扉，はしがき，韻母・声母一覧表，本文 (pp.1-547)，付録 A (『四書朱熹集注』からとった用例とその英訳。親字には本文で用いたのと同じ番号をつけて，参照の便をはかる)，付録 B (Ⅰ (A) 中国王朝の統治期間と廟号，Ⅰ (B) 紀元元年以降の各王朝の年号，Ⅱ 1 年の各月の俗称と雅称，Ⅲ 五行，陰陽，星名の相関関係，Ⅳ 十二支とその獣名，星座名とその雅称，相応する時刻と方角，Ⅴ 二十八宿と，相応する五行，獣名，経度，星座名，Ⅵ 1899 年から 2008 年までの干支，Ⅶ 二十四節気，Ⅷ 文官と武官の位階をしめす記章)，部首一覧表，難字一覧表，正誤表からなる。諸本全同。ただし［天理］は扉を欠く。なお，［関大］(1915 刊) も 1900 刊の諸本と同内容だが，巻末に，ジャイルズ，ウィリアムズと本書の発音表記の比較表が貼付されている。

〔54〕

漢文書名：西蜀方言

英文書名：*Western Mandarin, or the Spoken Language of Western China; with Syllabic and English Indexes*

著者：Adam Grainger [40)]

出版社・出版地：American Presbyterian Mission Press・Shanghai

刊年：1900

冊数・寸法：1冊・23.0cm × 15.0cm （東洋文庫）

対訳・配列：華英・部首別（一部に華英・ABC順）

使用言語：四川語

所蔵機関・所蔵者：

東洋文庫	Ⅲ-12-G-87
東京外国語大学付属図書館	C/Ⅱ/947
京都大学文学部図書室	中哲文/洋/828/G-O1 （688666）
岡山大学付属図書館	B.e/90
天理大学付属天理図書館	828-32
関西大学総合図書館	R1-823.08-G1-1
関西大学CSAC	No. 11

成立：本書は四川地区の口語をあつかい，現地での伝道に必要な日用語の知識の習得を目的とするもので，「文語的表現は排除した。漢字3,786字，複数の書きかたをもつもの112字，相応する漢字のない語191，ことわざ401をふくむ用例13,484はすべて現地で直接採録した。正書法はChina Inland Missionの使用するシステムに適宜変更をくわえた。複数の書きかたをもつ漢字は，できるだけ一般に通用している形を優先させ，音節別索引と英語索引をつけて，検索の便をはかった。訂正はChina Inland Missionに所属するヴェイル（Vale）と，Ch'en tuの協力をえた。」（序文による）

備考：扉，目次，序文 (pp. i-iii，配列，語義，翻訳上の難点，声調，類別詞，正誤について述べる)，部首別索引，本文 (pp.1-616)，親族関係一覧，音節別索引 (pp. 629-708)，英語索引 (pp.709-802)，正誤表からなる。諸本全同。ただし，[関大 CSAC] は目次と序文 i, ii が欠落している。

なおエドキンズは北京官話，南京官話に加えて，成都の口語を基礎音系とする西南官話の存在を指摘している (千葉謙悟2007:73)。

[55]
漢文書名：──
英文書名：*Shanghai Vernacular Chinese-English Dictionary*
著者：D.H. Davis[41]；J.A. Silsby[42]
出版社・出版地：American Presbyterian Mission Press・Shanghai
刊年：1900
冊数・寸法：1冊・18.2cm × 11.5cm（東洋文庫）
対訳・配列：華英・部首別
使用言語：上海語
所蔵機関・所蔵者：東洋文庫　Ⅲ-12-G-5
成立：本書は基本的には上海方言の学習者を対象としたものだが，同時にその同族である蘇州方言と寧波方言の習得にも役立たせることを目的としている。「呉語が言語学上とくに重要であることはいうまでもないが，その一部を構成する上海方言をジャイルズはとりあげず，ウィリアムズはとりあげてはいるものの，発音表記に問題点が多い。」

「本書の発音表記は，上海統一ローマ字システム（Shanghai union system of Romanization）による。本書の収録漢字は 7,779 字，実用目的にみあう範囲の簡単な意味を記載するにとどめる。改訂と校正には李恒春の協力をえた。」（はしがきによる）

備考：扉，目録，はしがき（「上海方言の音節数は720で，ペキン語の420をはるかに上回る」と説く），上海方言の音節の発音表記（声母・韻母・声調記号の説明），部首一覧表，部首の詩（Radical Ode ― 部首をおぼえやすくするために詩の形にまとめたもの。マティアによる），本文（pp.1-188）[43]からなる。

注

1) デイヴィス（John Francis Davis, 戴維斯 1795~1890）はAsiatic Societyの会員で，のちに全権大使兼香港総督に任ぜられた。1795年ロンドンに生まれ，アマースト使節団に書記生として随行した。東インド会社に勤め，同社の特別委員会のメンバーとなり，ポッティンジャー（H. Pottinger）のあとをついで，香港総督となった。1845年準男爵となり，1848年香港政庁を去った。容易に情報を入手できる地位にあり，シノロジストとしては高名だったが，外交面での評価は芳しくない。デイヴィスの著書 *The Chinese, a General Description of the Empire of China and Its Inhabitants* (1836) はロンドンで発行されて版を重ね，独仏蘭伊の各国語に訳された。(M. Broomhall 1927:176, S. Couling 1917, *Chinese Repository* vol.v:281, vol. viii:412, vol. xi:81-92, 中嶋 1994:xii)

2) 第3部の24章ではつぎのような事項をあつかう。Ⅰ 世事 Ⅱ 天文・気候 Ⅲ 禽獣 Ⅳ 色彩 Ⅴ 困難 Ⅵ 疾病 Ⅶ 飲食 Ⅷ 感情 Ⅸ 魚，虫 Ⅹ 朋友，つづいて親誼，笑談，文字，軍事，名分，場所，貧困，品格，争論，富貴，盗賊，商売，用具，悪人となっている。本書とモリソンの経歴，著作については，K. Bolton & C. Hutton 2001-vol. 1 に詳しい。

3) 1840年にでたものには序文がなく，成立の事情はあきらかでない。著者モリソンは『広東省土話字彙』の序文で，「漢字を使わずに広東語のなまりをつたえようと考えたが，うまくいかなかった」と述べており，それを裏書するかのように1840刊の本文は，『広東省土話字彙』の第1部の漢字を機械的に取りさってできている。ともあれ，1840刊の扉には 'SECOND EDITION' とある。

4) 『賢文書』の刊年は，サマーズ（James Summers, 1828~1891）*A Handbook of the Chinese Language,* Oxford 1863:viii によれば1823年，S. Couling 1917 によれば1828年である。ともあれ1823年本は現存する。1828年本は未確認。

5) ゴダード（Josiah Goddard, 高徳1813~1854）は1813年10月27日David Goddard

を父として，マサチューセッツ州 Wendell に生まれた。1831 年 5 月 Baptist Communion の会員となる。1835 年 Brown University を卒業し，Newton Theological Institution で布教の訓練を受け，1838 年 9 月に牧師となる。American Baptist Board of Foreign Missions によって極東に派遣され，1839 年 6 月，夫人とともにシンガポールに到着，1840 年 10 月 16 日，任地のバンコックに上陸した。1842 年バンコック初の中国教会の牧師となる。

1848 年喀血したが，上海，寧波に居を移して健康を回復し，寧波の首位牧師をつとめた。（李志剛 1985:353 と K.S. Latourette 1975:251 は，寧波到着を 1848 年としているが，D.MacGillivray 1979:336 には 1849 年とある）。1853 年新約聖書の改訂版を公刊し，1854 年 9 月 4 日，寧波で病没した。夫人は帰米し，1857 年 Rhode Island で死去した。（李志剛 1985:320, 353, A. Wylie 1967:114, 115, D. MacGillivray 1979:336, K.S. Latourette 1975:251）

A Chinese and English Vocabulary in the Tie Chiu Dialect の再版本がハーバードの Widener Library にある。1883 年刊で，扉，序文，本文（pp.1-174），部首一覧表，本辞典で使用した漢字のリストからなる。

6) デヴァン（Thomas T. Devan 哋凡）は Baptist 教会所属の宣教師である。米国で医学博士となり，神学を修め，American Board の要請にこたえて入華した。夫人をともなって，1844 年アメリカを発ち，同年 10 月 22 日に香港に到着，先任のシャック（Jehu Lewis Shuck, 淑?~1863）宅に同居した。1845 年 4 月広東に移ってシャックと協力，アメリカ南部の Baptist 教会の発展に寄与した。翌年夫人を失ったデヴァンは，ふたたび香港にもどり，帰米する。のちフランスの Baptist Mission に移った。（A. Wylie 1967:143, K.S. Latourette 1975:251）

7) 数，時の区分，社会・政治・隣人との交流，建築物，備品，衣服，食品にからむ日用語の紹介，品詞の説明，医療にかかわる表現などをとりあげる。まずワードで基礎を築いたあとフレーズに進むという方針に沿っている。

8) ドティ（Elihu Doty, 羅啻）は米国 Dutch Reformed Church に所属する宣教師だった。1836 年 6 月 American Board of Commissioners for Foreign Missions の要請により，中国派遣宣教師としてバタヴィアに赴き，福建語を学ぶ。ボルネオ島に滞在したのち，1844 年ポールマン（W.J. Pohlman）とともにアモイに移る。1845 年 10 月夫人が死去したため一時帰国，再婚して 1847 年 8 月アモイにもどったが，新夫人も翌年世を去った。ドティは American Board との関係を解消し，Dutch Reformed Church に移る。オランダに帰り，1861 年ごろマックレイ（R.S. Maclay）とともに中国に戻り，

アモイに住んだ。やがて健康を害し，1864年末香港経由で米国に向かうが，航海中に生涯を終えた。ヤング（Young）とともにヨハネの福音書をアモイ語に翻訳したことがあるが，その時期は不明。(*The China Mission Handbook* 1973:257, 258, K.S. Latourette 1975:247, D. MacGillivray 1979:367, A. Wylie 1967:97, 98, *Chinese Repository* vol. xvi:176)

9) ボニー（Samuel William Bonney, 哷呢 1815~1864）は，1815年3月8日コネティカット州 New Canaan で生まれた。1832年ウェブスター辞書を発行したメリアム社にやとわれ，1837年教職につき，翌1838年 Allen Street Church に加わる。1840年 New York University に入学したが，翌年オハイオ州に転居，友人の援助で1844年まで学業をつづける。Morrison Education Society のブラウン（Samuel Robbins Brown, 布朗 1810~1880）の臨時助手として，American Board による中国派遣が決定，1845年3月香港に到着し，1年後後任のメイシイ（Macy）と交代して広東に向かう。1850年から1853年にかけて，Whampoa と Newtown に滞在し，海員の福祉に関心をよせる。

　　1854年ウィリアムズ（S.W. Williams）がペリー提督の日本遠征に参加したため，一時 American Board の広東印刷所の管理をまかされた。本書の刊行はこの時期にあたっている。同年末帰米して，1856年結婚。戦乱を避けて2年間マカオに滞在し，1858年ふたたび広東にもどって，布教と学校運営に尽くす。1861年中国内陸部を旅行，1862年には夫人の静養をかねて来日した。同年広東省の内陸部を旅行中に盗賊に襲われる。1863年再度内陸部に足を踏みいれる。2ヶ月の闘病の後，1864年7月27日広東で死去したが，夫人はその後も広東にとどまって，現地民の教育に従事した。(A. Wylie 1967:149, F.W.Williams 1972：186, 206, *Chinese Repository* vol. xvi.:14)

10) [英→華とするもの] 12例（下線は筆者）

　福沢諭吉『増訂華英通語』1860：凡例：義訳は主として英語の意を存す。故に間ま原訳と齟齬する者有り。然かも漢訳も亦必ずしも誤謬無きを保す可からざるなり。

　富田 1992:172：『華英通語』というのは，清国人子卿なる人物がアメリカで発行したもので，英語の単語と会話文に中国文字で発音と訳語をつけたものである。

　大阪女子大学付属図書館1962:225：…福沢諭吉の増訂華英通語があったが，それは漢訳の字面に制約されず…

　和田 1962:5：この書の原本『華英通語』に示される中国文字の発音記号や訳文などに見られる中国語は，…

第6章　日本国内にある英華・華英辞典と語彙集　303

　　会田 1964:6：清国人子卿の原著で…英語の単語短文に中国文字で発音と訳
　　　　語をつけたものにすぎなかったが…
　　西川 1967:1：これは…Book-keeping に対する中国の訳語を日本に紹介した
　　　　最初であり…
　　可児 1985:4：…『華英通語』を買い求めた。英中辞書の一種であり…それ
　　　　ぞれの単語・単文に中国文字で発音と訳語，訳文をつけたものである。
　　杉本 1985:264：…訳は直接英語からと述べているが，漢訳語から推定され
　　　　ていると思われるものも多いようである…中国語訳にひきずられたもの
　　　　であろう。
　　呉 1988:36：最も（ママ）初期の英華辞書はその内容は英語に対する中国語
　　　　訳のもの，すなわち英華であっても華英と付けられる例がよく見える。
　　　　例えば子卿の『華英通語』…
　　惣卿 1990:29：福沢は，この原本の漢字はそのままにして，その発音と日本
　　　　訳を付け加えた。…当てはまることばがないものは漢字訳をそのままに
　　　　した。
　　長尾 1992:21：原著は…実用的な簡約英華小字典で，漢字で発音と訳語がつ
　　　　けてあるのを…
　　平井 1999b:140：『増訂華英通語』には原書『華英通語』にある中国語訳と
　　　　漢字で発音表記が残されているが…
　　［言及せぬもの］3 例
　　［華→英ではないかと疑問を呈するもの］1 例（内田 2002b:23,24）
　　［華→英とするもの］3 例（陳力衛氏の教示，宮田 1997a，宮田 2000 ―日
　　　　本英学史学会第 353 例会における報告）
11)「雑字撮要」が現れるのは，おそらく鄺其照『字典集成』(1868) が最初で
　　ある。対応する英語は 'The Most Important Words Selected from Miscella-
　　neous Words' となっていて，『字典集成』(1875) も同じだが，交易の進
　　展を反映して，情報量は急激にのびる。『華英字典集成』(1887) 以降は，
　　「雑字撮要」'The Clsassified List of Miscellaneous Important Terms' となっ
　　て，情報量はさらにふえ，雑字撮要だけを単独に編集したものも出版さ
　　れて，版を重ねた。これについては第 5 章で触れた。
12) K. Bolton & C. Hutton 2001-vol.2 参照
13) チャーマーズ（John Chalmers, 湛約翰 1825~1900）はロンドン宣教会
　　（London Missionary Society）所属の宣教師。1825年スコットランドに生ま
　　れ，Aberdeen University と Cheshunt Congregational College で教育を受け

た。1852年6月28日に香港に到着，プレス担当主任となる。1859年広東に移り，レッグ (J.Legge) のあとを継いで，広東と香港，さらに中国中央部のミッションの中核的存在となる。1861年には改宗者85名となるが，受難もつづく。1878年神学博士となる。聖書改訳委員会のメンバーでもある。1900年死去。『康熙字典』の簡約版を著した，とされるが，未見。(R. Lovett 1899:455, C. Silvester Horne 1894:325, 419, A. Wylie 1967:217, K.S. Latourette 1975:363, D. MacGillivray 1979:662)。

なお大英図書館にはチャーマーズの英粤字典 *An English and Cantonese Pocket Dictionary for the Use of Those who Wish to Learn the Spoken Language of the Canton Province* の第3版 (1870) が2点保管されており (T 6953, 12910aaa6)，初版，再版と同じく香港の London Missionary Society's Press で印刷されている。[内田] にも第3版 (1870) があり印刷所も同じだが，大英図書館の2点と同内容か否かは未確認。

14) エドキンズ (Joseph Edkins, 艾約瑟 1823~1905) はロンドン宣教会所属の宣教師である。1823年 Gloucestershire に生まれ，London University と Coward Congregational College でまなんだ。1848年7月香港に上陸，同年9月上海に着任し，墨海書館 (London Missionary Press) 監理の補佐をつとめた。墨海書館はメドハーストがバタヴィアに創設し，のちアヘン戦争後条約港のひとつとして開港した上海に移され，ワイリー (Alexander Wylie, 偉烈亜力 1815~1887)，ウィリアムソン (Alexander Williamson, 韋廉臣 1829~1890) といった宣教師，さらに王韜，李善蘭ら錚々たる学者が加わって，全盛期を迎えた。1858年にはミュアヘッド (William Muirhead, 慕維廉 1822~1900) と説教行脚にでかけ，北上して黄河に達した。李善蘭は墨海書館のメンバーとして活躍するうちに，旧態依然たる科挙制度にみきりをつけ，数学者として大成した。

博学多才をもってしられるエドキンズには，上海語の文法書のほかに，官話文法を扱った *A Grammar of the Chinese Colloquial Language Commonly Called Mandarin* (1857, 1863)，王韜や李善蘭の協力をえて漢訳した数々の科学技術書，人文，社会科学関係の著作がある。

1858年3月帰国，夫人を伴って1859年9月上海に戻り，1860年から1861年にかけて芝罘，同年天津に居を定め，中国北部におけるミッション活動の礎を築いた。1863年5月まで天津に滞在し，その後北京に移った。『中西通書』 *The Chinese and Western Almanac* の編者としても知られ，帰国のため一時管理をワイリーにゆだねたが，1861年以降ふたたび編集をつづけ

る一方，王韜の協力を得て，ミュアヘッド，ウィリアムソンとともに，『六合叢談』の紙面で健筆をふるった。1863年上海から加わったロックハート（William Lockhart,雒魏林1811~1896）に合流して，北京に活動拠点を確立した。

　1866年にはマーテイン（William Alexander Parsons Martin, 丁韙良1827~1916）師らと協力して，新約聖書の官話訳『新約官話』を完成させ，1873年から1876年にかけて帰国し，1875年University of Edinburghから神学博士の学位を贈られた。1880年12月に退任して北京税関に移り，晩年15年間は上海税関で翻訳に従事した。1891年からChinese Tract Societyの会長としてミッションの活動をささえ，1905年上海で死去した。宗教がらみの著作や翻訳書のほか，多数の論文を*Shanghai Almanac and Miscellany*などに寄稿している（R. Lovett 1899:543-548, 575-577, S. Couling 1917, A. Wylie 1967:168, 173, 187-190, 239, D. MacGillivray1979:4, 5, 558, 621, 661, 卓南生1990:93, 121, 何群雄2000:115, 116）。

15）マックレイ（Robert Samuel Maclay, 麦利和1824~1907）はAmerican Methodist Missionary Societyから派遣された，ペンシルバニア州出身の宣教師である。同ミッションの第2陣として1848年4月15日に福州に着任し，現地人を教師とする学校の開設を提言，1869年以降は監督として東アジアへの布教に専心した。1873年6月日本伝道総理として来日，1879年横浜に神学校を設立した。1881年献金を募り，青山の土地を購入して東京英和学校を開き，その初代院長をつとめ，青山学院におけるキリスト教教育の基礎をきずいた。

　ボールドウィン（Caleb Cook Baldwin, 摩憐）はAmerican Boardの宣教師で，1848年3月25日夫人とともに香港に上陸，同年5月福州に着任した。健康を害して1857年10月帰国したが，1860年2月福州にもどった。1866年新約聖書の最初の福州語翻訳がでたが，この事業にはマックレイも尽力した。1870年マックレイとの共著*An Alphabetic Dictionary of the Chinese Language in the Foochow Dialect*初版を，1898年再版を出版した（〔23〕）。再版のあとは絶版となり，1928年にピート（L.P.Peet）による*A Handy Vocabulary*という書名の小型版がでたとされるが未見。1871年にはボールドウィン夫妻が協力して*Manual of the Foochow Dialect, Chinese and English*を完成させた。1909年刊の，3部からなる改訂増補版がハーバード燕京図書館にある（PL 1690.F8 B35 1909x）。

　なお*Dictionary of the Foochow Dialect*の初版は1870年，再版は1897年

(いずれも第3版の識語の日付による)に刊行されたとみられる。1929年に上海の Presbyterian Mission Press からでた，レガー (Samuel H. Leger) による改訂増補版（第3版）がハーバード燕京図書館にある (PL1283.M163 1929x)。ボールドウィン夫人は世界地図の編集をおこなうなど活躍したが，1896年アメリカで死去した。(A. Wylie 1967:176-180, D. MacGillivray 1979:254-259, 265, 266, 429, 433, 435, 637, American Presbyterian Mission Press 1896:219, 220)

16) F.P. スミス (Frederick Porter Smith, 師惟善) はロンドンの King's College の準教授をつとめ，English Wesleyan Missionary Society により，医療宣教師として派遣された。1864年4月26日夫人をともなって上海に着き，同5月16日漢口に着任して診療所を開き，現地住民の治療にあたった。中国語の著書に『医院録要』(1867)，英語の著書に *Two Annual Reports of the Hankow Medical Mission Hospital in Connection with the Wesleyan Missionary Society; First Report*, 1865; *Second Report*, 1866 がある (A. Wylie 1967:270, 271)。なお関西大学総合図書館にマイクロ化された資料が2点保管されている。ひとつは1869年9月14日に漢口で出た *The Rivers of China* で，「風水」を幸運のみなもとと説くなど，中国の河川にまつわるさまざまな話題を提供する。いまひとつは1871年刊行の *Contributions towards the Materia Medica & Natural History of China for the Use of Medical Missionaries & Native Medical Students* で，上海の American Presbyterian Mission Press とロンドンの Trubner & Co. から出版された。ロンドン宣教会のホブソン (Benjamin Hobson, 合信 1816~1873) が書いた *Medical Vocabulary* (1858) に新情報を加えることが当初の意図で，薬草，薬剤全般にわたる記述がある。

さらにヘンダーソン (James Henderson, 韓雅各 ?~1865), M.D. 著，上海 Presbyterian Mission Press 発行の *Shanghai Hygiene or Hints for the Preservation of Health in China* 1863（SOAS 図書館蔵）に収録された多数のリポートのなかに，'The First Annual Report of the Hankow Medical Mission Hospital in Connection with the Westleyan Missionary Society under the Charge of F. Porter Smith' 云々と続く1項があり，漢口医療宣教会の書記として Dr. スミスの名があがっている。現地人の病名，症状，患者数，患者の階層（官吏，科挙合格者，商人，農民，兵士，乞食），死傷の原因など詳細な記録がある。

Dr.スミス が書き進めていた *Chinese Materia Medica—Vegetable Kingdom* の改訂に，義和団事件を避けて上海に移り住んだ Dr. スチュアート

(Dr.Stuart）が着手，American Presbyterian Mission Press が1911年に上海で初版を発行した．さらにウェイ（Daven Wei）による改訂版が1969年7月18日に台湾で出版され，その復刻版がハーバード燕京図書館に贈られた（RS 164.S87 1969 x）．

17）（ロブシャイトの）「『英華字典』では見出し語'Chemistry'は未収」（沈国威1994:184）である理由も，本書と同じく著者のこのみによるものであった可能性が強く，「洋務関係の官吏，知識人らに普通に使われていた洋学の背景を持つ語が，必ずしも『英華字典』に取り入れられなかった」（沈国威1994:184）ことになる．「化学」論争はいまなお続いている．

18）ステント（George Carter Stent, 司登得 1833~1884）は，1833年6月15日イングランドのCanterburyに生まれた．軍籍を持ち，1869年英国公使館警護を担当するあいだに，中国語の会話に興味をもち，『語言自邇集』の著者ウエードのすすめもあって研鑽を続けた．同年3月清国関税庁に移り，芝罘，温州，スワトウの各地で勤務，1882年台湾の高雄に移り，1883年5月高雄税関補佐となり，1884年9月1日死去するまでその職にあった．王立アジア協会清国支部の会員で，同協会のジャーナル vols.vii, xi に寄稿している．なかでも評判をよんだものに宦官をあつかった *Chinese Eunuchs* (1877) がある．(沈国威1994:194, 220, D. MacGillivray *A Mandarin-Romanized Dictionary of Chinese, Memoir of George Carter Stent; A Dictionary from English to Colloquial Mandarin Chinese* rev. Hemeling, K.E.G. Shanghai, 1905（1905刊はしがき）

19）つぎの著作a), b), c) は，ステントの *A Chinese and English Vocabulary in the Pekinese Dialect*（〔26〕参照．以下'Vocabulary 華英'と略称）を基にヘメリング（K.E.G. Hemeling）が増補改訂したものである．

　ステントは'Vocabulary 華英'を英華に編集しなおすしごとに着手していたが，3分の1を残して未完に終わった．未完の部分をヘメリングが引き継いで完成させ，巻末に補充リストと正誤表を付した．1905刊．

a) *A Dictionary from English to Colloquial Mandarin Chinese* by Carter Stent, (partly revised, and supplement compiled, by K.E.G. Hemeling) Shanghai, 1905

b) Stent's *English-Chinese Dictionary*—supplementary List of Words and Phrases by K.E.G. Hemeling Shanghai, 1905

　a) の本文は収録せず，巻末の補充リストと正誤表だけをとってステントがまとめたもの．1905刊．

c) *English-Chinese Dictionary of the Standard Chinese Spoken Language*（官

話）*and Handbook for Translators, including Scientific, Technical, Modern, and Documentary Terms* by K. Hemeling, Ph.D. (Based on the Dictionary of the late G.C. Stent, published 1905 by the Maritime Customs), Shanghai, 1916

ヘメリングがa）に口語，専門用語，書面語を大量に加えたもの。1916刊。つぎに示すd），e），f）は同じくステントの'*Vocabulary* 華英'に基づいてマックギリヴレイ（D. MacGillivray）が増補改訂をほどこした。g）はマックギリヴレイの死を悼んでつくられたもので，補遺（Supplement）には翻訳に用いた聖書の語句が入っている。英文書名はいずれも *A Mandarin-Romanized Dictionary of Chinese* で共通だが，漢文書名にはユレがあり，d）が『華英成語合璧字彙』，e），f），g）は『英華成語合璧字彙』となっている。実態は華→英である。e）は内田本，d）は国立国会図書館と燕京図書館，f），g）は燕京図書館が所蔵している。

d)	1907 刊	second edition	本文（pp.1-924）	補遺なし
e)	1911 刊	third edition	（pp.1-924）	補遺なし
f)	1930 刊	eighth edition	（pp.1-1093）	補遺あり
g)	1930 刊	ninth edition	（pp.1-1093）	補遺あり

20) ダグラス（Carstairs Douglas, 杜嘉徳 1830~1877）は Foreign Mission Board of the Presbyterian Church に所属する宣教師である。1830年12月27日 Kilbarchan Manse, Renfrewshire に大家族の末子として生まれた。兄にグラスゴーの Free Church (Divinity) College 学長 George C.M. Douglas, D.D. がいる。父は牧師，母も牧師の家系の出で，1847年寡婦となったが，ダグラスの中国行きを積極的に支援した。ダグラスは1845年10月から1851年4月までグラスゴー大学，後エディンバラで学んだ。すぐれた言語学者で，ヘブライ語，ギリシャ語に通暁し，速記にも長じていて，中国語の複雑な音を捉えるのに役立てた。

1856年のはじめに任地のアモイに到着し，1858年アモイの Presbyterian Mission の総責任者となる。1859年はじめて泉州に入る。1860年台湾に赴き，この地に布教の根拠地をつくるよう本国に提言，1864年高雄に滞在して，根拠地の選定にあたった。アモイの訓練施設で学生の教育に専念する一方，辞書の編纂に力を入れた。

1862年いったん帰国，翌年12月上海を経由して再びアモイに戻り，活動をつづけた。本書の出版により，母校グラスゴー大学から法学博士を贈られた。1877年5月，上海で行なわれたプロテスタント宣教師総会で，2人の議長のひとりに選ばれたが，同年7月26日アモイでコレラのため急死

した。(J.M. Douglas 1877:1-18, A. Wylie 1967:239, American Presbyterian Mission Press 1896:23, 47, 55, 56, 67, 75, 221, 226, 229, 231, 588, D. MacGillivray 1979:176-179, 189)

21) ジャイルズ（Herbert Allen Giles, 翟理斯 1845~1935）は1845年12月8日，古典学者 J.A. Giles の四男として英国に生まれた。1867年2月英国領事館勤務となり，1880年福州副領事となる。以後1883年上海領事，1885年淡水（台湾）領事，1891年寧波領事を歴任した。1893年引退，1897年ウエード（Thomas F. Wade）のあとをうけて，ケンブリッジ大学中国語学教授に招聘された。在任35年，1932年の退職まで，英国中国学の泰斗として斯界に貢献した。

A Chinese-English Dictionary （1892, 1912）（[45]）の改訂増補に心血を注ぎ，第3版の発行をめざしたが，完成をみることなく死去した。長男 Bertram Giles，次男 Lancelot Giles はともに領事として中国各地に赴任，三男は大英博物館東洋図書部に在任した（石田幹之助 1942:399-406）。

22) K. Bolton & C. Hutton 2001-vol.6 参照

23) モリソン（William T. Morrison, 睦）は Board of the Presbyterian Missions によって派遣された宣教師で，1860年7月2日夫人をともなって上海に到着した。やがて任地の寧波に行き，1865年のはじめまで寧波にとどまったが，健康上の理由で帰国した。当時寧波は中国北部に進出するための戦略的拠点とかんがえられていた。1844年マカオに開設されたミッションプレスは，翌1845年寧波に移って飛躍的に発展した。なお A.Wylie 1967:260 によれば，W.T. モリソンは1865年のはじめまで寧波にとどまって帰国したとされるが，D. MacGillivray 1979:383 では，1860年から1869年までの9年間は中国にとどまっていたことになり，若干の齟齬がある。(A. Wylie 1967:260, D. MacGillivray 1979:381-383)

24) アイテル（Ernst J. Eitel, 1838~1908）はドイツ人宣教師で，Basel の Evangelical Missionary Society により中国に派遣された。1862年香港に着き，やがて本土に居を定め，1865年4月ロンドン宣教会に移籍した。チャーマーズが1852年から担当していた香港のロンドン宣教会プレスの仕事を引き継ぎ，レッグ，ターナー（Turner），アイテル が管理した。アイテル は1878年ロンドン宣教会を脱会する。Morrison Institution で学んだグループの現地での評判は芳しくなく，そのため資金面での援助を惜しまなかった商業界がまず手を引いた。アイテルらは存続に向けて尽力したが，1869年デント（Dent）商会倒産のあおりで，Morrison Education Society は解散に追い込ま

れた。

アイテルはエドキンズとともに，ロンドン宣教会の最後を飾る屈指のシノロジストとして知られる。アイテルは特に当時の仏教の研究でなだかく，『梵漢字典』 *Hand-book of Chinese Buddhism, being a Sanskrit Chinese Dictionary with Vocabularies of Buddhist Terms*（1888年に再版）を著したことで知られるが，1880年に上司のスキャンダルにまきこまれ，翻訳費用の不適切な使用を譴責されるなど，褒貶相半ばする植民地時代を送り，1897年に引退，その後オーストラリアに移って晩年を過ごした。

レッグ，カー（John Glasgow Kerr, 嘉約翰1824~1901）が寄稿者として名を連ねた *China Review or Notes and Queries on the Far East* の編集責任者でもあったが，この雑誌は1901年にその6,7月号（第25巻第6号）をだしたまま廃刊となった。(石田幹之助1942:45, 46, 116, *The China Mission Handbook* 1973 pt. II 7, A. Wylie 1967:266, Summers *The Phoenix* vol.1:155, *Library of Congress Cataloging in Publication Data*, K. Bolton & C. Hutton 2001 vol.4:v,vi）。

25）1973刊 *Dictionaries of the World Reprint and Micro-publication Series* は，1877刊の復刻版であり，本文（pp.1-466）を第1巻，（pp.467-1018）を第2巻に収める。

なお，*A Chinese-English Dictionary in the Cantonese Dialect*（冒頭の扉によれば1910刊）はゲナール（I.G. Genahr）による増補改訂版（本文pp.1~1417）で，香港の Kelly & Walsh, Ltd. が出版した。

26）
B	Buddhistic		仏教の 表現
Ca	Cantonese		広東方言
Cl	classical		純粋に古典的な表現
Co	colloquial		純粋に口語的な表現
Mi	middle		純粋に古典的でも，純粋に口語的でもない中間の表現
T	technical		術語，科学用語
Ta	Tauistic		道教の表現
V	vulgar		『康熙字典』に記載されていない俗字
ab.f.	abbreviated for		つぎの語を縮めると
a.p.	also pronounced		意味を変えずに，このようにも発音する
a.w.	also written thus		このようにも書く
c.o.	commonly		一般に

c.p.	correctly pronounced	正確に発音すると
c.w.	correctly written thus	正確に書くと
i.w.	interchangeable with	相互に交換できる
orig.	originally	本来，元来
o.p	otherwise pronounced	別の発音をすると意味が変わる
o.w	originally written thus	本来このように書く
s.a.	same as	つぎに同じ
v.a.w.	vulgarly also written thus	俗語ではこのようにも書く
v.u.f.	vulgarly used for	俗語表現では
u.f.	used for	つぎのかわりに使う
w.p.	wrongly pronounced	こう発音するのは誤り
w.u.f.	wrongly used for	つぎは誤用
w.w.	wrongly written thus	こう書くのは誤り
K	『康熙字典』	
Shi.	*Chinese Classics* vol. Ⅳ 『詩経』 Hongkong, 1871	
Shoo.	*Chinese Classics* vol. Ⅲ 『書経』 Hongkong, 1865	

27) ロンドン大学に上海美華書館が出した『萬字典』(1896？) があり，巻末に「天津紫竹林新海関書信館布列地著」とある。「布列地」は「ポレッティー (Poletti)」で，『上海海関誌』(1997 刊) p.143 に「1909 年 4 月 12 日から同年 4 月 27 日まで税務員であった」とある。

28) 部首目録 (総目) の冒頭に「天津新海関書信館波列地蔵板」とあるのによる (「波列地」は「ポレッティー (Poletti)」)。扉の前に挿入された紙片に，「…華英字録 Shanghai, Messrs. Kelly & Walsh 天津紫竹林新園南式盆塘掌櫃孫実善発兌」とあるので，上海と天津で売られたものらしい。

29) スワトウの English Presbyterian Mission Press は 1880 年に稼動開始。ローマ字印刷が主体だった。本書の販売利益はミッションプレスの運転資金にあてられた。(D. MacGillivray 1979:641)

30) 1856 年以降，プロテスタントの活動の進展はめざましく，カトリックをしのぐものがあった。アモイミッションの内陸進出にはマッゴワン (John MacGowan, 麦嘉湖) が大きく貢献している。マッゴワンはロンドン宣教会 (London Missionary Society) から派遣され，夫人を伴って 1860 年 3 月 23 日に上海に着き，1862 年夏月刊誌『中外襍誌』*Shanghae Miscellany* (半年後廃刊)，同年『英話正音』*Vocabulary of the English Language* および *Collection of Phrases in the Shanghai Dialect* を，1863 年『英字源流』Spelling

　　　　Book of the English Language を出版した。1863年の夏アモイに移った。夫人が健康を害して，1864年9月ニューヨーク経由で帰国の途についたが，夫人は航海中に死去し，マッゴワンは1866年6月2日，アモイに帰任した。なお，*A Manual of Amoy Colloquial* の初版と再版は未詳だが，第3版は1892年にアモイで出版された。(A. Wylie 1967:256,257, K.S. Latourette 1975:363, 430, D. MacGillivray 1979:7, 255)

31) 部首を画数順に配列して部首番号（太字）をつけ，同じ部首内では画数によらず，従属部首にしたがって配列する。従属部首の番号は細字であらわす。たとえば「許」をさがすには，太字の149（「言」の部首番号）をもとめ，149に属する漢字のなかから，細字の24（「十」の従属部首番号）をさがせば，もとめる「許」がえられる。

　　　本文のあとがきに，「本書で1年学習した者はポレッティーによる本書の改訂増補版を使用せよ」とあることから，本書の著者はポレッティーと推測できる。ただここでいう「本書の改訂増補版」とは何を指すのかがはっきりしない。本書の扉に 'By the author of the Wan tzu tien'（'Wan tzu tien' は『萬字典』）とあり，『萬字典』には1881年に上海で出版されたものがあるが，未見。ロンドン大学にある『萬字典』の中国バージョンも未詳だが，1896年にでたもののようである。

　　　増補改訂をうたった『華英萬字典』が1896年に出，1905年，1907年と続版がでる。本文のページ数は1896 (pp.1-307)，1905, 1907 (pp.1-406) と初心者むけに小規模である。いずれも上海のAmerican Presbyterian Pressが刊行にかかわっている。ほかに刊年不明で，C.N. Caspar Co., Milwaukee, Wis. からでたものがある。

32) フォスター（Arnold Foster）はロンドン宣教会に所属。1871年交易の中心地漢口に赴任と決定，1882年以降夫人とともに漢口ミッションに加わる。漢口にかぎらず，中国全土を視野に入れたミッションの活動状況をつぶさに報告して評判をよんだ。友人の宣教師に宛てた手紙を公開し，布教に必要な経費と時間を宣教師に与えるべきだと説いて，宣教会の猛省をうながした。さらに，アヘン吸引者の悲惨な現状をみて反アヘン交易の急先鋒となり，Royal Commission の提出する偽善的報告にことごとく確証をあげて反論した。夫人は小規模ながら2ヶ所に学校を建て，現地民女子の教育に尽力して成果をあげた。(A. Foster 1889, 1893, R.Lovett 1899:532, 538, 541, D. MacGillivray 1979:7,18, K.L.Lodwick1996:101-8, 129, 130, 172)

　　　夫人の著した英華辞典が1冊，ハーバード大学燕京図書館に所蔵されて

第6章　日本国内にある英華・華英辞典と語彙集　313

いる。扉に「英華字典 *An English and Chinese Pocket Dictionary in the Mandarin Dialect*」とあり，上海の Presbyterian Mission Press で印刷，1893年に出版された小型版で，扉，正誤，はしがき，本文（pp.1-166）からなる。初版かとも思うが確証はない。なお1903年出版の第3版がワイドナー（Widener）図書館に保管されているはずだが（Call No.1281.21），2006年4月7日の調査時点では所在を確認できなかった。

33) 汪康年の序には，「(キングセルは) ロプシャイトの高弟として，特にこの書をとりあげた」とあるが，言語にかかわる分野での師弟関係があったかどうかは不明。さらに本書については馮瑞玉，照山，林の3氏による「馮鏡如『新増華英字典』をめぐって」と題する論考が『月刊しにか』2001年9，10，11月号に連載されている。

34) スーシル（William Edward Soothill, 1861~1935）は English Methodist Free Church Mission に属する宣教師である。1878年温州に布教拠点が置かれたが，開設者のエックスレー（R. Inkermann Exley）は1881年に死去し，翌1882年スーシルが後継者として着任し，1884年ルーシー・ファラー（Lucy Farrar）と結婚した。清朝がフランスと敵対関係にあった1884年10月4日夜，ミッションの建物が暴動で破壊された。宣教師は全員避難し，清朝は賠償金を支払った。スーシルはアヘン吸引者の救済施設をつくって，のちの病院の発展と教会数の増加への基礎をきずいた。現地民のために学校を建て，夫妻で運営にあたった。夫人は纏足の奇習を脱した少女40名を教育した。英米共同の大学建設計画の構想が練られ，候補地として武漢がえらばれ，スーシルが校長となったが，資金が続かず，構想はみのらなかった。温州方言のローマ字システムを開発，新約聖書を翻訳して，一部を1893年に公刊した。

　温州ミッションの基礎を固めたスーシルは，多数の著作（『論語』の翻訳は好評を博した）によって名声を高め，レッグの後継者としてオックスフォード大学に招聘された。(D. MacGillivray 1979:131-133, K.S. Latourette 1975:382, 431, 626, 632, 651, W.E. Soothill 1907:178-193, 197-200)

35) マーシュマンにはじまり，カルリー（Joseph Marie Callery, 1810~1862）ドーリトル，ウィリアムズ，チャーマーズ，マーティンらが継承したシステム。漢字を部首によらず，音符（phonetics）あるいは基本形（primitives）によって分類する。Phonetics と primitives の定義にはユレがあるが，カルリーが *Systema Phoneticum*（1841）に発表した1040個の基本形が評価を得た。はしがきによれば，「スーシルは当初カルリーのシステムを採用しようとかん

がえたが，結局 888 個に抑えた」という。ティプソン（E. Tipson）の *A Cantonese Syllabary-Index to Soothill's Pocket Dictionary,* London, 1951（国会図書館 495.13-T595c）が参考になる。

36) 申報は，1872 年 4 月 30 日英国商人メジャー（Ernest Major, 美査）が創刊した上海の華字新聞で，1949年までつづいた。編集と経営は中国人が担当したが，基本的には欧米人に利するところが多かった。（卓南生 1990:12, 201, 229）

37) グッドリッチ（Chauncey Goodrich, 富）は，American Board of Commissioners for Foreign Missions により中国派遣宣教師に任ぜられ，1865 年夏夫人とともに中国に到着し，7 月にペキンにつき，通州で最初の説教を行なった。1870年ごろ蔚州をひらいて根拠地とした。グッドリッチは，ブロジェット（Henry Blodget, 白漢理 1825~1903）とともに頌主詩歌を翻訳し，1872年に出版した。グッドリッチの著作については，温雲水 2007 と宮田 2009b に詳しい。（A. Wylie 1967：274, D. MacGillivray 1979:105, 268, 269, 276, 284, K.S. Latourette 1975:433，温雲水 2007:177-183，宮田 2009b）

38) 音符ごとに，たとえば一の部を一，丁，工，十，寸，千のようなサブグループにわけて，発音の同じ字を画数順に配列する。しかし，なかには発音とは無関係に，形が似ているために同じグループに入れた例もあり，一貫性を欠く。初版のはしがきに，'The grouping herein is of necessity somewhat arbitrary.....In each Section will be found phonetics which might have appeared in some other part of the book, but they are placed in their present position through some resemblance to a preceding or succeeding 字 , and each section is arranged as far as possible to take the line of least resistance' とあり，「できるだけ抵抗の少ない配列にしたので，一貫性に欠けるのもやむをえない」と著者自身が認めている。

39) ボーラー（F.W. Baller）は China Inland Mission 所属の宣教師である。Dr. Guinness の訓練施設で布教のための訓練をうけ，1873 年中国に着任した。1876年 8 月夫人をともなって陝西に赴き，飢饉にあえぐ現地民に援助の手をさしのべようとするが，官憲に阻止される。1886年ごろ陝西の地方監督官となり，芝罘で学校建設に尽力した。Union Mandarin Bible Revision Committee のメンバーとして長期間活躍した。

1900 年刊の本書（*Analytical Chinese-English Dictionary*）は，中国の新聞とChina Inland Missionの中国語学習コースにでてくるフレーズを網羅したものとして好評を博し，2,000 部を発行，海賊版がでるほどの人気をよん

だ。*Mandarin Primer*（英華合璧）の第8版は8,000部を売った。(M. Broomhall 1977:89, 106, 110, 171, 226, 300, 301)

なお，*Mandarin Primer*の第3版が1894年（[関大総合]），第4版が1900年（[関大CSAC]:No. 120，第12版が1921年（[関大総合]），第13版が1923年（[内田]），第14版が1929年（[関大CSAC]:No. 29）に出版された。

40) グレインジャー（Adam Grainger 鍾秀之？～1920）はChina Inland Mission 所属の宣教師である。1905年聖書訓練学校を開設して，聖書，地理，歴史，教会史，歌唱を教え，一貫して成都で伝道活動を行なった。(M. Broomhall 1977:295, 334, 千葉・熊進・高橋2005c：11,12)

41) デイヴィス（D.H. Davis）はSeventh Day Baptist Missionary Societyに所属する宣教師である。1880年夫人をともなって上海に到着したが，南北戦争の影響で人員の補充はのぞめず，拠点の維持には多くの困難が待ちうけていた。1885年夫人は現地女子のための学校を設立して運営にあたった。最初の休暇をとった夫妻は，1893年に帰任し，以後8年間共同で全寮制男子校の管理を行なった。デイヴィスは*English-Chinese Shanghai Vocabulary*（未詳）の準備委員長をつとめ，上海聖書翻訳委員会の委員のひとりでもあった。生没年未詳。(D. MacGillivray 1979:345, 346)

42) シルスビー（J.A. Silsby）はD.H.デイヴィスとの共同編集で，*The Chinese and English Pocket Dictionary*（Shanghai Dialect）を著したとされるが，これが本書を指すのかどうかあきらかでない。ほかに*Shanghai Syllabary*の一部を担当したとされるが，これも刊年など未詳。The Educational Association of China（中国教育会—もと益知会）の副会長をつとめた。(D. MacGillivray 1979:346, 392, 582)

43) 親字を画数順に配列する。上海方言の古典的な発音をはじめに記し，つぎにこれと異なる口語的（colloquial）な発音があれば，(c)を付してくわえる。最初の数字はウィリアムズの辞典のページをしめし，つぎの数字はジャイルズの辞典の漢字の番号をしめす。

参考文献

〈日本語文献〉
会田倉吉
　　1964:「福沢諭吉と英書」『日本英学史研究会　研究報告』第6号
荒川清秀
　　1997:『近代日中学術用語の形成と伝播―地理学用語を中心に』白帝社
　　1998a:「ロブシャイト英華字典の訳語の来源をめぐって」『文明21』創刊号　愛知大学国際コミュニケーション学会紀要
　　1998b:「漢字の意味の歴史性―「盆地」考」『学鐙』Vol. 95　No. 3　丸善
　　1998c:「ことばの行方を追う」『月刊しにか』5月号　大修館書店
　　1998d:「日本漢語の中国への流入」『日本語学』明治書院　Vol. 17　5月号
　　1999a:「近代日中学術用語の研究をめぐって」『中国21』第6巻　愛知大学現代中国学会
　　1999b:「『六合叢談』における地理学用語」『『六合叢談』1857－58の学際的研究』白帝社
　　2000:「近代語研究における英華・華英辞典」『辞游file』No. 7　辞游社
　　2001:「近代中国語成立における日本語の役割」『西洋近代文明と中華世界』狭間直樹編　京都大学学術出版会
　　2003:「中国語辞典における語素のあつかいについて」『文明21』第10号　愛知大学国際コミュニケーション学会
　　2004:「「空気」語源考―語基の造語力と伝播のタイプをめぐって」『第4回漢字文化圏近代語研究会予稿集』関西大学
　　2005:「「空気」再論」『2005上海国際シンポジウム―西洋学問の受容及び漢字訳語形成と伝播―〈予稿集〉』同済大学外国語学院日語系・漢字文化圏近代語研究会
　　2007:「「電」のつくことば―「電話」を中心に」『19世紀中国語の諸相―周縁資料（欧米・日本・琉球・朝鮮）からのアプローチ』雄松堂出版
イーニアス・アンダースン
　　1947:（加藤憲市訳）『マカートニー奉使記』筑摩書房
井田好治
　　1966:「英文法訳語の発達―特に八品詞を中心として」『言語科学』2号　九

　　　　　　州大学教養学部言語研究会
　　　1967：「中国語に借用された日本の近代訳語―特に英文法用語について」
　　　　　　『言語科学』3号　九州大学教養学部言語研究会
　　　1968：「明治期における英文法範疇・訳語の変遷」『言語科学』4号　九
　　　　　　州大学教養学部言語研究会
　　　1977：「吉雄権之助（編）"蘭英漢三国語対訳辞典"の発見とその考証」『横
　　　　　　浜国立大学人文紀要』第2類　語学・文学　第24輯
　　　2008：『日本英学史論選集』Culture Publication
伊藤泉美
　　　1994a：「印刷・出版・教育方面における横浜の中国人」『横浜の本と文化』横
　　　　　　浜市立中央図書館
　　　1994b：「馮自由」『横浜の本と文化』別冊　横浜市立中央図書館
　　　2000：「横浜居留地における中国人の印刷業」『印刷史研究』第8号
伊伏啓子
　　　2006：「近代における「字」と「語」について」『漢字訳語と漢字文化圏諸
　　　　　　言語の近代語彙の形成』高麗大学言語情報研究所　漢字文化圏近代
　　　　　　語研究会
石井研堂
　　　1907：『自助的人物之典型　中村正直伝』成功雑誌社
石田幹之助
　　　1942：『欧米に於ける支那研究』創元社
石原千里
　　　1994：「『福翁自伝』の英学史関連記述について―幕末英学者たちの研究か
　　　　　　ら」『英学史研究』第27号　日本英学史学会
　　　1995：「岩崎克己先生（1905〜1993）と日本英学史研究」『英学史研究』第
　　　　　　28号　日本英学史学会
岩崎克己
　　　1935：『柴田昌吉伝』一誠堂書店
印刷史研究会（編）
　　　2000：『本と活字の歴史辞典』柏書房
内田慶市
　　　1995a：「商務印書館『英漢字典』の系譜」『関西大学文学論集』第44巻1－
　　　　　　4号
　　　1995b：「『英漢字典』の系譜」『関西大学東西学術研究所報』第61号

1997：「清国英語事始」『関西大学中国文学会紀要』第18号
1998a：「Kuang Qizhao『華英字典集成』」『関西大学中国文学科紀要』第19号
1998b：「「黒茶」から「紅茶」へ」『東西学術研究所紀要』第31輯　関西大学東西学術研究所
1999：「黒茶から紅茶へ—『六合叢談』に見える「紅茶」」『『六合叢談』1857－58の学際的研究』白帝社
2001a：『近代における東西言語文化接触の研究』関西大学東西学術研究所
2001b：「欧米人の学んだ中国語—ロバート・トームの『意拾喩言』を中心に」『西洋近代文明と中華世界』狭間直樹編　京都大学学術出版会
2002：「近代日中欧言語文化接触に関わる一つの現象—19世紀における中国の英語学習者」『16－19th　近代新詞・訳詞的形成与交流　国際研討会資料彙編』北京外国語大学日語系・日本学研究中心
2004：『遐邇貫珍の研究』関西大学出版部
2007：「近代ヨーロッパ人の中国語研究の価値とその可能性」—「官話」研究を中心として」『19世紀中国語の諸相—周縁資料（欧米・日本・琉球・朝鮮）からのアプローチ』雄松堂出版

内田慶市・沈国威

2004：『16世紀以降西洋人の中国語学研究の文献に関する調査・研究』関西大学
2007：（編）『19世紀中国語の諸相—周縁資料（欧米・日本・琉球・朝鮮）からのアプローチ』雄松堂出版

遠藤智夫

1996：「『英和対訳袖珍辞書』とメドハースト『英漢字典』—抽象語の訳語研究A～H」『英学史研究』第29号　日本英学史学会
1999a：「『英和対訳袖珍辞書』とメドハースト『英漢字典』—抽象語の訳語比較I～Z（完結編）」『英学史研究』第32号　日本英学史学会
1999b：（共著）『『英和対訳袖珍辞書』の遍歴—目で見る現存初版15本』辞游社

王揚宗

1999：「『六合叢談』の科学知識と近代中国への影響」『『六合叢談』1857－58の学際的研究』白帝社
2001：「晩清における「西学中源」説と「中体西用」論の盛衰について」『或問』第3号　近代東西言語文化接触研究会

小川亜弥子

1998：『幕末期長州藩洋学史の研究』思文閣出版
小沢三郎
　　1941：「支那学者ワイリー小伝」『書物展望』第11巻第1号
　　1944：『幕末明治耶蘇教史研究』亜細亜書房
小野寺龍太
　　2006：『古賀謹一郎―万民の為，有益の芸事御開』ミネルヴァ書房
小幡篤次郎・甚三郎（編）
　　1982：『英文熟語集　全復刻版』（付・竹中龍範　解題）あき書房
尾崎実
　　1989：「ロブシャイド『英華字典』をめぐって」『関西大学東西学術研究所所報』第48号
大内田貞郎
　　2000：「きりしたん版について」『本と活字の歴史事典』印刷史研究会編　柏書房
大阪女子大学付属図書館（編）
　　1962：『大阪女子大学蔵　日本英学資料解題』大阪女子大学
　　1991：『大阪女子大学蔵　蘭学英学資料選』大阪女子大学
大庭脩
　　1999：『徳川吉宗と康熙帝―鎖国下での日中交流』大修館書店
大庭脩・王勇（編）
　　1996：『日中文化交流史叢書 9　典籍』大修館書店
何群雄
　　2000：『中国語文法学事始』三元社
可児弘明
　　1985：「華英通語スタイルの辞書」『福沢手帖』47号
金井圓（訳）
　　1985：『ペリー日本遠征日記』新異国叢書第2輯 1　雄松堂出版
蒲豊彦
　　2004：「清末宣教師の文字改革と標準表記システム」『第4回漢字文化圏近代語研究会予稿集』関西大学
ギルバート・マッキントッシュ
　　1904：Gilbert Mcintosh *A Mission Press Sexagenary: Giving a brief sketch of sixty years of the American Presbyterian Mission Press, Shanghai, China 1844 - 1904*. Shanghai.（宮坂弥代生訳「美華書館六十年史」『印刷

金敬鎬
 2004：「韓国の近代医学書における医学用語について」『第4回漢字文化圏近代語研究会予稿集』関西大学

金敬雄
 1999a：「井上哲次郎の『訂増英華字典』に於ける訳語の削減についての考察」『行政社会論集』第11巻第4号　福島大学行政社会学会
 1999b：「井上哲次郎の『訂増英華字典』に於ける訳語の修訂についての考察（Ⅰ）—符号に関わる訳語の修訂」『行政社会論集』第12巻第2号　福島大学行政社会学会
 2000a：「井上哲次郎の『訂増英華字典』に於ける訳語の修訂についての考察（Ⅱ）—字順の変更による訳語の修訂」『行政社会論集』第13巻第1号　福島大学行政社会学会
 2000b：「井上哲次郎の『訂増英華字典』に於ける訳語の修訂についての考察（Ⅲ）—同義語・類義語の入れ替えによる訳語の修訂」『行政社会論集』第13巻第2号　福島大学行政社会学会
 2000c：「井上哲次郎の『訂増英華字典』に於ける訳語の修訂についての考察（Ⅳ）—訳語の修訂ミス」『国際文化研究』第7号　東北大学国際文化学会
 2001a：「井上哲次郎の『訂増英華字典』に於ける訳語の修訂についての考察（Ⅴ）—訳語の訂正」『行政社会論集』第13巻第4号　福島大学行政社会学会
 2001b：「井上哲次郎の『訂増英華字典』に於ける訳語の修整についての考察」『或問』第3号　近代東西言語文化接触研究会
 2004：「井上哲次郎の『訂増英華字典』に於ける訳語の増設についての考察—底本の英語に新設した訳語」『第4回漢字文化圏近代語研究会予稿集』関西大学

小宮山博史
 2000a：「美華書館とその書体」『印刷史研究』第8号
 2000b：「明朝体，日本への伝播と改刻」『本と活字の歴史事典』印刷史研究会編　柏書房
 2002：「上海美華書館」『ジ・アザー』No.4　阿佐ヶ谷美術専門学校出版部

呉美慧
 1988：「『英和対訳袖珍字書』の訳語に関する一考察—メドハーストの『華

英字典』との関係」『国語学　研究と資料12』早稲田大学

黄河清
 2001：「"化学"考源」『或問』第3号　近代東西言語文化接触研究会

サー・ヒュー・コータッツィ（編著）
 2007：『歴代の駐日英国大使』（日英文化交流研究会訳）文真堂

寒河江実
 1982：「改編『増訂華英通語』」『桜文論叢』

佐々木満子
 1975：『英学の黎明』近代文化研究所　昭和女子大学

佐伯好郎
 1949：『清朝基督教の研究』春秋社

坂出祥伸
 1994：『東西シノロジー事情』東方書店

坂野正高
 1970：『近代中国外交史研究』岩波書店
 1975：『中国訪問使節日記』（マカートニー著・坂野正高　訳注）東洋文庫277　平凡社

櫻井豪人
 2000：（共編）『大阪女子大学洋学資料総目録』大阪女子大学
 2007：「『英和対訳袖珍辞書』初版および改正増補版の草稿」『日本語の研究』日本語学会

塩山正純
 2000：「モリソン訳『神天聖書』について－その新約部分とくに「使徒行傳」のことばを中心に」『或問』第1号　近代東西言語文化接触研究会
 2004：「初期中国語訳聖書の系譜―『四史攸編』『神天聖書』『聖経』その語彙的特徴について」『第4回漢字文化圏近代語研究会』関西大学
 2005a：「初期中国語訳聖書の系譜―初探『四史攸編』とその語彙について」『関西大学中国文学会紀要』26号　関西大学中国文学会
 2005b：「初期中国語訳聖書の系譜―『四史攸編』とその語彙について」『2005上海国際シンポジウム―西洋学問の受容及び漢字訳語形成と伝播―〈予稿集〉』同済大学外国語学院日語系・漢字文化圏近代語研究会
 2007：「聖書の中国語訳―時間表現を通してみる異文化翻訳―」『中国21』28号　愛知大学現代中国学会

重久篤太郎

1987：『明治文化と西洋人』思文閣出版

島薗進(監修)　島薗進・磯前順一(編)
2003：「懐旧録，井上哲次郎自伝」『井上哲次郎集　シリーズ日本の宗教学2』第8巻　クレス出版

朱京偉
2003a：「清末宣教師の植物用語はなぜ消えたか―用語調査のデータから見た場合―」『国際シンポジウム　漢字文化圏における近代語の成立と交流』

2003b：『近代日中新語の創出と交流―人文科学と自然科学の専門語を中心に』白帝社

2004：「蔡元培の日本語翻訳と初期の哲学用語の導入」『第4回漢字文化圏近代語研究会予稿集』関西大学

2006：「社会主義用語の形成に見られる特徴―語構成と語誌記述の視点から」『漢字訳語と漢字文化圏諸言語の近代語彙の形成』高麗大学言語情報研究所　漢字文化圏近代語研究会

2007：「明治期における社会主義用語の形成」『19世紀中国語の諸相―周縁資料（欧米・日本・琉球・朝鮮）からのアプローチ』雄松堂出版

朱鳳
2004：「モリソンが『華英字典』を通して西洋に紹介した科挙」『第4回漢字文化圏近代語研究会予稿集』関西大学

2006：「西洋楽理伝来における『律呂正義』続編の役割と影響―その音楽用語を中心に」『或問』第11号　近代東西言語文化接触研究会

周振鶴
1999：「『六合叢談』及びその書き手と用語」『『六合叢談』1857－58の学際的研究』白帝社

舒志田
2004：「近代漢語の日中貸借対照研究―古典語とのかかわりを中心に」『第4回漢字文化圏近代語研究会予稿集』関西大学

昭和女子大学近代文学研究室
1969：「中村正直」『近代文学研究叢書』第1巻（増補：初版1956）昭和女子大学近代文化研究所

沈国威
1988：「近代における日中語彙交渉の一類型―「関係」について」『国語語彙史の研究9』和泉書院

1992：「大阪外大図書館蔵の『英華字典』」『国語学』170集《短信》
1994：『近代日中語彙交流史―新漢語の生成と受容』笠間書院
1995：「中国の近代学術用語の創出と導入―文化交流と語彙交流の視点から」『文林』第29号　松蔭女子学院大学国文学研究室編
1996：「近代における漢字学術用語の生成と交流―医学用語編(1)」『文林』第30号　神戸松蔭女子学院大学国文学研究室(編)
1999a：『『六合叢談』(1857―58)の学際的研究―付・語彙索引／影印本文』白帝社
1999b：『19世紀末，日本の新漢語の中国への移入，及びその定着と意味変容に関する研究』関西大学
2000：「『泰西人身説概』(1623)から『全体新論』(1851)まで―西洋医学用語の成立について」『関西大学中国文学会紀要』第21号
2003：「康有為とその日本書目志」『或問』第5号　近代東西言語文化接触研究会
2004a：『邇邇貫珍の研究』関西大学出版部
2004b：「大英図書館所蔵の"英話文法小引 *Chinese-English Grammar*:1864"」『16世紀以降西洋人の中国語学研究の文献に関する調査・研究』関西大学
2007：「蘭学の訳語と新漢語の創出」『19世紀中国語の諸相―周縁資料(欧米・日本・琉球・朝鮮)からのアプローチ』雄松堂出版
2008：『近代日中語彙交流史―新漢語の生成と受容[改訂新版]』笠間書院

沈国威・内田慶市
2002：『近代啓蒙の足跡―東西文化交流と言語接触：『智環啓蒙塾課初歩』の研究』関西大学出版部

鄒振環
2007：「商務印書館編集翻訳所「英文部」と清末民初における英語教科書の編纂について」『19世紀中国語の諸相―周縁資料(欧米・日本・琉球・朝鮮)からのアプローチ』雄松堂出版

菅原光穂
1989：「ウェブスター辞典の系譜」『岐阜大学教養学部研究報告』第24号

杉本つとむ
1970：『小関三英伝』敬文堂出版部
1985：『日本英語文化史の研究』八坂書房
1999a：『辞書・事典の研究1』杉本つとむ著作選集6　八坂書房

1999b：『辞書・事典の研究2』杉本つとむ著作選集 7　八坂書房
1999c：『日本英語文化史の研究』杉本つとむ著作選集 8　八坂書房

杉本つとむ・呉美慧（編著）
1989：『英華学芸詞林の研究―本文影印・研究・索引』早稲田大学出版部

鈴木広光
1996：「中国プロテスタント活版印刷史料訳稿（上，下）」『印刷史研究』第 2, 3 号　印刷史研究会
2000：「ヨーロッパ人による漢字活字の開発―その歴史と背景」『本と活字の歴史事典』印刷史研究会編　柏書房
2001：「印刷史における大航海時代」『文学』第 2 巻第 5 号　岩波書店

惣卿正明
1990：『日本英学のあけぼの』創拓社

巽軒井上哲次郎
1973：『井上哲次郎自伝―学界回顧録』冨山房

髙田時雄
2001a：「トマス・ウェイドと北京語の勝利」『西洋近代文明と中華世界』狭間直樹（編）京都大学学術出版会
2001b：「カトリック・ミッションの言語戦略と中国」『文学』第 2 巻第 5 号　岩波書店

髙谷道男
1940：「モリソン号来航記」『学鐙』44 － 3　丸善

髙橋俊昭
1979：「文明開化の蔵書目録――「敬宇文庫洋書総目録」「中村正直先生文庫図書目録」について」『成蹊論叢』第 18 号　成蹊中・高等学校編
1991：「中村敬宇と英語辞書」『英学史研究』第 24 号　日本英学史学会
2008：『英学の時代―その点景』学術出版会

髙橋昌郎
1966：『中村敬宇』人物叢書 135　吉川弘文館

髙梨健吉
1996：『日本英学史考』東京法令出版

髙野繁男
2003：「理系の用語と文系の用語―その構造の比較―」『国際シンポジウム漢字文化圏における近代語の成立と交流』
2004：『近代漢語の研究―日本語の造語法・訳語法』明治書院

卓南生
 1990：『中国近代新聞成立史』ぺりかん社
竹中龍範
 1983：「小幡篤次郎・小幡甚三郎『英文熟語集』とウエブストル氏字典」『英学史研究』第16号　日本英学史学会
樽本照雄
 2000：『初期商務印書館研究』清末小説研究会
千葉謙悟
 2004a：「訳語の意味変動―日中韓における「合衆」」『第4回漢字文化圏近代語研究会予稿集』関西大学
 2004b：「プレマール『中国語文注解』(Notitia Linguae Sinicae)（Ⅰ）」『或問』第8号　近代東西言語文化接触研究会
 2005a：「プレマール『中国語文注解』(Notitia Linguae Sinicae)（Ⅱ）」『或問』第9号　近代東西言語文化接触研究会
 2005b：「プレマール『中国語文注解』(Notitia Linguae Sinicae)（Ⅲ）」『或問』第10号　近代東西言語文化接触研究会
 2005c：『百年前の四川方言』（熊進・高橋慶太と共編）中国古籍文化研究所
 2007：「清末における全国共通語および地方共通語の設定―Western Mandarinとの関連から」『19世紀中国語の諸相―周縁資料（欧米・日本・琉球・朝鮮）からのアプローチ』雄松堂出版
張新芸
 2006：「江戸時代における日本漂着中国人の日本像―筆談資料を中心に」『或問』第12号　近代東西言語文化接触研究会
 2007：「清代沿海商船乗員の見た日本」『或問』第13号　近代東西言語文化接触研究会
陳捷
 2003：『明治前期日中学術交流の研究―清国駐日公使館の文化活動』汲古書院
陳力衛
 1994：「近代における二字漢語の語構成の一問題―その出典例とのかかわりをめぐって―」『文教大学国文』第23号
 1995：「日本近代語と漢訳洋書と英華辞典」『女子教育』18号　目白学園女子短期大学女子教育研究所
 1996：「和製漢語分類の試み」『国語国文学』第5号　目白学園女子短期大

学国語国文科研究室
 2001：『和製漢語の形成とその展開』汲古書院
 2004：「日本近代語の成立に伴う問題点を考える」『第4回漢字文化圏近代語研究会予稿集』関西大学
 2007：「英華・華英辞典」『日本語学研究事典』明治書院

陳力衛・倉島節尚
 2006：「19世紀英華字典5種 解題」『或問』第11号 近代東西言語文化接触研究会

寺田芳徳
 1994：「『英訳 漢土訓語 天』（ジョン・フランシス・デエイヴィス著，中村正直訓点）の知られざる側面」『英学史会報』第17号 日本英学史学会広島支部

照山直子
 2001：「馮鏡如『新増華英字典』をめぐって—（二）ロプシャイトと十九世紀」『月刊しにか』9, 10, 11月号

戸塚武比古
 1983：「渡部温略伝—初期一英学者の歩んだ道」『英学史研究』第16号 日本英学史学会

陶徳民
 2003：「黒船を取り巻く漢文の世界—吉田松陰・ウィリアムズ・羅森—」『国際シンポジウム 漢字文化圏における近代語の成立と交流』
 2006：「晩清時代における儒教とキリスト教の交渉—王韜の西洋受容の契機と姿勢」『中国学の十字路』研文出版

藤堂明保
 1980：『中国語音韻論 その歴史的研究』光生館

富田正文
 1992：『考証福沢諭吉 上』岩波書店

豊田実
 1963：『日本英学史の研究』千城書房

那須雅之
 1993：「G.C. Stentとその著書について—A CHINESE AND ENGLISH VOCABULARY IN THE PEKINESE DIALECT（《漢英合璧相連字彙》）を中心として」『中国語学』240号 日本中国語学会
 1996：「《英華字典》初版の原姿について—その構成内容をめぐって」東京

美華書院（復刻初版）
- 1997：「LOBSCHEID の《英華字典》について―書誌学的研究（1）」『文学論叢』第114輯　愛知大学文学会
- 1998a：「LOBSCHEID の《英華字典》について―書誌学的研究（2）」『文学論叢』第116輯　愛知大学文学会
- 1998b：「ロプシャイト略伝（上・中・下）」『月刊しにか』第9巻10, 11, 12号　大修館書店

内藤正子
- 1995：「R. モリソンと J. マーシュマンの中国文法書」『日本中国学会報』第47集

中嶋幹起
- 1994：『現代広東語辞典』大学書林

中村正直・石井民司
- 1987：『自叙千字文・中村正直伝』伝記叢書7　大空社

長尾正憲
- 1992：「福沢諭吉と洋学」『洋学史研究』第9号　洋学史研究会

永嶋大典
- 1970：『蘭和・英和辞書発達史』講談社

新村容子
- 2000：『アヘン貿易戦争―イギリスと中国』汲古書院

西川孝治郎
- 1967：「中津出身の簿記学者たち」『日本英学史学会　研究報告』第76号

ハーバート C モートン
- （刊年不載）*The Story of Webster's Third—Philip Gove's Controversial Dictionary and Its Critics* （土肥一夫・中本恭平・東海林宏司訳『ウェブスター大辞典物語』1999　大修館書店）

狭間直樹（編）
- 2001：『西洋近代文明と中華世界』京都大学学術出版会

早川勇
- 1995：「内閣文庫のウェブスター系辞書」『英学史研究』第28号　日本英学史学会
- 1998：『ウェブスター辞書と英和辞典』中部日本教育文化会
- 2001：『辞書編纂のダイナミズム―ジョンソン, ウェブスターと日本』辞游社

2003:『英語のなかの日本語語彙―英語と日本文化との出会い』辞游社
2004:『ウェブスター辞書の系譜』辞游社
2006:『日本の英語辞書と編纂者』春風社
2007:『ウェブスター辞書と明治の知識人』春風社

林正子
2001:「馮鏡如『新増華英字典』をめぐって―（三）徳先生・賽先生の「新しい国」をめざして」『月刊しにか』9, 10, 11月号

飛田良文
1986:『明治のことば辞典』東京堂出版
1991:（共著）「ロバート・モリソンの華英・英華字典 *A DICTIONARY OF THE CHINESE LANGUAGE* について」『日本近代語研究1』ひつじ書房
1992:『東京語成立史の研究』東京堂出版
1995:（共著）「ロバート・モリソンの華英・英華字典 *A DICTIONARY OF THE CHINESE LANGUAGE* 第二部「五車韻府」の諸版について」『日本近代語研究2』ひつじ書房
1997:（共著）「十九世紀英華・華英辞典目録―翻訳語研究の資料として」『国語研究6 近代語の研究』明治書院
2004:（編）『アジアにおける異文化交流―ICU創立50周年記念国際会議』明治書院
2007:（主編）「英華・華英辞典」『日本語学研究事典』明治書院

氷野善寛
2003:「中国語における新語の受容」『或問』第5号 近代東西言語文化接触研究会

比屋根安定
1940:『支那基督教史』生活社

馮瑞玉
2001:「馮鏡如『新増華英字典』をめぐって―（一）辛亥革命を支えた英国籍の中国人―」『月刊しにか』9, 10, 11月号
2005:「横浜山手中華学校『百年校誌』発刊に寄せて―横浜大同学校と馮鏡如―」『横浜山手中華学校百年校誌1898～2004』横浜山手中華学園

平井一弘
1999a:「福沢諭吉『増訂華英通語』の「音訳」と「義訳」『大妻女子大学紀要』第31号

        1999b：「福沢諭吉『増訂華英通語』の俗語訳文」『大妻レビュー』第32号　大妻女子大学英文学会
ブーヴエ
        1697：P. Bouvet *Portrait historique de l'empereur de la Chine,* presente au Roi, Paris.（後藤末雄訳1941『康熙帝伝』生活社）
洞富男（訳）
        1970：『ペリー日本遠征随行記』東京雄松堂書店
堀孝彦
        2001：『英学と堀達之助』雄松堂出版
        2007：「『英和対訳袖珍辞書』初版草稿，再版校正原稿をめぐって」『英学史研究』第40号
堀孝彦・遠藤智夫
        1999：『『英和対訳袖珍辞書』の遍歴―目で見る現存初版15本』辞游社
星新一
        1978：「中村正直」『明治の人物誌』新潮社
真壁仁
        2007：『徳川後期の学問と政治』名古屋大学出版会
増田渉
        1979：『西学東漸と中国事情』岩波書店
町田俊昭
        2001：『開国蟹文字文書論考』小川図書
マカートニー
        1975：（坂野正高訳注）『中国訪問使節日記』東洋文庫277　平凡社
マシニ，F
        2001：「宣教師が中国語に与えた影響について」『西洋近代文明と中華世界』狭間直樹（編）　京都大学学術出版会
2001-2004：「中国語の近代語彙の形成（1）～（4）」『或問』第2, 3, 4, 7号　近代東西言語文化接触研究会
        2007：「早期の宣教師による言語政策：17世紀までの外国人の漢語学習における概況―音声，語彙，文法」『19世紀中国語の諸相―周縁資料（欧米・日本・琉球・朝鮮）からのアプローチ』雄松堂出版
松井利彦
        1990：『近代漢語辞書の成立と展開』笠間書院
        2004：「大いなる筆談―「対等」「女性」の共通語化をめぐって」『第4回

漢字文化圏近代語研究会予稿集』関西大学

松浦章
- 2004a：『遐邇貫珍の研究』関西大学出版部
- 2004b：「清代広州港の繁栄」『或問』第7号　近代東西言語文化接触研究会
- 2006：「清代沿海帆船に搭乗した日本漂流民」『或問』第12号　近代東西言語文化接触研究会
- 2007：「清朝官吏の見た George Thomas Staunton」『或問』第13号　近代東西言語文化接触研究会

松野良寅
- 1988：『東北の長崎―米沢洋学の系譜―』松野良寅
- 1998：『西洋学の東漸と日本』松野良寅

松本秀士
- 2006：「ホブソン（合信）にみる解剖学的語彙について」『或問』第11号　近代東西言語文化接触研究会
- 2007：「ポストホブソンの中国文西洋医学書」『或問』第13号　近代東西言語文化接触研究会

三好彰
- 2007：「新発見『英和対訳袖珍辞書』の草稿および校正原稿の考察」『英学史研究』第40号

皆川三郎
- 1978：「形成期の東インド会社と王室関係, 船員, 及び William Adams のこと」『英学史研究』第11号　日本英学史学会

南出康世
- 1998：『英語の辞書と辞書学』大修館書店
- 2000：（共編）『大阪女子大学洋学資料総目録』大阪女子大学

宮田和子
- 1991：（共著）「ロバート・モリソンの華英・英華字典 *A DICTIONARY OF THE CHINESE LANGUAGE* について」『日本近代語研究 1』ひつじ書房
- 1992：「日本からの移入とされる中国語」『武蔵野文学』39　武蔵野書院
- 1995：（共著）「ロバート・モリソンの華英・英華字典 *A DICTIONARY OF THE CHINESE LANGUAGE* 第二部「五車韻府」の諸版について」『日本近代語研究2』ひつじ書房
- 1997a：（共著）「十九世紀英華・華英字典目録―翻訳語研究の資料として」

　　　　　『国語研究 6 近代語の研究』明治書院
　1997b：「R. Morrison著 *A Dictionary of the Chinese Language* について」『印刷史研究』第5号　印刷史研究会
　1997c：「W.H.Medhurst『華英辞典』に現れた康熙字典の用例―R.Morrison「字典」との比較」『英学史研究』第30号　日本英学史学会
　1998：「鄺其照『字典集成』の系譜」『中国研究月報』第52巻5号　中国研究所
　1999：「井上哲次郎『訂増英華字典』の典拠―増補訳語を中心に」『英学史研究』第32号　日本英学史学会
　2000：「井上哲次郎『訂増英華字典』の典拠―動詞の自他，分詞，付録を中心に」『或問』第1号　近代東西言語文化接触研究会
　2001a：「メドハーストの諸辞典とその影響」『或問』第2号　近代東西言語文化接触研究会
　2001b：「S.W.ウィリアムズとその辞典」『英学史研究』第34号　日本英学史学会
　2002a：「日本の図書館にある英華字典とその典拠」『16－19th　近代新詞・訳詞的形成与交流　国際研討会資料彙編』北京外国語大学日語系・日本学研究中心
　2002b：「勝海舟『海軍歴史』の外来語について」『東日本英学史研究』創刊号　日本英学史学会・東日本支部
　2003：「中村敬宇『英華和訳字典』の典拠」『或問』第5号　近代東西言語文化接触研究会
　2005：「鄺其照『字典集成』の諸版について」『2005上海国際シンポジウム―西洋学問の受容及び漢字訳語形成と伝播―〈予稿集〉』同済大学外国語学院日語系・漢字文化圏近代語研究会
　2008：「『英華萃林韻府』の術語集をめぐって」『或問』第15号　近代東西言語文化接触研究会
　2009a：「ストーントン卿とその周辺」『2009天津外国語学院　国際シンポジウム　漢字文化圏近代言語文化交流研究　予稿集』
　2009b：「*The Chinese Recorder* にみるグッドリッチ（富善）とその家族の記録」『或問』第16号　近代東西言語文化接触研究会
宮永孝
　1986：『阿蘭陀商館物語』筑摩書房
　1994：『慶応二年幕府イギリス留学生』新人物往来社

1995:『高杉晋作の上海報告』新人物往来社
2000:『日本とイギリス―日英交流の400年』山川出版社
2004:『日本洋学史―葡・羅・蘭・英・独・仏・露語の受容』三修社

都田恒太郎
1974:『ロバート・モリソンとその周辺―中国語聖書翻訳史―』教文館
1978:『ギュツラフとその周辺』教文館

望月洋子
1987:『ヘボンの生涯と日本語』〈新潮選書〉新潮社

本吉侃
2006:『辞書とアメリカ―英語辞典の200年』南雲堂

百瀬弘訳注・坂野正高解説
1969:『西学東漸記　容閎自伝』東洋文庫136　平凡社

森岡健二
1969:『近代語の成立―明治期語彙編』明治書院
1991:『改訂・近代語の成立―語彙編』明治書院
1999:『欧文訓読の研究―欧文脈の形成』明治書院

矢沢利彦
1972:『中国とキリスト教』近藤出版社
1992:『西洋人の見た中国皇帝』東方書店
1993:『西洋人の見た中国官僚』東方書店

八耳俊文
1992a:「漢訳西学書『博物通書』と「電気」の定着」『青山学院女子短期大学紀要』第46輯
1992b:「D. J. マッゴウアンと中国，日本1843〜1893」『洋学Ⅰ』洋学史学会研究年報　八坂書房
1996:「幕末明治初期に渡来した自然神学的自然観―ホブソン『博物新論』を中心に」『青山学院女子短期大学総合文化研究所年報』第4号
1998:「アヘン戦争以後の漢訳西洋科学書の成立と日本への影響」『日本文化交流史叢書　第8巻　科学技術』大修館書店
1999a:「自然神学と自然科学の間で―『六合叢談』の科学伝道」『六合叢談』1857-58の学際的研究』白帝社
1999b:「キリスト教と科学の大衆化―蘭学の背景」『青山学院女子短期大学総合文化研究所年報』第7号
2001:「洋学と漢学―在華英米人の漢文書をめぐって」『化学史研究』第28

巻第1号　化学史学会
- 2003：「ウェルカム図書館蔵ホブソン文書を用いたベンジャミン・ホブソン（合信）伝」『青山学院女子短期大学総合文化研究所年報』第11号
- 2004：「『博物通書』から『博物新編』へ―入華宣教師の科学啓蒙書のはじまり」『第4回漢字文化圏近代語研究会予稿集』関西大学
- 2005：「入華プロテスタント宣教師と日本の書物・西洋の書物」『或問』第9号　近代東西言語文化接触研究会
- 2006：「英国 Wellcome Library 蔵 Hobson 文書」『英学史通信』第22号　洋学史学会
- 2007：「「気象学」語源考」『青山学院女子短期大学紀要』第61輯
- 2008：「漢訳洋学書と19世紀日本の出版文化―ホブソン書を中心に」*Intellectual Exchanges and Historical Memories in East Asia*（Ⅱ）

柳父章
- 1986：『ゴッドと上帝―歴史のなかの翻訳者』筑摩書房

熊月之(編)
- 1999：「墨海書館の出版書一覧（1844－1860）」『『六合叢談』1857-58の学際的研究』白帝社

横浜開港資料館・横浜居留地研究会(編)
- 1996：『横浜居留地と異文化交流―19世紀後半の国際都市を読む』山川出版社

横浜市中央図書館(編)
- 1994：『横浜の本と文化』（および別冊）横浜市中央図書館

吉田忠・李廷挙(編)
- 1998：『日中文化交流叢書 8 科学技術』大修館書店

吉田寅
- 1997a：『宣教師刊中国語医学書と関連資料―中国プロテスタント初期医療伝道の資料的考察―』立正大学東洋史研究資料Ⅶ　立正大学東洋史研究室
- 1997b：『中国プロテスタント伝道史研究』汲古書院

李漢燮
- 2004：「開港初期日本人が韓国に直接伝えた日本語」『第4回漢字文化圏近代語研究会予稿集』関西大学

李慎
- 1998：「イエズス会士の科学活動」『日中文化交流叢書8　科学技術』大修

館書店

李曉傑
    2004：「ハーバード燕京図書館蔵キリスト宣教師著作目録続編」『或問』第7号　近代東西言語文化接触研究会

リチャードMロリンズ
    1980：Richard M. Rollins *The Long Journey of Noah Webster*：（滝田佳子訳・本間長世解説『ウェブスター辞書の思想』1983　東海大学出版会）

和田博徳
    1962：「『増訂華英通語』の原本」『三色旗』第196号

〈中国語文献〉

内田慶市
    2005a：「十九世紀的英語資料与漢語研究―以筆者発現的《華英通語》的新版本為主」『或問』第9号　近代東西言語文化接触研究会
    2005b：「近代西洋人的漢語研究的定位和可能性―以"官話"研究為中心《亜州文化交流中心第一届国際専題研究会　"十九世紀之漢語―利用周辺（欧米，日本，琉球，朝鮮）資料進行的探索"関西大学

衛斐列（F.W.Williams）
    1889：*The Life and Letters of Samuel Wells Williams, LL.D.* New York & London: G.P.Putnam's Sons.（顧鈞・江莉訳　周振鶴主編『衛三畏生平及書信――一位美国来華伝教士的心路歴程』基督教伝教士伝記叢書2004　広西師範大学出版社）

王治心
    1959：『中国基督教史綱』

王樹槐
    1981：「衛三畏与「中華叢刊」」『近代中国与基督教論文集』基督教宇宙光伝播中心出版社

王渝生
    2000：『中国近代科学的先駆―李善蘭』西学東伝人物叢書　科学出版社

王揚宗
    2000：『傅蘭雅与近代中国的科学啓蒙』西学東伝人物叢書　科学出版社

汪家熔
    1993：「清末至解放初的英漢辞典」『出版史研究』第1輯　中国書籍出版社
    1997：「鳥瞰馬礼遜詞典―兼論其藍本之謎」『出版史研究』第5輯　中国書

籍出版社
汪家熔（輯注）　宋原放（主編）
　　　2001：『中国出版史料　近代部分』第 1 巻，第 2 巻，第 3 巻　湖北教育出版社・山東教育出版社

汪曉勤
　　　2000：『中国科学交流的功臣―偉烈亜力』西学東伝人物叢書　科学出版社

温雲水
　　　2007：「初探《富善字典》」『16－19世紀西方人的漢語研究』会議論文集　関西大学亜州文化交流研究中心

魏外揚
　　　1978：『宣教事業与近代中国』基督教宇宙光伝播中心出版社
　　　1995：『宣教事業与近代中国』宇宙出版社

許光華
　　　2000：「16至18世紀伝教士与漢語研究」『国際漢学』第 6 輯　大象出版社

叶再生
　　　1993：「概論馬礼遜的中国語文字典　中国最早一家現代化出版社和中国近代出版史分期問題」『出版史研究』第 1 輯　中国書籍出版社
　　　2002：『中国近代現代出版通史』第 1 巻（清朝末年）華文出版社

顧長声
　　　2005：『従馬礼遜到司徒雷登　来華新教伝教士評伝』上海書店出版社

呉義雄
　　　2000：『在宗教与世俗之間―基督教新教伝教士在華南沿海的早期活動研究』荒原学術文叢　広東教育出版社

史静寰・王立新
　　　1998：『基督教教育与中国知識分子』基督教教育与中国社会叢書　第 2 輯　福建教育出版社

朱鳳
　　　2006：「馬礼遜的語言観和翻訳観」―以 *A Dictionary of the Chinese Language* 字典 Part Ⅲ 為例―International Conference-Exchange of Knowledge between China and the West: Institutions and Networks, Erlangen Univ.

沈国威
　　　1997：「近代漢字学術用語的生成与交流―医学用語篇（2）」『文林』第 31 号　神戸松蔭女子学院大学国文学研究室編
　　　2005a：「"訳詞"与"借詞"―重読胡以魯《論訳名》（1914）」『或問』第 9 号

　　　　　　近代東西言語文化接触研究会
　　2005b：「奥地利国家図書館蔵近代漢訳西書」『或問』第10号　近代東西言語文化接触研究会
　　2006a：「従英華書院到墨海書館」*International Conference-Exchange of Knowledge between China and the West:* Institutions and Networks, Erlangen Univ.
　　2006b：「黄尊憲的日本語；梁啓超的日本語」『或問』第11号　近代東西言語文化接触研究会
　　2007：「中国近代的科技術語辞典（1858～1949）」『或問』第13号　近代東西言語文化接触研究会

鄒振環
　　2004：「19世紀中国"地理大発現"的影響与意義」『或問』第7号　近代東西言語文化接触研究会

石霓
　　2000：『観念与悲劇—晩清留米幼童命運剖析』上海人民出版社

蘇精
　　2000：『馬礼遜与中文印刷出版』台湾学生書局

丁韙良（W.A.P. Martin）
　　1896：*A Cycle of Cathay.* New York: Fleming H. Revell Company.（沈弘・惲文捷・郝田虎訳　周振鶴主編『花甲憶記——一位美国伝教士眼中的晩清帝国』基督教伝教士伝記叢書2004　広西師範大学出版社）

鄭天挺
　　1954：「馬礼遜父子」『歴史教学』

張仲礼著・李栄昌訳
　　1991：『中国紳士—関於其在十九世紀中国社会中作用的研究』社会科学文庫・史叢（1）上海社会科学院出版社

陳力衛
　　1994：「早期的英華字典与日本的洋学」『原学』第1輯　中国広播電視出版社
　　1995：「従英華辞典看漢語中的日本借詞」『原学』第3輯　中国広播電視出版社

陶徳民
　　2005：「従衛三畏档案看1858年中美之間的基督教弛禁交渉—写在《基督教

伝教士伝記叢書》問世之際」『或問』第9号　近代東西言語文化接触研究会

馬西尼（Federico Masini）
    1993：*The Formation of Modern Chinese Lexicon and Its Evolution toward a National Language: The Period from 1840 to 1898.* Journal of Chinese Linguistics.（黄河清訳『現代漢語詞彙的形成——十九世紀漢語外来詞研究』1997　漢語大詞典出版社）

熊月之
    1994：『西学東漸与晩清社会』上海人民出版社

容閎
    1900(?)：『西学東漸記』（徐鳳石・惲鉄樵共訳 1915　上海商務印書館；百瀬弘訳注・坂野正高解説『西学東漸記　容閎自伝』東洋文庫 136　1969　平凡社）
    1977：『西学東漸記』広文書局

李志剛（撰）
    1985：『基督教早期在華伝教史』台湾商務印書館
    （編）
    1989：『基督教与近代中国文化論文集』基督教宇宙光伝播中心出版社
    1993：『基督教与近代中国文化論文集（二）』基督教宇宙光伝播中心出版社

呂実強
    1973：『中国官紳反教的原因』（1860-1874）文景書局

梁嘉彬
    1937：『広東十三行考』国立編訳館

林治平（編）
    1981：『近代中国与基督教論文集』基督教宇宙光伝播中心出版社
    1993：『基督教与中国論集』基督教宇宙光伝播中心出版社

〈英語文献〉

Amelung, Iwo
    2001："Notes on Late Qing Dictionaries of Physics."『或問』第 3 号　近代東西言語文化接触研究会

American Presbyterian Mission Press
    1896：*China Mission Hand-book* First Issue.

Baldwin, C.C.

1900 : *Manual of the Foochow Dialect.* Foochow City: (rev. & enl. Foochow College Press, 1st edition 1871).

   1909 : *Manual of the Foochow Dialect.* Foochow City: (rev. & enl. Foochow College Press, 1st edition 1871).

Baller, F.W.

   1894 : *Mandarin Primer Prepared for the Use of Junior Members of the China Inland Mission.* 3rd ed. Shanghai: China Inland Mission, and American Presbyterian Mission Press.

   1921 : *Mandarin Primer 12th ed. Prepared for the China Inland Mission.* London, Philadelphia, Toronto, Melbourne, Shanghai: Morgan & Scott, Ltd.

Barnett, S.W. & Fairbank, J.K.(eds.)

   1985 : *Christianity in China–Early Protestant Missionary Writings.* The Committee of American-East Asian Relations of the Department of History in Collaboration with the Council of East Asian Studies, Harvard University, Distributed by the Harvard University Press. Cambridge (Mass.) and London.

Bays, Daniel H. (ed.)

   1996 : *Christianity in China from the Eighteenth Century to the Present.* Calif.: Stanford University Press.

Bolton, Kingsley & Hutton, Christopher

   2001 : *Western Linguists and the Languages of China.* vols. 1~7. London: Ganesha Publishing, Ltd. Tokyo: Edition Synapse.

Bonney, S.W.

   The Seaman's Compass and Chart for Daily Use, Afloat or Ashore. New York:The American Tract Society & The American Seaman's Friend Society. （刊年不載）

Broomhall, Marshall

   1907 : *The Chinese Empire.* China Inland Mission. London: Morgan & Scott.

   1908 : *Present-Day Conditions in China.* London: Morgan & Scott, Ltd.

   1927 : *Robert Morrison A Master-Builder.* London: Student Christian Movement.

Brown, Margaret H.

   1968 : *MacGillivray of Shanghai, the Life of Donald MacGillivray.* Toronto: The Pyerson Press.

Callery, J.M.

   1841 : *Systema Phoneticum Scripturae Sinicae.* Macao.

Carlson, Ellsworth C.
>1974： *The Foochow Missionaries, 1847-1880.* Boston: East Asian Research Center, Harvard University.

China Mission Hand-book, The
>1973： Taipei: (rep. Cheng wen) (First Issue:Shanghai: American Presbyterian Mission Press. 1896).

Chinese Repository, The, 1833-1851.

Clark, Allen D.
>1971： *A History of the Church in Korea.* The Christian Literature Society of Korea.

Cordier, M.Henri
>*The Life and Labours of Alexander Wylie, A Memoir.* (from *the Journal of the Royal Asiatic Society of Great Britain and Ireland,* vol. XIX pt. 3).

Couling, S.
>1917： *Encyclopaedia Sinica.*

Cranmer-Byng, J.L.
>1967： " The First English Sinologists, Sir George Staunton and the Reverend Robert Morrison." *Symposium on Historical, Archaeological and Linguistic Studies on Southern China, South-East Asia and the Hong Kong Region.* Hongkong: Hongkong University Press.

Crouch, Archie R. (ed.)
>1989： *Christianity in China; a Scholars' Guide to Resources in the Libraries and Archives of the United States.* N.Y. & London: M.E. Sharpe, Inc.

Davis, John Francis
>1823： 賢文書 *Chinese Moral Maxims with a Free and Verbal Translation.* London: John Murray.
>1836： *The Chinese: a General Description of the Empire of China and Its Inhabitants.* vols.1,2. London: Charles Knight.
>1865： *Chinese Miscellanies: a Collection of Essays and Notes.* London: John Murray.
>1841： *Sketches of China.* vols. 1,2. London: Charles Knight and Co.

Doolittle, Justus
>1865： *Social Life of the Chinese.* N.Y.: Harpers and Brothers. (rep. Cheng wen).

Douglas, John M.

1877 : *Memorials of Rev. Carstairs Douglas, M.A. LL.D.,Missionary of the Presbyterian Church of England at Amoy, China.* London: Waterlow and Sons Limited.

Dunch, Ryan

2001 : *Fuzhou Protestants and the Making of a Modern China 1857-1927.* New Haven & London: Yale University Press.

Edkins, Joseph

1871 : *China's Place in Philology.* London: Trubner & Co. (rep. Cheng wen).

Fairbank, J.K., Bruner, K.F., Matheson, E.M.(eds)

1975 : *The I.G. in Peking—Letters of Robert Hart, Chinese Maritime Customs 1868 ~ 1907.* Cambridge, Mass. & London: The Belknap Press of Harvard University Press.

Fairbank, J.K., Reischauer, E.O. & Craig, A.M.

1989 : *East Asia Tradition & Transformation.* Revised Edition. Harvard University. Boston: Houghton Mifflin Co.

Fisher, D.W.

1911 : *Calvin Wilson Mateer, Forty-Five Years a Missionary in Shantung, China.* Philadelphia: Westminster Press.

Forsythe, Sidney A

1971 : *An American Missionary Community in China, 1895-1905.* Cambridge, Mass.:Eastern Asian Research Center, Harvard University, Distributed by Harvard University Press.

Foster, Arnold

1889 : *Christian Progress in China: Gleanings from the Writings and Speeches of Many Workers.* London: The Religious Tract Society.

1893 : *Cheapness or Efficiency?; The Pecuniary Needs of Missionaries:, Reprint of a Letter from the Rev. Arnold Foster, B.A. of Hankow Published in the "Christian" of January 26th, 1893.* London: London Missionary Society; John Snow & Co.

Gulick, Edward V.

1973 : *Peter Parker and the Opening of China.* Cambridge, Mass.:Harvard University Press.

Gutzlaff, C.

Replies to Queries in Relation to China, Proposed by Sir G.T. Staunton,

Bart., M.P., in the Year 1846. （刊年不載）

Hancock, Christopher
    2008：*Robert Morrison and the Birth of Chinese Protestantism.*London & N. Y.: T&T Clark.

Hayakawa, Isamu
    2001 *Methods of Plagiarism.* Tokyo: Jiyusha.

Headland, Isaac T.
    Court Life in China: The Capital, Its Officials and People. N.Y., Chicago, Toronto, London & Edinburgh: Fleming H. Revell Company. (copyright, 1909).

Hillier, Walter
    1910：*English-Chinese Pocket Dictionary of Peking Colloquial.* Shanghai: The American Presbyterian Mission Press.

Horne, C. Silvester
    1894：*The Story of the L.M.S. 1795~1895.* London: London Missionary Society; John Snow & Co.

Hunter, William C.
    1970：*The 'Fan Kwae' at Canton before Treaty Days 1825-1844.* Taipei:(rep. Cheng wen).

Hutchinson, P.
    1971：*A Guide to Important Mission Stations in Eastern China.* Taipei: (rep. Cheng wen).

Latourette, Kenneth Scott
    1949：*The Chinese, Their History and Culture.* N.Y.: The Macmillan Company.
    1975：*A History of Christian Missions in China.* Taipei: (rep. Cheng wen).

Lazich, Michael C.
    2000：*E.C. Bridgman (1801~1861), America's First Missionary to China.* N.Y.& Ontario: The Edwin Mellen Press.

Legge, James.
    1850：*An Argument for 上帝(Shang Te)as the Proper Rendering of the Words Elohim and Theos in the Chinese Language:with Scriptures on the Essay of Bishop Boone in Favour of the Term 神(Shin) &c.&c.* Hongkong:The Hongkong Register office.

Lobscheid, W.

1859a：*Spelling and Reading Assistant of the English Language and the Canton Dialect for the Government Schools of Hongkong*. Hongkong: The "China Mail" office.

1859b：*A Few Notices on the Extent of Chinese Education and the Government Schools of Hongkong; with the Remarks on the History and Religious Notions of the Inhabitants of the Island*. Hongkong: The "China Mail" office.

1864a：英話文法小引 *Chinese-English Grammar*. Hongkong: Noronha's office.

1864b：*Select Phrases and Reading Lessons in the Canton Dialect, Prepared for the Press*. Hongkong: Noronha's office.

1867：英漢字句 *The Household companion and student's First Assistant dy Dr. Devan with Many Additions, Corrections, and Dr. William's Orthography by W. Lobscheid*. Hongkong: "Daily Press" office.

1873：*The Chinese: What They are, and What They are Doing*. San Francisco: A.L.Bancropft & Co.

Lodwick, Kathleen L.

1996：*Crusaders against Opium*. Kentucky: The University Press of Kentucky.

Lovett, Richard

1899：*The History of the London Missionary Society 1795~1895*. London: Henry Frowde, Oxford University Press.

Lutz, Jessie G. & Lutz, R. Ray

1996："Karl Gutsulaff's Approach to Indigenization: The Chinese Union." *Christianity in China: From the Eighteenth Century to the Present*. Edited by Daniel H. Bays. Calif.: Stanford University Press.

MacGillivray, D.

1907：華英成語合璧字集 *A Mandarin-Romanized Dictionary of Chinese*. 2nd ed. Shanghai: Presbyterian Mission Press.

1911：英華成語合璧字集 *A Mandarin-Romanized Dictionary of Chinese with Supplement of New Terms and Phrases Now Current*. 3rd ed. Shanghai: Presbyterian Mission Press.

1930：英華成語合璧字集 *A Mandarin-Romanized Dictionary of Chinese Including New Terms and Phrases with New Supplement*. 8th & 9th ed. Shanghai: Presbyterian Mission Press.

1979：(ed) *A Century of Protestant Missions in China (1807~1907)*. San Francisco: Chinese Materials Center, Inc.

MacGowan, J.
 1913： *How England Saved China.* London & Leipsic: T. Fisher Unwin.

Marchant, Leslie R.
 1966： *A Guide to the Archives and Records of Protestant Christian Missions from the British Isles to China 1796 ~ 1914.* Nedlands, Western Australia: University of Western Australia Press.

Masini, Federico
 1993： *The Formation of Modern Chinese Lexicon and Its Evolution toward a National Language.* Berkeley: The Journal of Chinese Linguistics.

Mateer, Mrs. A.H.
 1917： *Hand Book of New Terms and Newspaper Chinese (English-Chinese and Chinese-English).* Shanghai: Presbyterian Mission Press.
 1924： *New Terms for New Ideas, A Study of the Chinese Newspaper.* Shanghai: Presbyterian Mission Press.

Mayers, F.M., Dennys, N.B. & King, Chas
 1977： *The Treaty Ports of China and Japan, a Complete Guide to the Open Ports of Those Countries, Together with Peking, Yedo, Hongkong and Macao Forming a Guide Book & Vade Mecum for Travellers, Merchants and Residents in General with 29 Maps and Plans.* San Francisco: (rep. Chinese Materials Center, Inc.).

McIntosh, Gilbert
 1895： *The Mission Press in China, being a Jubilee Retrospect of the American Presbyterian Mission Press, with Sketches of Other Mission Presses in China, as well as Accounts of the Bible and Tract Societies at Work in China.* Shanghai: The American Presbyterian Mission Press.

Medhurst, Walter Henry
 1838： *China: Its State and Prospects with Special Reference to the Spread of the Gospel.* London: John Snow.
 1849： *On the True Meaning of the Word Shin as Exhibited in the Quotations Adduced under That Word in the Chinese Imperial Thesaurus Called the Pei-wan-yun-foo.* Shanghae:The Mission Press.
 1871： *Curiosities of Street Literature in China.* Shanghai: The office of "The Shanghai Evening Courier".
 1877： *Memorials of Rev. Carstairs Douglas, M.A.,LL.D., Missionary of the Pres-*

> *byterian Church of England at Amoy, China.* London: Waterlow and Sons Limited.

Milne, William
> 1857： *Life in China.* London: G. Routledge & Co.

Morrison, Eliza
> 1839： *Memoirs of the Life and Labours of Robert Morrison, D.D.* London: Longman, Orme, Brown, Green, and Longmans.

Morrison, R.
> 1812： *Horae Sinicae: Translations from the Popular Literatures of the Chinese,* London: Black and Parry.
> 1815： *A Grammar of the Chinese Language* 通用漢言之法. Serampore: The Mission-Press.
> 1817： *A View of China for Philological Purposes Containing a Sketch of Chinese Chronology, Geography, Gorernment, Religion & Customs.* London: Black, Parbury, and Allen.
> 1824： *Memoirs of the Rev. William Milne, D.D., Late Missionary to China, and Principal of the Anglo-Chinese College.* Malacca.

Nevius, Helen S. Coan
> 1895： *The Life of John Livingston Nevius for Forty Years a Missionary in China.* N.Y.: Fleming H. Revell Company.

Nevius, John L.
> 1860： *China and the Chinese: a General Description of the Country and Its Inhabitants; Its Civilization and Form of Government; Its Religious and Social Institutions; Its Intercourse with Other Nations and Its Present Condition and Prospects.* N.Y.: Harper & Brothers.

Park, William Hector
> 1899： *Opinions of Over 100 Physicians on the Use of Opium in China.* Shanghai: The American Presbyterian Mission Press.

Perry, Matthew C.
> 1985： The *Personal Journal of Commodore Matthew C. Perry.* Edited by Roger Pineau.（金井圓訳『ペリー日本遠征日記』新異国叢書　第Ⅱ輯Ⅰ　雄松堂出版）

(Philanthropist)
> 1834： *A Brief Account of an Ophthalmic Institution during the Years 1827, 28,*

29, 30, 31 and 1832 at Macao. Canton.

Porter, Andrew

 2004：*Religion versus Empire? British Protestant Missionaries and Overseas Expansion, 1700-1914.* Manchester and N.Y.: Manchester University Press.

Ride, L.

 1957：*Robert Morrison, the Scholar and the Man.* Hong Kong: Hongkong University Press.

Rubinstein, Murray A.

 1996：*The Origins of the Anglo-American Missionary Enterprise in China, 1807-1840.* Maryland & London: The Scarecrow Press, Inc.

Smith, C.T.

 1985：*Chinese Christians:Elites, Middlemen, and the Church in Hong Kong.* Oxford University Press.

Smith, Frederick Porter

 1869：*The Rivers of China.* Hankow.

 1871：*Contributions towards the Material Medica & Natural History of China for the Use of Medical Missionaries & Native Medical Students.* Shanghai: American Presbyterian Mission Press; London: Trubner & Co.

 1969：*Chinese Materia Medica, Vegetable Kingdom.* (second revised edition by ph. Wei, Daven). Taipei: Ku T'ing Book House.

Soothill, W.E.

 1907：*A Typical Mission in China.* N.Y.: Young People's Missionary Movement.

Staunton, George T.

 1822：*Miscellaneous Notices Relating to China, and our Commercial Intercourse with that Country, Including a Few Translations from the Chinese Language.* London.

 1836：*Remarks on the British Relations with China, and the Proposed Plan for Improving Them.* London: Edmund Lloyd, Simpkin, Marshall & Co.

 1838：*Chinese Security Merchants in Canton, and Their Debts.* London: J. M. Richardson.

 1840：*Corrected Speech of Sir George Staunton, on Sir James Graham's Motion on the China Trade, in the House of Commons, April 7, 1840.* London: Edmund Lloyd, Simpkin, Marshall & Co.

 1856：*Memoirs of the Chief Incidents of the Public Life of Sir George Thomas*

Staunton, Bart. (printed for private circulation). London.

1857： *Select Letters Written on the Occasion of the Memoir of Sir G.T. Staunton, Bart.* (written by his private friends). London.

Stifler, Susan Reed

1938： "The Language Students of the East India Company's Canton Factory". *Journal N.China Royal Asiatic Society.* vol. 69.

Summers, James

1863： *A Handbook of the Chinese Language. Grammar and Chrestomathy Prepared with a View to Initiate the Student of Chinese in the Rudiments of This Language, and to Supply Materials for His Early Studies.* Oxford: The University Press.

Varg, Paul A.

1958： *Missionaries, Chinese, and Diplomats—The American Protestant Missionary Movement in China, 1890-1952.* New Jersey: Princeton University Press.

Williams, S. Wells

1856： *A Chinese Commercial Guide, Consisting of a Collection of Details and Regulations Respecting Foreign Trade with China.* 4th ed. Canton: The Office of the Chinese Repository.

1879 ： *Chinese Immigration---A Paper Read before the Social Science Association at Saratoga, September 10, 1879.* New York: Charles Scribner's Sons.

Williams, Frederick W.

1972： *The Life and Letters of Samuel Wells Williams, LL.D.* Delaware: (rep. Scholarly Resources Inc.)

Wylie, Alexander

1867： *Notes on Chinese Literature.* Taiwan: (rep. Literature House Ltd.)

1897： *Chinese Researches.* Shanghai: (rep. Cheng wen).

1964： *Notes on Chinese Literature.* Taiwan: (rep. Literature House Ltd.)

1966： *Chinese Researches.* Taipei: (rep. Cheng wen).

1967： *Memorials of Protestant Missionaries to the Chinese.* Shanghae:American Presbyterian Mission Press. (rep. Cheng wen).

Ong, Y.F. & Yang, Y.L.

1926： 英華合解　英文習語大全 *A Complete Dictionary of English Phrases with Bilingual Explanations.* Shanghai: The Commercial Press, Ltd.

既発表論文一覧

　本書は，つぎの既発表論文と関西大学大学院に提出した博士論文を整理し，訂正・補筆したものである。

第1章
- 1991　「ロバート・モリソンの華英・英華字典　*A DICTIONARY OF THE CHINESE LANGUAGE* について」『日本近代語研究1』近代語研究会編　ひつじ書房（共著）
- 1995　「ロバート・モリソンの華英・英華字典 *A DICTIONARY OF THE CHINESE LANGUAGE* 第二部「五車韻府」の諸版について」『日本近代語研究2』近代語研究会編　ひつじ書房（共著）
- 1997　「R. Morrison 著 *A Dictionary of the Chinese Language* について」『印刷史研究』第5号

第2章
- 1997　「W.H. Medhurst『華英字典』に現れた康熙字典の用例─R. Morrison「字典」との比較─」『英学史研究』第30号　日本英学史学会
- 2001　「メドハーストの諸辞典とその影響」『或問』第2号　近代東西言語文化接触研究会

第3章
- 2001　「S.W. ウィリアムズとその辞典」『英学史研究』第34号　日本英学史学会

第4章
- 1999　「井上哲次郎『訂増英華字典』の典拠─増補訳語を中心に─」『英学史研究』第32号　日本英学史学会
- 2000　「井上哲次郎『訂増英華字典』の典拠─動詞の自他，分詞，付録を中心に─」『或問』第1号　近代東西言語文化接触研究会
- 2001　「ロプシャイト『英華字典』の周辺」（「日中近代学術用語の創出と伝播」研究会─口頭発表）国立国語研究所

2002　「中村敬宇『英華和訳字典』の典拠─ウェブスターを中心に─」(国語学会 2001 年度秋季大会研究発表会発表要旨)『国語学』第 53 巻 1 号
2003　「中村敬宇『英華和訳字典』の典拠」『或問』第 5 号　近代東西言語文化接触研究会
2007　「ロプシャイト再々考」日本英学史学会（口頭発表）

第 5 章

1998　「鄺其照『字典集成』の系譜」『中国研究月報』603 号　中国研究所
2005　「鄺其照『字典集成』の諸版について」『2005　上海国際シンポジウム─西洋学問の受容及び漢字訳語形成と伝播〈予稿集〉』同済大学外国語学院日語系・漢字文化圏近代語研究会

第 6 章

1992　「日本からの移入とされる中国語」『武蔵野文学 39』武蔵野書院
1995　「十九世紀の英華・華英字典に関する研究」国際基督教大学大学院比較文化研究科に提出（修士論文）
1997　「十九世紀の英華・華英辞典目録─翻訳語研究の資料として」『国語研究 6　近代語の研究』明治書院（共著）
2002　「日本の図書館にある英華辞典類とその典拠」『16 － 19th 近代新語・訳語の発生と交流に関する国際シンポジウム』資料彙編　北京外国語大学　北京日本学研究センター

あとがき

　終戦直後に発足した新制高校を卒業したあと，両親ともども親戚をたよって上京して，英語の職業学校に入った。女の子を大学なんぞにやると，生意気になるばかりでろくなことはないという社会通念が，大手を振ってまかり通っていた時代の話である。女子高だったので，新制高校に進んだ者でさえ150名中16名，大学に至ってはわずか7名が進学したにすぎなかった。

　しかし高校の授業は，もったいないほど充実していた。英語の諏訪卓三先生は福原麟太郎の直弟子で，高校生相手に蘊蓄を傾け，土屋文明直系のアララギ派の歌人，前山周信先生による万葉集の名講義は，時の経つのを忘れさせた。

　通信教育で大卒の資格をとった友人もいたが，私にはむずかしすぎるように思えて，興味はわかなかった。しかし，たまたま目にした経歴書のフォームに，大卒以上しか書く欄がないのを知って愕然とした。大卒はいつのまにかあたりまえになっていた。これでは困る，なんとかしなければと思い，入試のない放送大学に入って研究のまねごとをはじめた。

　卒業後しばらく間をおいて平成5年，国際基督教大学（ICU）大学院比較文化研究科の博士前期課程に入学し，指導教官の飛田良文先生が企画された十九世紀の英華・華英辞典を研究テーマとして，なんとか修了にこぎつけはしたものの，修論の提出期限にまにあわせようと複写をてつだってくれた主人が，まもなく脳の中枢をつかさどる橋部の出血で急逝してしまう。

　そもそも論文なるものに手を染めたのが，すでに還暦近かったから，学業の最盛期は40代とか50代とかいわれても，実感はわかない。いつ

やめるという決心もつかないままに，残った資料をながめているうちに，ロブシャイト『英華字典』(1866－69) の和刻本，中村敬宇『英華和訳字典』(1879－81) の本文に，奇妙な表現が時々顔をのぞかせることに気がついた。ロブシャイトの原著には'Figurable'の訳語が「可成形」と「可像象」の2語しかでていないのに，中村の和刻本は「'lead is figurable, but water is not' 鉛可成形水則不可　ナマリハカタチヲツクルベシ　ミヅハカタチヲツクルベカラズ」と長い説明がついている。しかも，和刻本の英語は原著にはみあたらない。とすると、この英語はいったいどこからまぎれこんだのか。

慶応4年に出版された小幡篤次郎・小幡甚三郎纂輯『英文熟語集』の篤次郎の序に「既ニ小巻ヲ成セリ今又之ヲ「ウェブストル」氏字典華英字類等ノ諸書ニ就テ増補刪正シ以テ世ニ公ニス」云々とある。以後続々と現れる英和辞書が，ウェブスター辞書を参照した，と誇らしげに記している。両書ともまったく触れていないけれども，中村と井上だけがウェブスターの恩恵に浴さなかったはずはあるまい。英語の供給源はウェブスターにちがいない。増補訳語の出所は先行英華辞典のどれかではないかと糸をたぐっていくと，果たして予想は的中した。

急いで残った資料を整理し，「井上哲次郎『訂増英華字典』の典拠―増補訳語を中心に―」と題して，『英学史研究』第32号 (1999) に発表し，ご興味がおありかと思われる先生方に，おそるおそる抜き刷りをお送り申しあげて，ご批評を乞うた。「辞游 file No.7」(2000) で愛知大学の荒川清秀先生がとりあげて，井上『訂増英華字典』をロブシャイトの原著と同等にあつかうことの危険を警告された。これを知ったときは，それまで手探りだった私の調査の方向に一縷の希望がみえたように思えて，とてもうれしかった。

あたたかく応じてくださった方々のなかに，関西大学の内田慶市先生と沈国威先生のお二方がおられ，関西大学で発表する機会があたえられた。そのころ国語研究所の外国人招聘研究員として来日し，関西大学で

調査研究を続けておられた北京外国語大学の朱京偉先生から，ご自身の主宰する「日中近代学術用語の創出と伝播」研究会 (2001) で発表してみてはどうかという，ありがたいお誘いを受けた。「ロプシャイト『英華字典』の周辺」という題で，中村と井上の増補語の典拠について報告することができたのは，私にとっては思いもよらぬ光栄なできごとであった。

母の介護と他界という長い空白（ときどき発表もしていたが）をはさんで，この経験はさらにその後の関西大学大学院入学へとつながっていった。生涯学習という錦の御旗を乱用 (?) して入学してはみたものの，70代も後半にさしかかった老学生の博論の世話とはお気の毒なと，内田・沈両先生，さらに審査に加わられた日下先生に，ご同情申しあげるほかなかった。

大学院をでてまもなくボストンを訪れ，国際基督教大学大学院在学中にお世話になった大西直樹先生のおはからいで，ハーバード大学燕京図書館の蔵書を閲覧することができた。短期間の滞在ではあったが，ロドウィック女史 (Kathleen L. Lodwick) の *The Chinese Recorder Index* (1985) との衝撃的な出会いが待っていた。1867年の創刊から1941年の停刊に至る，アジアにおける主に欧米宣教師の活動記録 *The Chinese Recorder* の索引で，索引だけで全2巻1096ページ。当時のこととて，むろんパソコンに頼れるわけはない。ロドウィックは，山と積まれた一次資料に押しつぶされそうになりながら，手作業でこの索引をつくったという。昨今溢れんばかりのウェブ情報の隙間を埋める資料への案内役として，この索引はまだまだ利用の余地がある。

周振鶴先生と内田慶市先生には，たくさんの蔵書をみせていただいた。東洋文庫の斯波義信先生，関西大学の河田悌一，松浦章の両先生，日本語学の古田東朔，進藤咲子，陳力衛の諸先生，国際基督教大学の大西直樹先生，北京外国語大学の朱京偉先生，愛知大学の荒川清秀先生，ひつじ書房の松本功氏は，折にふれて励ましの言葉をかけてくださった。早

川勇先生にはウェブスター関連で，貴重なご教示をいただいた。

さらに，私の力不足でここに取りあげることはできなかったが，八耳俊文，佐藤健一両先生，広瀬泰雄氏ご夫妻は，和算にからむ数学用語について，援助の手をさしのべてくださった。東京でのパソコンの指南役は，横山正夫，宮田一徳とＴＭシステムズの諸氏，それになにより氷野さん，伊伏さん（現在台湾静宜大学，日本語文学系助理教授），林さん（現在京都文教短期大学特任講師），橋本さんをはじめとする，関西大学の院生諸氏のご協力がなかったら，やはりこの本が日の目をみることはなかったと思う。

本書の出版に際しては，沈国威先生からさまざまなアドバイスをいただいた。原稿の修正から章立ての体裁に至るまで，一老学生のために時間を割かれ，貴重なご教示をくださった。その後も独断で改稿補筆をくりかえし，注ばかりがふくれあがってしまったけれども。

また白帝社の佐藤多賀子さん率いる編集部の方がたは，未練がましくくり返されるこちらの些細な補筆・調整要請に，よくもここまで応えてくださったものだと思う。心からお礼とお詫びを申しあげたい。

19世紀の英華辞典をめぐる諸状況―清朝の禁教政策への対応，アヘン戦争前後の宣教師の姿勢，著者の周辺―を含めて，第7章にしたてようと考えたこともあったが果たせず，注記するにとどまった。

さて，今後のことである。これとあれとはここが違う，と指摘するだけの調査は，このへんで切りあげたい。英華辞典の周縁といいだしたら，無限にひろがって収拾がつかなくなりそうな気もするが，それはそれでいいのではないかと思う。無為無策のまま，傘寿を越えた。正気かといわれそうだが，つぎの機会を待つしかない。

            2010年　春

              著　者

人名索引

本文中に現れる主な人名を五十音順に収める。
アルファベット表記のものは最後にまとめた。

[あ]

アイテル	92・99・176
アマースト	21
イーストレーキ	115
威妥瑪（→ウエード）	90・99
井上哲次郎	59・81・95・112・165
韋柏士特（→ウェブスター）	207
偉烈亜力（→ワイリー）	93
岩崎克己	168・183・211
ウィリアムズ（→衛三畏、斯維爾士維廉士）	81・83・86・88・89・91-95・99・100・104・124
ウィルヘルム一世	107
ウースター	114
ウエード（→威妥瑪）	90・92・99
ウェブスター（→韋柏士特）	101・151・208
ウォード	21・83
ウォルワース（→サラ・ウォルワース）	96
内田(慶市)	183
雲官明	53・54
衛三畏（→ウィリアムズ）	81・89・104
エドキンズ（→艾約瑟）	93・99・176
エリザ・アームストロング	22
エリザベス・マーティン	60
エルフィンストーン	19
王引之	78
汪家熔	183
王佐廷	204
王韜	100・214
王立達	164
大井鎌吉	114
オーグルヴィー	120・207
太田辰夫	149
オーフェルベック	112
小幡甚三郎	179
小幡篤次郎	179
恩田五策	196

[か]

艾約瑟（→エドキンズ）	93・99
郭実猟（→ギュツラフ）	61・82・104
赫徳（→ハート）	17
郭灑貴	266
葛茂和	53
カルリー	57・178
含一胡（→胡含一）	25
顔恵慶	204
宜為霖（→スワンソン）	93
キッド	56
邱子昂	211
ギュツラフ（→郭実猟）	61・82・104
ギュツラフ夫人	96
許應鏒	195・197・202
許應鏘	198
キングセル（→馮鏡如）	143・163
董三託（→容三徳）	54
区諤良	182
グッドリッチ（→富，富善）	93・100・113

倉石武四郎	149
クラプロート	57
グリフィス	86
ケアリ	21
倪為霖（→マグレガー）	93
ケッペン	97
ゲナール（→葉納清）	109
嚴復	166・206・207
鄺栄光	182
鄺其照（→鄺全福）	60・71・124・181・182・184・193・195・202・203・211・248・265・273・278
香坂順一	149
黄勝	214
黄少瓊	190・287
合信（→ホブソン）	92・98・147
鄺全福（→鄺其照）	184・248
康有為	165
古賀謹一郎	108
胡含一（→含一胡）	25
伍光健	211
ゴシケヴィッチ	108
五順徳	198
小関三英	51
胡福英	198
子安峻	115
ゴンツァルヴェス	92

[さ]

サマーズ	100・154・178
サラ・ウォルウァース（→ウォルウァース）	83
斯維爾士維廉士（→ウィリアムズ）	89
師椎善（→スミス）	92・177・306
シーボルト	51
ジェームズ・モリソン	20
シェルツェル	112
子卿	233
斯当東（→ストーントン）	19・88
柴田昌吉	115
咂凡（→デヴァン）	105
周冠山	97
柔瑞国（→ロドリゴ神父）	55
ジュリアン	56・97
庄蔵	82
ジョン（→J.R.モリソン、馬儒翰）	22
ジョンソン	101
シルスビー	206
沈国威	61・104・107
スチュアート	98
ストーントン（→斯当東）	19・52・55・88
ストーントン卿	57
スミス（→師椎善）	92・98・177
スワンソン（→宜為霖）	93
孫文	165

[た]

戴維斯（→デイヴィス）	79
譚達軒	266
張応徳	164
陳少白	165
陳藎謨	25
陳蘭彬	182
陳力衛	26・85
津田仙	114
デイヴィーズ	178
デイヴィス（→戴維斯）	57・79・178
丁韙良（→マーティン）	83
鄭士良	165
デヴァン（→咂凡）	105
デニス	178
ドーリトル（→盧公明）	124・152・159・161・200
ド・ギーニュ	18・92

ド・モルガン	143
徳富蘇峰	181
トムズ	29・36
ドライズデイル	54

[な]

永峰秀樹	125・190・212
中村敬宇	112・125
那須雅之	163
ナットール（→納韜爾）	120・207・209
ニコルソン	20
西村茂樹	238
年希尭	91
ノア・ポーター	168
納韜爾（→ナットール）	207

[は]

パークス	178
ハート（→赫徳）	17
ハードカスル	19
麦嘉湖（→マッゴワン）	177
白漢理（→ブロジェット）	93
麦都思（→メドハースト）	59
麦利加（→マックレイ）	93・99・177
馬殊曼（→マーシュマン）	21
馬儒翰（→J.R.モリソン）	22
ハミルトン	152
馬竜周（→プレマール）	178
馬礼遜（→R.モリソン）	17
潘応賓	25
バンダー	19
樊騰鳳	91
神治文（→ブリッジマン）	61・82・100
ビュルゲル	51
馮鏡如（→キングセル）	163・164
馮瑞玉	164
ヒリアー	61・178

富（→グッドリッチ）	93・100
フールモン	18
フェイ	93
フォスター	312
富善（→グッドリッチ）	100
ブラウン	82
フランクリン	151
フランツ・ヨゼフ一世	107
ブリッジマン（→神治文）	61・82・93・100・177
ブルネフ	97
プレマール（→馬竜周）	178
布朗（→ブラウン）	82
ブロジェット（→白漢理）	93
ブロッロ	18
平文（→ヘボン）	72・120
米憐（→ミルン）	17・211
ヘボン（→平文）	72・120
ヘメリング	307
ペリー	83
ボーグ	20
ポーター	113・183
ボールドウィン（→摩憐）	93・100・177
ホブソン（→合信）	92・98・147
堀達之助	104・107

[ま]

マーシュマン（→馬殊曼）	21・57
マーティン（→丁韙良）	83
真壁仁	108
マグレガー（→倪為霖）	93
マックレイ（→麦利加）	93・100・177
マッゴワン（→麦嘉湖）	177
マテオ・リッチ（→利瑪竇）	101
マニング（→曼寧）	55
摩憐（→ボールドウィン）	93・100
曼寧（→マニング）	55

ミルン（→米憐）	17・21・22・60・211	リヴィングストーン	26
メアリ	22	理雅各（→レッグ）	61・93・100・105
メアリ・モートン	21	陸費逵	207
メイヤーズ	106	李鴻章	182
メジャー	211	李先生	53・54
メドハースト（→麦都思）	59-61・63・64・69-71・75・77・124・181・194	李善蘭	143・304
		リチャード（→李提摩太）	206
		李提摩太（→リチャード）	206
モリソン（→R.モリソン）	17-27・36・50-57・124・210	利瑪竇（→マテオ・リッチ）	101
		梁啓超	165
モンタッチ	18	梁述之	124・272
[や]		レイドロー	20
矢田堀鴻	125	レッグ（→理雅各）	61・93・100・105
柳沢信大	89・114・124	レプシウス	112
容閎	96・182	レミュザ	53
楊三達（→容三徳）	54	盧公明（→ドーリトル）	152
容三徳	54	ロジェ	183
楊先生（→容三徳）	53	ロドウィック	175
楊善達（→容三徳）	54	ロドリゴ神父（→柔瑞国）	55
葉納清（→ゲナール）	109	ロバーツ	19・55
吉雄権之助	17・51・52	ロバート・モリソン（→R.モリソン）	20
吉田寅	98	ロプシャイト（→羅存徳、羅布存徳、ロブスチード）	59・101-107・109・148・149・194・201・207
[ら]			
ラサール	21	ロブスチード（→ロプシャイト）	208
羅存徳（→ロプシャイト）	101・207・208	**[わ]**	
羅布存徳（→ロプシャイト）	208	ワイリー（→偉烈亜力）	93・143
リーヴズ	26・35		

[A]

A. Laidlaw	20	Abel Yun Kowin-Ming	54
A. Montucci	18	Abel Yun-Kwang-Ming	53
A. Wylie	143	Adam Grainger	298
Abel Remusat	53	Alexander Wylie	93
Abel Yun	20・53	Arnold Foster	312

人名索引 357

[B]

Basilio Brollo	18
Benjamin Hobson	92・98・147
Bogue	20・54

[C]

C. C. Baldwin	177
C. F. Kouppen	97
C. Langton Davies	178
C. R. von Lepsius	112
Caleb Cook Baldwin	93・100・250
Carstairs Douglas	259
Chauncey A. Goodrich	113
Chauncey Goodrich	93・100
Chevalier Karl von Scherzer	112

[D]

D. H. Davis	299
De Morgan	143
Donald MacGillivray	254
Dr. Drysdale	54

[E]

E. Burnouf	97
E. C. Bridgman	177
E. C. ブリッジマン	95
E. Major	211
Elihu Doty	231
Elijah Coleman Bridgman	61・82・100
Eliza Armstrong	22
Elizabeth Martin	60
Ernest John Eitel	268
Ernst J. Eitel	92・99・176
Etienne Fourmont	18

[F]

F. Kingsell	143・291
F. キングセル	165
F. Porter Smith	98
F. P. スミス	306
F. Warrington Eastlake	115
F. W. Baller	296
F. W. ウィリアムズ	83・97
Ferdinand Genahr	109
Frederick Porter Smith	92・177・252・306
Frederick Wells Williams	83

[G]

G. A. Stuart	98
G. Bunder	19
G. Overbeck	112
George Carter Stent	254・262
George Thomas Staunton	19・88

[H]

Harry Smith Parkes	178
Heinrich Burgher	51
Heinrich Julius Klaproth	57
Henry Blodget	93
Herbert Allen Giles	261・281
Ho Atsik	109

[J]

J. A. Silsby	206・299
J. F. D.	79
J. F. Davis	178
J. F. Elphinstone	19
J. H. P. Parker	286
J. Hardcastle	19
J. Livingstone	26
J. Ogilvie	207
J. R. モリソン	63・82・85
J. Reeves	26・35
J. W. Roberts	19

James C. Hepburn	120	**[L]**	
James Curtis Hepburn	72	L. M. Fay	93
James Granger Bridgman	95	Le	20・53
James Legge	61・93・100・105	Le Seensang	53
James Morrison	20	Le Seen-Sang	53
James Nicholson	20	**[M]**	
James Summers	100・154・178	Mary Morton	21
Johannes Lassar	21	Mateo Ricci	101
John Chalmers	237・270	Matthew Calbraith Perry	83
John Francis Davis	57・79・221	Medhurst	186
John Francis Davis (?)	220・224	Mok Man Cheung	292
John MacGowan	177・275	Morrison	186
John Ogilvie	120	Mrs. Arnold Foster	289
John Robert Morrison	22・63	**[N]**	
Joseph de Guignes	18	Nicholas Belfield Dennys	178
Joseph Edkins	93・99・176・249	Noah Porter	113・183
Joseph Emerson Worcester	114	Noah Webster	101
Joseph Henry Marie de Premare	178	**[P]**	
Joseph Marie Callery	57・178	P. Austin Nuttall	120
Joshua Marshman	21	P. P. Thoms	29
Josiah Goddard	228	P. Poletti	274・279・288
Justus Doolittle	152・257	Padre Roderigo	55
[K]		Peter Austin Nuttall	207
K. E. G. Hemeling	307	Peter Mark Roget	183
K. L. Lodwick	175	Philip Franz von Siebold	51
Karl Friedrich August Gutzlaff	61・82・104	**[R]**	
Kingsell	165	R. モリソン	84・181・186
Ko	20	Robert Hart	17
Ko Mow-Ho	53	Robert Morrison	17・216・219・221・225
Ko Seen-sang	53	Robert Samuel Maclay	93・100・177・250
Ko 先生	53		
Ku Fung Ming	206		
Kwok Lo-Kwai	266		
Kwong Ki Chiu	265・278		

[S]

S. A. Hamilton	152
S. W. Bonney	232
S. W. ウィリアムズ	186
S. Wells Williams	227・235・263
Samuel Johnson	101
Samuel Kidd	56
Samuel Robbins Brown	82
Samuel Wells Williams	81・104
Sarah Walworth	83
Stanislas Julien	56・97
Sung	20

[T]

T. B. Adam	280
T. K. Dealy	270
Tam Tat Hin	266
Thomas Francis Wade	90・99
Thomas Manning	55
Thomas T. Devan	105・229・236
Timothy Richard	206

[V]

Vogue	54

[W]

W. E. Griffis	86
W. E. Soothill	293
W. H. メドハースト	60・186
W. McGregor	93
W. Milne	17・211
W. T. Morrison	267
W. Ward	21・83
Walter Caine Hillier	61・178
Walter Henry Medhurst	59・223・225・230
Walworth	96
Wilhelm Lobscheid	59・101・236・239・240・253・291
William Alexander Parsons Martin	83
William Carey	21
William Duffus	275
William Pitt Amherst	21
William Sutherland Swanson	93
Williams	186
Wong Su King	287

[Y]

Yen	20
Yong-Sam-Tak	20・54
Yong-sam-tak	54
Yung-san-tih	54

書名・事項索引

本文中に現れる主な書名と事項を五十音順に収める。
アルファベット表記のものは最後にまとめた。

[あ]

『医学英華字釈』　92・98・147・176
『岩波中国語辞典』　149
ウェブスター辞書　109・112・113・
　　　　　　　　　147・166・167
　「簡約」　113・116
　簡約版　113
　1864年の改訂以前の版（改訂前）
　　　　　113・114・116
　1864年の改訂以後の版（改訂後）
　　　　　113・114・116・150
『英粤字典』　177・237・270
『英華韻府歴階』　81・84・85・89・
　　　　　　　　145・186・227
『英華行篋便覧』　105・239
『英華口才集』　177
『英華字彙』　89
『英華字典』（メドハースト）
　　　　　69-71・78・103・186・187
『英華字典』（ロプシャイト）
　　　　　59・101・106-108・240
『英華字典』（Mrs. Arnold Foster）　289
『英華萃林韻府』（ドーリトル）　89・
　　　95・103・152・153・161・257
　第1部　146
　第3部　145・146・155・159
英華の部（R. モリソン）　36
『英華分韻撮要』　83・97・234
『英華和訳字典』（中村）　112-116・
　　　　　　　　　　　119・121
『英語集全』　209

『英語箋』　79
『英文熟語集』　179
『英和対訳袖珍辞書』　59・72・107

[か]

『華英音韻字典集成』
　　（鄺其照 1887年本）　196
『華英音韻字典集成』
　　（鄺其照 1899年本）　196
『華英字彙』　272
『華英字典』（メドハースト）
　　　　　65・66・70・72・74・76・78
『華英字典』（鄺其照）　273
『華英字典彙集』　266
『華英字典集成』（鄺其照）　71
『華英字典集成』　195・277
『華英字典集成』（香港版）　202
『華英字録』　274
『華英通語』　209・233
『華英萬字典』　288
『遐邇貫珍』　61
カトリック教会の辞典　25
『華文譯英文字典』　219
『漢英韻府』　83・90・262
『漢英合璧相連字彙』　254
『漢英字典』（ロプシャイト）
　　　　　　　　　105-107・253
『漢語大詞典』　73・75
『漢語大字典』　73
『漢字西訳』　18
『広東省土話字彙』　22・84
『廣東省土話字彙』　221

書名・事項索引　361

『漢洋合字彙』　92
『官話文法』　99・176
『近代英華・華英辞書集成』　163
『芸文備覧』　23
『元音統韻』　25
『現代中日辞典』　149
『賢文書』　161・178
『康熙字典』　24・66・72-74・78・226
『江湖尺牘分韻撮要合集』　25
『語學擧隅』　261
『語言自邇集』　92・99・176
『五車韻府』　216・219
「五車韻府」
　（初版）　24・25・43・46
　（初版第 1 巻）　34
　（初版第 2 巻）　35
　（再版）　26
　（再版中型本）　37・38・47・48
　（再版小型本）　39
　（第 3 版）　27
　（第 3 版中型本）　40・41
　（第 6 版）　27
　（第 6 版小型本）　42
『五方元音』　91・92

[さ]

『察世俗毎月統記伝』　60
『辞源修訂本』　73・75
『字語彙解』　267
『四庫全書』　25
字釈　77
「字典」（R. モリソン）　23・73・74・76・78
　「字典」第 1 巻　30
　「字典」第 2 巻　32
『字典彙選集成』　287
『字典考証』　78
『字典集成』（鄺其照）　60・71

　初版　181・183・186・248
　「其 68」　181・184・186・187・189・190・201
　再版　189・200・265
　（1875）　71
　「其 75」　190・194・201
『上海方言文法』　93・99・176
『拾級大成』　96
『十五音』　63
『袖珍華英字典』　279
循環日報　202
『商務書館華英音韻字典集成』
　　　　　　　　　193・204
『商務書館華英字典』　203
『清議報』　165
『尋津録』　92・99
『新増華英字典』（1899）　291
『西蜀方言』　298
『聖諭広訓』　88
『増広華英字典』　201

[た]

『大清律例』　88
『代数学』　143
『中国官話』　18
『中国語字典』（R. モリソン）　17・18・21・22・50・63・67・71・74
『中国語字典』第 3 部（R. モリソン）
　　　　　　　　　186
『中国語文』　164
『中国総論』　83
『中国プロテスタント伝道史研究』　98
『訂増英華字典』（井上）　59・81・95・112・121-125・144-146・148-151・155・159・163
　初版 7 分冊本　121
　綴字改革案　151
『点石斎画報』　212

『特選撮要毎月紀伝』 60

[は]

『標準訂正康熙字典』 73
『附音挿図　英和字彙』 115
『富善字典』 100
付帯情報 198
『福建語字典』(メドハースト) 62・63
『文件自邇集』 99・176
『米語箋』 79
「ホブソン文書」 23
『翻譯英華厦腔語彙』 231

[ま]

無序本 103
「モリソンとホブソン家文書」 23

[や]

『洋漢合字彙』 86

[ら]

『六合叢談』 61

[わ]

『和英語林集成』 72・120

[A]

Alphabetic Dictionary of the Chinese Language in the Foochow Dialect　93・100
Alphabetic Dictionary of the Chinese Language in the Foochow Dialect, An　250
Analytic Index of Chinese Characters　274
Analytical Chinese-English Dictionary Compiled for the China Inland Mission, An　296
Anglo-Chinese Calendar　83
Anglo-Chinese Glossary of Terms Used in Shipbuilding, Marine Engineering, Rigging, etc.　286
Anglo-Chinese Manual with Romanized Colloquial in the Amoy Dialect　231
Anglo-Chinese Vocabulary of the Ningpo Dialect, An　267

[B]

Beginner's First Book in the Chinese Language (Canton Vernacular), The　229
Beginner's First Book, or Vocabulary of the Canton Dialect, The　236

[C]

Chinese and English Dictionary Containing All the Words in the Chinese Imperial Dictionary　72
Chinese and English Dictionary, A　253
Chinese and English Dictionary, Arranged According to Radicals and Sub-Radicals, A　288
Chinese and English Dictionary; Containing All the Words in the Chinese Imperial Dictionary　225
Chinese and English Pocket Dictionary, A　262
Chinese and English Vocabulary in the Pekinese Dialect, A　254
Chinese and English Vocabulary, in the Tie Chiu Dialect, A　228
Chinese Chrestomathy in the Canton Dialect　82・93
Chinese Chrestomathy in the Canton Dialect, A　100・177
Chinese Classics　93

Chinese Commercial Guide, A　82
Chinese Dialogues, Questions, and Familiar Sentences　176
Chinese Dictionary in the Cantonese Dialect, A　268
Chinese Materia Medica　177
Chinese Materia Medica, Vegetable Kingdom　98
Chinese Recorder　152・159
Chinese Recorder Index, The　175
Chinese Recorder, The　176
Chinese Repository　60・82・85・95
Chinese Topography　82
Chinese-English Dictionary of the Vernacular or Spoken Language of Amoy, with the Principal Variations of the Chang-Chew and Chin-Chew Dialects　259
Chinese-English Dictionary, A　281
Commercial Guide　96
Comprehensive Dictionary　120

[D]

Diccionario China-Portuguez　92
Dictionary of Colloquial Idioms in the Mandarin Dialect, A　261
Dictionary of English Phrases with Illustrative Sentences, A　183
Dictionary of the Chinese Language, A　17・216・219
Dictionary of the English and Chinese Language, with the Merchant and Mandarin Pronunciation, A　291
Dictionary of the Hok-Keen Dialect, A　222
Dictionnaire Chinois　92

[E]

Easy Lessons in Chinese　82
English & Chinese Pocket Dictionary in the Mandarin Dialect, An　289
English and Cantonese Dictionary, An　270
English and Cantonese Pocket-Dictionary, An　237
English and Chinese Dictionary Compiled from Different Authors, An　265
English and Chinese Dictionary Compiled from General Miscellaneous, Important Terms, Business Letters, Bills, Documents and the Tariff of Imports and Outports of China and Bills of Lading, An　287
English and Chinese Dictionary from W.H. Medhurst and Other Authors　273
English and Chinese Dictionary of the Amoy Dialect　275
English and Chinese Dictionary with English Meaning or Expression for Every English Word, An　266
English and Chinese Dictionary with the Punti and Mandarin Pronunciation　240
English and Chinese Dictionary, Compiled from the Latest and Best Authorities, and Containing All Words in Common Use, An　277
English and Chinese Dictionary, in the Court Dialect, An　272
English and Chinese Dictionary, in Two Volumes　230
English and Chinese Lexicon Compiled in Part from Those of Morrison, Medhurst and Williams, An　248
English and Chinese Vocabulary（?）

書名・事項索引　363

                                            220
English and Chinese Vocabulary, in the
    Court Dialect, An   227
English and Chinese Vocabulary, the
    Latter in the Canton Dialect   225
English and Japanese and Japanese and
    English Vocabulary, An   60 · 79
English-Chinese Dictionary of the Foo-
    chow Dialect, An   280
English-Chinese Vocabulary of the Ver-
    nacular or Spoken Language of Swatow
                                            275

[H]

Hand-book for the Student of Chinese
    Buddhism   92 · 97 · 177
Handbook of the Chinese Language, A
                                            178

[I]

Imperial Dictionary   120

[J]

Journal of the North China Branch of the
    Royal Asiatic Society   178

[M]

Materia Medica   92
Moral Maxims   161

[N]

Notes and Queries on China and Japan
                                            178
Notitia Languae Sinicae, The   178

[P]

Phoenix, The   154
Pocket Chinese and English Vocabulary,

The   279
Progressive Lessons   99 · 176
Progressive Lessons in the Chinese Spo-
    ken Language   93

[S]

Shanghai Mercury, The   207
Shanghai Vernacular Chinese-English
    Dictionary   299
Social Life of the Chinese
                                152 · 161 · 175
Student's Four Thousand 字 and General
    Pocket Dictionary, The   293
Syllabic Dictionary of the Chinese Lan-
    guage, A   262
Systema Phoneticum   57
Systema Phoneticum Scripture Sinicae
                                            177

[T]

The Grammar of Chinese Language   105
Tonic Dictionary   93
Tonic Dictionary of the Chinese Lan-
    guage in the Canton Dialect   235
Tourists' Guide and Merchants' Manual,
    The   239
Translation of a Comparative Vocabu-
    lary of Chinese, Corean and Japanese
    Languages   61
"Tah Ts'z "達辭 Anglo-Chinese Dic-
    tionary, The   292

[V]

View of China for Philological Purposes,
    A   18
Vocabulary and Hand-Book of the Chi-
    nese Language, Romanized in the
    Mandarin Dialect, A   257

Vocabulary of Proper Names, A   252
Vocabulary of the Canton Dialect   22・221
Vocabulary of the Hokkeen Dialect as Spoken in the County of Tsheang Tshew, A   224
Vocabulary of the Shanghai Dialect, A   249
Vocabulary with Colloquial Phrases, of the Canton Dialect, A   232
Vocabulary, Containing Chinese Words and Phrases Peculiar to Canton and Macao   220

[W]

Western Mandarin, or the Spoken Language of Western China   298

著　者

宮田和子
（みやたかずこ）

1930年東京生まれ。
1987-2003年（財）霞山会東亜学院に勤務。
1995年国際基督教大学大学院比較文化研究科博士前期課程修了。
2007年関西大学大学院文化研究科博士後期課程修了。

英華辞典の総合的研究―19世紀を中心として―

2010年 3 月 8 日　印刷
2010年 3 月14日　発行

著　者　　宮　田　和　子
発行者　　佐　藤　康　夫
発行所　　白　帝　社

〒171-0014　東京都豊島区池袋2-65-1
TEL 03-3986-3271　FAX 03-3986-3272
info@hakuteisha.co.jp　http://www.hakuteisha.co.jp/

組版（株）柳葉コーポレーション　印刷 大倉印刷（株）　製本 カナメブックス
© Miyata Kazuko 2010　Printed in Japan 6914　ISBN978-4-89174-942-2
造本には十分注意しておりますが落丁乱丁の際はおとりかえいたします。